古典文獻研究輯刊

三二編

潘美月・杜潔祥 主編

第 17 冊

《論語》注比較研究
——以《集注》《新解》為中心考察

宋慶財 著

國家圖書館出版品預行編目資料

《論語》注比較研究——以《集注》《新解》為中心考察／宋慶財
著 -- 初版 -- 新北市：花木蘭文化事業有限公司，2021〔民
110〕
目 4+254 面；19×26 公分
（古典文獻研究輯刊 三二編；第 17 冊）
ISBN 978-986-518-398-1（精裝）
1. 論語 2. 注釋 3. 研究考訂
011.08   110000583

古典文獻研究輯刊
三二編　第十七冊　　　　　　　ISBN：978-986-518-398-1

《論語》注比較研究
——以《集注》《新解》為中心考察

作　　　者　宋慶財
主　　　編　潘美月、杜潔祥
總 編 輯　杜潔祥
副總編輯　楊嘉樂
編　　　輯　許郁翎、張雅淋　美術編輯　陳逸婷
出　　　版　花木蘭文化事業有限公司
發 行 人　高小娟
聯絡地址　235 新北市中和區中安街七二號十三樓
　　　　　　電話：02-2923-1455／傳真：02-2923-1452
網　　　址　http://www.huamulan.tw 信箱　service@huamulans.com
印　　　刷　普羅文化出版廣告事業
初　　　版　2021 年 3 月
全書字數　228197 字
定　　　價　三二編 47 冊（精裝）台幣 120,000 元

《論語》注比較研究
——以《集注》《新解》為中心考察

宋慶財 著

作者簡介

宋慶財，生於台灣屏東，自幼好古典文學，不拘漢賦、唐詩、宋詞和散文，尤鍾儒家及老莊哲思。自立至不惑之際，泛濫社會工作、文化創意、美學設計、休閒觀光諸領域。知天命之年，負笈香江親炙碩堂先生（何師廣棪教授），鑽研《論語》、朱子與錢穆之學。業師身言併教，旦夕敦品勵學，浸潤其間，受益良多。歲次戊戌幸得文學博士暨助理教授銜。現於大專校院講授中國文學與觀光休憩等相關課程。

提　　要

　　《論語》係記載孔子言行之重要典籍，深受世人推崇，為之注者不可勝數。《集注》乃朱熹罄四十年之薈萃，為宋代理學家對《論語》理解之代出者；《新解》為錢穆治學之英華，冀求通俗易覽而折中求是。朱熹祖述孔子，形構儒學體系。錢穆尊崇孔朱，撰《朱子新學案》，肩負振興儒學使命。兩賢承先啟後，路徑何其相似。本文透過文本分析、歸納與校勘諸法，對兩《注》之要旨、義理與特色等進行比較考察，研究成果歸納有：首先，《論語》最能體現孔子微言大義並強調躬行實踐之根本所在。《論語》之基本思想內涵，提供微言大義之闡發平台。輒以時代問題、註解者引領面向，結合時代議題，透過注解《論語》，呈現其時代意義；其次，《集注》與《新解》之學術成就、撰作要旨、注釋取向與特色等面向，雖有異同卻各有著眼。朱熹闡微孔學，錢穆表彰孔朱，古今遙相呼應，殆有薪火相續之意。最後，歸結於儒學道統辨正議題，兩賢適逢儒道衰微之際，皆憂道將傾之骨鯁儒士。朱熹汲汲肇道統，錢穆思之邃密，對於道統之說則各有精采論述。綜而論之，本文從廣而深的視角，爬梳兩賢相關文獻，進而比對、推論，已儘可能地完整呈現。尤在兩賢注《論語》之用心處與有關道統之論述方面 應可啟發吾人諸多反思。

目

次

第一章 緒 論

第一節 研究動機與目的

　　一九八二年，一群諾貝爾獎得主們齊聚巴黎，談及二十一世紀人類需要何種思想時，幾經斟酌所凝聚之共識，乃是孔子思想。孔子思想能夠跨越時空侷限，突破語文、種族與宗教之藩籬，受到有識之士一致推崇，主要是因為其中包含幾項因素，如溫和之理性主義，肯定人類可以藉由教育與學習而施展潛能，如深刻之人道情懷，強調人我互重，「己所不欲，勿施於人」，如樂觀之人生理想，相信德行修養是人人可以達成之目標，並因而可以活得快樂而有意義。〔註1〕《論語》一書看似尋常，實則絕大部分都是精言粹語，處處閃發著孔子成熟智慧與人生體驗之深刻與獨到。雖經歷數千年之久，仍不朽其應用價值。〔註2〕中國文化以儒家思想為核心，欲探微儒家思想，輒必先研治以記載孔子言行為宗之《論語》。孔子者，中國文化之中心也，無孔子則無中國文化。自孔子以前數千年之文化，賴孔子而傳；自孔子以後數千年之文化賴孔子而開。〔註3〕故大抵而言《論語》精粹扼要，頗能表徵孔子之思想、學說與精神。《論語》者，表見孔子人格思想之良書也。捨《論語》則孔子為人之精神及其思想大要，亦將無所考見。〔註4〕孔

〔註1〕傅佩榮：《論語解讀》（新北：立緒文化出版，2015年），頁3～4。

〔註2〕王熙元：《關懷國文》（基隆：法嚴出版社，2001年），頁140。

〔註3〕柳詒徵：《中國文化史》（臺北：正中書局，1971年），頁300。

〔註4〕錢穆：《論語要略》，收入《錢賓四先生全集》，第4冊（臺北：聯經事業出版社，1998年），頁18。

子思想極富常識性與實踐性，其籀出人生一番道理，將來世界走向大同，將是孔子對此後世界之一大貢獻。〔註 5〕綜上所述，《論語》為儒家極具價值著作之一，是一部安身立命與拯民濟世之不朽經典，二千餘年來，雖然時空推移，而其貫通古今之普世通義，迄今仍深受世人推崇與肯定。

然而，自秦朝焚書後，《論語》原始版本已不可考，嗣後流傳於世者有《魯論》、《齊論》以及得自孔子古宅夾牆之《古論》。三論內容互有稍殊，至西漢經學家董仲舒（前 179～前 104），主張托古易制，乃倡「罷黜百家，表章六經」。西漢末年，張禹以《魯論》為主，根據《魯論》刪《齊論》之〈問王〉與〈知道〉兩篇，成《張侯論》；嗣後《張禹論》廣佈流通，東漢經學家鄭玄（127～200）匯集各家注本而為後世所重。百餘年後，魏朝何晏將鄭玄等人之研究，攪雜清談玄學編成《論語集解》，南北朝皇侃引入佛教思想註解《論語》，編成《論語義疏》。鄭玄與孔子相距六百餘年，唐代韓愈（768～824）而柳宗元（773～819）等，對鄭玄與何晏所編《論語》，融滲玄佛思想，脫失本旨真趣，彌近理而大亂真〔註6〕，是以皆持疑古治學，提倡古文運動，主張返原典，以復振孔孟儒學之道。

南宋朱熹（1130～1200），師承北宋周敦頤（1017～1073）與二程（程灝 1032～1085；程頤 1033～1107）學說，創立理學，輯訂《論語》，並撰《論語集注》（以下簡稱為《集注》）為四書教本，而成其一生研治儒學之成果。元、明、清以來，家佔戶畢，人人誦讀，明、清兩代列為儒學正宗。〔註7〕朱熹理學嗣後傳入東亞，根據日本《古事記》有關應神天皇章節，有《論語卷十》記載。據此推論《論語》流傳到日本至少一千七百年。乃家喻戶曉，人盡皆知，可敬可親之書。自天皇以至庶民皆讀《論語》。〔註 8〕

〔註 5〕錢穆：〈孔誕暨校慶紀念會講詞〉，《新亞遺鐸》（臺北：東大圖書公司，2016年），頁 597。

〔註 6〕宋・朱熹云：「吾道之所寄望不越乎言語文字之閒，而異端之說日新月盛，以至老佛之徒出，則彌近理而大亂真矣。」參見氏著：〈中庸章句・序〉，《四書章句集注》（北京：中華書局，2012 年），頁 15。

〔註 7〕陳逢源：《朱熹《四書章句集注》之歷史思維》（臺北：政大出版社，2013年），頁 291。

〔註 8〕日本《古事記》應神天皇篇章，即有「論語十卷」記載，此乃目前所知日本對《論語》最早紀錄。諸橋轍次《中國古典名言事典》講談社學學術文庫，頁 19 有言：「《論語》是公元 285 年（應神天皇十六年）由《百濟王仁博士傳到日本。日本最早的古書《古事記》成書於 712 年（和銅五），以此推算《論語》到日本要比《古事記》早四百二十七年。亦可說《論語》是日本

德川幕府初期，倡朱子學蔚為風尚。流傳至日本之《論語》底本，一是古注，包括鄭玄《論語注》，魏何晏《論語集解》及梁皇侃《論語義疏》。二是新注，包括朱熹《論語集注》。〔註9〕可謂影響深遠。黃榦（1152～1221）於〈朱子行狀〉贊譽晦庵先生，有曰：

> 先生……自筮仕以至屬纊，五十年間，歷四朝。仕於外者僅九考，立於朝者四十日。道之難行也如此。然紹道統、立人極，為萬世宗師，不以用舍為加損也。〔註10〕

錢穆《朱子新學案・代序》亦云：

> 在中國歷史上，前古有孔子，近古有朱子，此兩人皆在中國學術思想史及中國文化史上，發出莫大聲光，留下莫大影響。瞻觀全史，恐無第三人可與倫比。」〔註11〕又曰：「孔子年代，距今已遠，其成學經過，已難詳索。……孔子以來兩千五百年，述之闡之者既多，反之攻之者亦眾，事久而論定，故孔子之學，乃雖遠而益彰。朱子距今僅八百年，後人之闡發容未能盡。而反朱攻朱者，

人手裡拿到之第一本書。從此至今《論語》差不多被日本人讀了一千七百年，終於家喻戶曉，人人皆知，可親可敬了。」又云：「十六日丁巳，天皇始講《論語》，正五位下行大學博士大春日朝臣雄繼侍講。」參見《日本三代實錄》上卷，名著普及會，頁131。「延長元年即西元923年。寬明親王剛出生，耳邊即聆聽大學博士讀《論語》及各種典籍，可見日本古代天皇對皇子履行儒家經典教育之重視。」詳參見日・松平瀨寬：〈《論語》和日本〉，《論語徵集覽》（上海：上海古籍出版社，2017年），頁1～10。

〔註9〕一千多年來，《論語》於日本深受崇愛，從未被排擠，時至今日，在公國典籍中，《論語》依然最受推崇。關於流傳日本之《論語》版本，前後有兩種。一是古注：包括可見於古日本律令中之鄭玄注，何晏《集解》及安平時代《日本國見在書目錄》中為代表之梁・皇侃《論語義疏》。二、是新注：為朱熹《論語集注》。新注在日本更受重視，比如明治書院出版之「新譯中文大系」中之吉田賢抗氏《論語》注釋本，其底本為朱熹《論語集注》。江戶時代之前，日本雖有各式《論語》訓讀方法，卻鮮有《論語》注作。日本《論語》注釋形成及高峰期均在江戶時代，以伊藤仁齋（1627～1705）之《論語古義》及狄生徂徠（1666～1728之《論語徵》等兩部為主。伊藤仁齋先是朱子學派人物，卻在《論語古義》中立場鮮明地反對朱子學。而狄生徂徠本就反對朱子學，卻在《論語徵》中反對伊藤仁齋之學說。參見宋・朱熹：〈中庸章句・序〉，《四書章句集注》（北京：中華書局，2012年），頁9。

〔註10〕宋・黃榦：《勉齋集》（影印文淵閣《四庫全書》，冊1168，臺北：台灣商務印書館，1986年），頁423。

〔註11〕柳貽徵：《中國文化史》，第54冊（臺北：正中書局，1971年），頁1～2。

多不出於百家眾流，而轉多出於儒學之同門。蓋自有朱子，而儒
學益臻光昌。自有朱子，而儒學幾成獨尊。〔註12〕

上述可知，朱熹研治儒學之成就與貢獻，繼承儒學而發揚，功不可沒。朱
熹之時，儒學衰微，佛、老興盛，道統之不傳已久，在此種氛圍之下，能
博采綜說，振衰起敝，開啟儒學新徑，有為往聖繼絕學之功。錢穆（1895
～1990），為當代經學、史學大師，其研究經學著作則以《論語》用力最勤、
用時最久，撰成之相關專書及論文亦最為豐碩。〔註13〕其《論語》學著述
博大精深，實有繼承孔子學說之志。歷代雖不乏為《論語》作注者，而錢
穆特以訓詁、辭章與考據之學，比較諸家注解，復以當代語彙，個人獨特
思維以撰作《論語新解》（以下簡稱《新解》），目的在發微於《集注》，減
少訛誤，彰顯朱熹揭揚孔子之學，消弭漢、宋與門戶之爭，從而折衷諸說，
求得一是。進而闡發《論語》核心義理，並勸讀《論語》，冀得會通與修身
之益，以期匡正世道人心。

朱熹祖述孔子，孔子嘗言「述而不作」，朱熹則「述而代作」，從而歷
選前賢之書，融鑄諸家之說，畢生研治儒學，形構四書體系。錢穆尊崇孔、
朱，畢生研治《論語》，撰成《朱子新學案》，與朱熹同肩儒學時代使命。
嗣後創辦香港新亞研究所，篳路藍縷，兩手空空，從無到有，即此士者弘
道救國精神之體現。兩賢承先啟後，皆逢非常際遇，鑄成鋼鐵意志，堪為
儒學砥柱，身歷艱苦而成就卓絕，畢生行狀猶亦步亦趨，光昌孔子之學，
路徑何其相似。

經學研究可分為三種不同取向：其一是經書研究，其二是經學家研究，
其三是經學史研究。〔註14〕本文乃採《論語》經書與經學家——朱熹與錢
穆，兼顧之研究面向。倘再微觀，則以朱、錢《論語》注為主，以朱、錢經
學家之研究為輔。在本文論述中可能會含涉經學史探討，然僅藉以彰顯本
研究之目的，非本文重點關注之處。在經學研究方面，本文以求真求實為
目標，儘可能探求符合經書本義與他書之關連性為依歸。在經學家研究方
面，則以探求其所建構之論述體系是否美善，如建構與闡發理論、引領人

〔註12〕柳詒徵：《中國文化史》，第 54 冊（臺北：正中書局，1971 年），頁 2～3。
〔註13〕何廣棪：〈恭談錢賓四先生《論語》之研究與著述〉，《何廣棪論學雜著》（臺
　　　　北：花木蘭文化出版社，2010 年），頁 20。
〔註14〕葉國良、夏長樸、李隆獻合著：《經學通論》（臺北：大安出版社，2014 年），
　　　　頁 54～56。

生發展與治國之道等。並秤衡其註解《論語》所徵引與詮釋之妥適性，同時審視其對古疏與別開之掌握，以契符經學開放性與時代性之旨趣。

　　基於以上闡述，本文研究目的將聚焦於探討朱熹《集注》與錢穆《新解》之比較研究視域，藉由對《論語》與兩注本之相關內容，以及兩賢生平志業之比較研究，透過求真求實之學術精神和研究方法，期能獲得以下具體之研究目的。

　　一、分析與歸納《論語》編理目的、中心思想與其時代意涵。

　　二、考察與比較《集注》與《新解》學術成就、撰作要旨與注釋取向特色。

　　三、論述朱子與錢穆儒學道統之關聯性。

　　上述三項研究目的，有其思維邏輯與探求層次，當循序以就。首先分析瞭解與歸納《論語》之成書時代背景及其意涵，繼而就朱熹《集注》與錢穆《新解》內容上之逐項考察比較，最後則以本研究過程所發現之現象與成果，對朱熹與錢穆兩賢儒學道統之內在關聯性加以析論。本文旨揭主題，乃自敢先於先進前輩而勇於嘗試之作，當馨盡所能，以竟其功。冀望藉此得以窺見儒學堂奧，並比兩賢於《論語》註解之異同和體悟其用心之所在，進而提出撰者之淺薄心得，裨益儒學闡揚於萬一。

第二節　文獻回顧與探討

　　文獻探討裨益瞭解相關研究成果，作為建構研究方向，確定研究議題之必要過程。〔註15〕本節將回顧與梳理有關朱熹《集注》、錢穆《新解》及相關文獻之評述，掌握前賢研究成果，以提供本文參採運用。

一、朱熹與《論語集注》

　　在儒學發展史上，出現兩位卓具博綜能力而集大成者，一為孔子，二為朱熹。孔子有系統地輊澤自堯、舜，以至夏、商、周三代之文化遺產，使古代文獻得以保存，並寄寓高遠理想，使中國傳統文化益加深廣。朱熹融匯北宋理學大家周敦頤、張載、二程思想，並由此上溯孔孟，吸納佛、

〔註15〕楊晉龍：〈治學方法第五講——標點與閱讀的分析討論（五）〉，《國文天地》，第 26 卷第 11 期（2011 年），頁 72。

道思想精華，建構新儒學，開創儒學新猷。〔註16〕朱熹生於宋代理學昌盛之世，成長於政局紛擾之時，畢生心血貫注於學術研治之中，並於天人之間追尋通達途徑，樹立以道統自承之儒者典型，成就聖賢偉業之人心教化。其學深志宏，注解群經，窮四十年之力，深研精修而成《四書章句集注》，為人人所必讀之注，科考功令之依憑，為各家注疏之典範，最具宋代表徵，堪稱一代儒學宗師。黃百家（1643～1709）褒譽朱子為「間世之鉅儒」〔註17〕，錢穆《朱子新學案》有曰：

> 在中國歷史上，前古有孔子，近古有朱子，此兩人，皆在中國學術思想史及中國文化史上發出莫大聲光，留下莫大影響。曠觀全史，恐無第三人堪與倫比。……自有朱子，而後孔子以下儒學，乃重獲新生機，發揮新精神，直迄於今。〔註18〕

檢覈朱熹畢生治學，勤奮積極而轉益多師，歷理學而參佛、道，後返歸儒學，畢生尊崇孔聖，每日焚香祭孔，博綜闔說以成一家之言。苟無朱熹之功，今日吾人將於何處覓得儒蹤？錢穆深研朱熹，撰作《朱子新學案》百萬餘字，其對朱熹瞭解之精深，遠超乎一般學者。愈是深究朱熹治學行誼，愈能感受朱熹對闡揚儒學之殷勤與貢獻。於儒家經典之注疏上，或容有不同見解，惟推尊朱熹，未曾稍有減損。故錢穆評騭朱熹，係往復再三審酌，語辭懇切，實非浮誇。朝鮮韓元震（1682～1751）《朱子言論同異考·序》有云：

> 孔子天地間一人而已矣！朱子，孔子後一人而已矣！有孔子則不可無朱子，而尊朱子者乃所以尊孔子也。〔註19〕

朱熹之學，於十三世紀末至十四世紀初東傳朝鮮，旋即成為「正名」與「治國」顯學，影響朝鮮國政治理與學術文化迄今。韓元震躬逢朱子學於朝鮮興盛之際，濡染朱熹思想篤深，故有此言。韓氏亦極為推崇朱熹，謂孔子乃天地間一人而已，孔子之後亦惟朱熹繼承並闡發儒學。孔子折中諸子百

〔註16〕傅佩榮：《論語解讀》（新北：立緒文化出版，2015年），頁1。
〔註17〕明·黃宗羲撰，清·全祖望補，清·王梓材、馮雲濠、何紹基校：〈晦翁學案上〉，《宋元學案》，卷48（臺北：世界書局出版，2009年7月），頁1505。
〔註18〕錢穆：〈孔誕暨校慶紀念會講詞〉，《新亞遺鐸》（臺北：東大圖書公司，2016年），頁1～2。
〔註19〕韓·韓元震：〈朱子言論同異考·序〉，《朱子言論同異考》（首爾：奎章閣藏朝鮮木刻本，朝鮮英宗十七年（辛酉，1741）序，不著刻年），頁2。

家思想學說，鎔鑄於儒家思想，而朱熹則匯集孔子以降儒學之大成，故尊朱熹即尊孔子。蓋指朱熹上承孔子，確立儒家學術精粹，孔子而朱熹，乃謂儒學道統之繼承也。韓氏對朱熹之評贊，亦屬清晰平正。何佑森檢視歷代儒學學術發展，認為朱熹思想深邃，具補偏救弊之功，有云：

> 朱子學問博大精深，前後經歷四個世紀，每當時代動亂，思想的發展有了偏差，唯一能補偏救弊的，則只有朱子一脈相傳的儒學。〔註20〕

何氏師承錢穆，研治與講授《中國三百年學術思想史》多年，對朱子學說潛心專研，觀察入微，體會深刻。然而，清代乾嘉考據學起，以漢學、宋學對舉方式，認為漢人近古少偏失，宋人遠古多臆斷，戴震（1724～1777）以童子之齡，直指朱熹離孔子既遠，所論不合邏輯。〔註21〕於是摘章擇句，申明名物、訓詁等，批判朱《注》不符孔孟思想原旨，解說乖違古注。而錢穆則直指戴氏所言為「門戶之見」，而此種偏見與態度，乃為瞭解朱子學最大之障礙所在。〔註22〕回顧經學歷史，如戴氏之儔者多矣，朱熹之後，幾多誦諍源出，多肇端於此，此述實為深切之論。時空雖移，歷代仍多有與何氏肯定朱熹貢獻之觀察與論述者。

　　然而，朱熹《集注》之原意為何？融滲理學思想之《集注》異同於孔門義理乎？從學術之視角而言，此亦殊值吾人加以檢視和探究。

二、錢穆與《論語新解》

　　錢穆自民國元年（1912），年十八，任教席，至民國七十七年（1988），年九十有四，始離杏壇，執教培育後學，累計七十六載。畢生研治《論語》，凡七十三年。錢氏用力於《論語》最勤，年六十九，撰成《論語新解》，迄九十三歲耄耋之齡，兩目成疾，不能見字，猶勤囑夫人誦讀《新解》，憑藉耳聽與口述，逐章修訂辭義。錢穆博覽古今，並兼通經、史、子、集等四部，撰就與《論語》相關專書，計有《論語文解》、《論語要略》和《孔子

〔註20〕何佑森：〈朱子學與近世思想〉，收入《儒學與思想——何佑森先生學術論文集》（上冊）（臺北：台大出版中心，2009年），頁126。

〔註21〕清・戴震撰，張岱年主編：《戴震全書》，冊7「附錄」，（合肥：黃山書社，1995年），頁4、30。

〔註22〕錢穆：〈朱子學述評〉，《中國學術思想史論叢》，第4冊（臺北：東大圖書出版，1991年），頁459。

與論語》（附《論語新編》）等，著述跨涉文學、史學與哲學領域，可謂博學宏觀，成果豐碩。《錢賓四先生全集》〈編後語〉述及錢氏生平與學術貢獻，有曰：

> 先生自民元為鄉里小學師，而中學，而大學，轍環天下，敷教於南北者垂八十年，生平著作不輟，其生前梓行傳世五十餘種。衡諸古今學者，固為罕倫；而其畢生志事，為在維護發揚我國傳統固有之優良文化，以其矯抑一世蔑古崇外之頹風，所以扶立吾國人之自尊自信，以為民族復興契機之啟迪者，尤可為深切著明；見推為名世大儒，洵不誣也。〔註23〕

　　上列引文，已明錢穆研治《論語》著述大意。論其撰作類別與數量，卷帙繁多，據〈錢賓四先生全集‧編後語〉所稱，總類為五十七種，五十四冊，一千七百萬餘言。〔註24〕其所特重者尤為文學，惟研治文學不免含涉史學，乃文史並重之實踐先驅。其研治之目的即在於「維護與發揚傳統固有優良文化」、「矯抑蔑古崇外頹風」、「扶立國人自尊自信」與「為民族復興契機之啟迪者」等四端，畢生志業盡在其中。而近千年來，得高壽而著作最宏富，大有成就之著名學人，錢氏當為第一人。揆度二十世紀中國學術思想諸位前賢，人稱先生為一大儒宗。〔註25〕贊譽為當代「國學大師」〔註26〕與「金玉鴻儒」〔註27〕，誠乃名實相符，並無過飾。

　　碩堂先生嘗言：「錢先生為當代經、史大師，享譽國際，名傳遐邇，其研究經學著作則以《論語》用力最勤，用時最久，而寫成之相關專書及論文

〔註23〕柳貽徵：《中國文化史》，〈編後語〉（臺北：正中書局，1971年），第54冊，頁1。

〔註24〕同上註，頁6。

〔註25〕韓復智：〈編著《錢穆先生年譜》的動機與過程（附《簡譜》）〉，《興大人文學報》，第32期（2002年），頁948。

〔註26〕郭齊勇於〈錢穆的儒學思想〉開宗明義云：「錢賓四先生是國學大師的人物，博通經、史、子、集，著作等身，堪稱當代大儒。」詳見氏著：《當代新儒學的關懷與超越》（臺北：文津出版社，1997年12月），頁121。繼而聯合報等新聞媒體皆稱錢穆為「國學大師」，詳參2002年3月30日聯合報第五版報導。

〔註27〕東漢‧王充有云：「故夫能說一經者為儒生，博覽古今者為通人，采掇傳書以上書奏記者為文人，能精思著文連結篇章者為鴻儒，所謂超而又超者也。……故夫丘山以土石為體，其有銅鐵，山之奇也。銅鐵既出，或出金玉。然鴻儒，世之金玉也，奇而又奇矣。」詳參北京大學歷史系《論衡》注釋小組：《論衡注》，第2冊（北京：中華書局，1979年），頁779～780。

數量亦最為富贍。」〔註 28〕朱熹之後，儒學分歧，所爭趨微，剖析益難，
迄今八百餘年，仍未定於一。是以錢穆每思及於此，輒有不勝唏噓之感，是
以朝夕惕勵而有志於斯，冀能光昌儒學。錢氏深研《論語》而撰作《論語
新解》，其著述主旨及過程，於〈序〉與〈再版序〉中載之甚詳，有曰：

> 《論語》一書，自西漢以還，兩千年來，為中國人人必讀書。宋
> 以前，讀其書者多重何晏《集解》。自南宋朱子《論語集注》出，
> 明、清兩代據以取士，故八百年來，朱《注》乃重為學者所重。
> 清儒考據訓詁之功深，於朱《注》之誤，多所糾正；然亦往往拘
> 於門戶之見，刻意樹異於朱《注》而轉有失之者。錢賓四先生《論
> 語新解》之作，即就歷來各家解說，條貫整理，撷取諸家之長，
> 深思熟慮，求歸一是。所謂「新解」云者，乃朱子以下之新，非
> 欲破棄朱《注》以為新。蓋對《論語》原文，特以時代語言觀念
> 加以闡釋申述，每章之後，復附之以白話試譯，求其通俗易於誦
> 覽，以適合今日之時代需求，成為一部人人可讀之《論語》註解。
> 讀者可先讀此書，再讀朱《注》，亦可讀朱《注》後，再讀此書，
> 庶乎更得《論語》之真義。
>
> 是書始作於民國四十一年春，以白話撰稿未及四分之一，已而悔
> 之，以為用純粹白話解《論語》，極難表達其深義，遂決心改寫。……
> 殆四十九年春，先生講學美國耶魯大學，授課之餘，窮半年之力
> 以平易之文言改撰，獲成書之初稿。返港後又絡續修訂，越三年，
> 於五十二年十二月由香港新亞研究所發行出版，五十四年四月復
> 在臺北影印刊行。及先生晚歲，雙目失明，仍囑夫人胡美琦女士
> 讀此注，以對原版文字略有修改。翌年四月，交由臺北東大圖書
> 公司重印再版，重印時並增入〈孔子年表〉。此次重排，以東大版
> 為底本，除校正若干原書誤植文字外，並增入私名號、書目號及
> 引號，以期文意較顯豁，方便一般讀者閱讀。〔註 29〕

由上可知，清儒考據、訓詁學興，於朱《注》之疑誤雖有糾彈，亦有門戶
之見者，渠等刻意樹異而非議朱《注》。錢穆乃撰作《論語新解》，對《論

〔註 28〕何廣棪：〈恭談錢賓四先生《論語》之研究與著述〉，《何廣棪論學雜著》（臺
北：花木蘭文化出版社，2010 年），頁 21。
〔註 29〕錢穆：《論語新解》（臺北：東大圖書出版，2015 年），頁 1～3。

語》註解諸說，理其序、取其長，深思涵詠而意於折衷一是。其所謂「新解」，係指對朱以下之新見解，除淡化理學家論道色彩外，並以當今之語言及觀念予以闡述，冀使《論語》能夠通俗易覽，人皆可讀。

　　民國六十九年（1980），錢穆與子女分離三十二年之後，重逢於香港，聚敘數日，尤特擔心「文化大革命」之後遺症，屢屢叮嚀子女自身並自教子女皆須善讀《論語新解》，以示不忘儒家傳統思想和家庭親情。復於其他學術講座中，對《論語》輒有闡述與勸讀，赤子之情，令人感佩。於此可見，錢穆對於《新解》實賦予復興中華傳統文化與書生報國之心思所在。錢穆遍覽古注，熟知各家注說之良窳，從初學而成學，循序擇書而讀，期獲事半功倍之效，並薦舉具有時代表徵性之《論語》注善本，倡議比並而讀，以見各注之長短精粗。〈論語讀法〉一文中有曰：

> 讀《論語》兼須讀注。《論語》注有三部可讀：一是魏何晏《集解》。
> 一是宋朱熹《集注》。一是清劉寶楠《正義》。普通讀《論語》都
> 讀朱《注》。若要深讀精讀，讀了朱注，最好能讀何晏所集的古注，
> 然後再讀劉寶楠編撰的清儒注。不讀何、劉兩家注，不知朱《注》
> 錯誤處，亦將不知朱《注》之精善處。〔註30〕

　　錢穆於一九七四年《新亞生活》揭示《論語》注之善本有三：魏何晏《集解》，宋朱熹《集注》，清劉寶楠《正義》，錢氏認為此三《注》皆具有其時代表徵且為精善之本，讀《論語》者必讀之注。三者並比對讀，始能明其良窳。並提倡閱讀暨勸讀《論語》，藉由循序、對照之法而得會通與修身之益。或曰：朱熹距孔子一千四百餘年，朱熹距今八百餘年，為《論語》作注者眾，錢穆如何透過撰作《新解》以闡述《論語》原旨？如何擷取諸家而折衷求是？又幾多見解乃為錢穆所創發？上述提問將於下文中逐次論述之。

三、前人研究成果評述

　　茲針對錢穆與朱熹《論語》注相關研究專書及論文，評述如下。

（一）專書方面
甲、倪芳芳《錢穆《論語》學析論》〔註31〕
　　首先對錢穆《四書釋義》、《論語新解》、《孔子與論語》與《孔子傳》

〔註30〕錢穆：〈論語讀法〉，《新亞生活》，第 4 卷第 5 期（1974），頁 2。
〔註31〕倪芳芳：《錢穆論語學析論》（臺北：東華書局出版社，1998 年）。

逐一簡介，繼而論述孔子生平與《論語》成書經過、《論語新解》釋例與《論語》義理闡釋、《論語》與中國傳統文化及世界文化之關係。研究指出，錢穆於《論語》學之主要貢獻有：對孔子生平加以考證；注解《論語》，義理、辭章、考據；朱子《論語》注，以理學一以貫之，此與孔子原意已有區別。同時認為，錢穆撰作《論語新解》過於強調各篇章之次第關係，惟哪些問題應相互參考或不應相互佐證並無準據。審視本篇論文，作者似對於錢氏撰寫《新解》初衷、考正與用心等似涉獵未深，蓋《論語》一書者，即明其流傳、嫁接、誤植等之失多矣，未先訓考，何以得正以求本義，非是原旨本義，析而論之可得乎正解？顯見研究評文宜先知人論世，熟諳相關文獻，再綜而評之，經典之義始庶可得知。

乙、許炎初《錢穆「孔學」之思想研究——以《論語新解》為核心展開》〔註32〕

論述重點在於，戴景賢於《錢穆》一書中提及：「錢穆先生曾言『儒學』必以『中國整體學術』之發展作為體現『孔子義理思想』之一種『文化成就』。此種說法，即不論是否能為日後學術界所『共同接受』，要係為中國近現代知識界反省於『中國文化』，企圖為其尋找出一個可以被現代理解之歷史意義的一項有利說法，值得重視。」作者以「孔子」、「儒家」、「中國整體學術」、「文化成就」四個概念作為基本論述，透過對錢穆、孔子、孔學、《論語》之理解，再以胡適、勞思光、高達美之治學方法與錢穆作一比較，最後聚焦於《新解》本義所展開之孔學體系，冀望從中探索孔子、朱子、錢穆的儒學傳承關係，並認為錢穆乃現代朱子學最重要之傳承者。惟作者對於《新解》，以及上述四個概念之內部關聯性論述與邏輯推論之強度仍待提升。

丙、許家莉《錢穆《論語新解》的詮釋進路》〔註33〕

作者有明確之研究動機和研究方法，通過錢穆對《論語》辭章掌握、語法分析，以理解《新解》與前人註解《論語》之歧異，繼而論述錢穆與朱熹對於《論語》義理闡釋之異同。作者自述《新解》主要目的在於回復

〔註32〕許炎初：《錢穆「孔學」之思想研究——以《論語新解》為核心展開》（台北：中國文化大學哲學研究所博士論文，2007年）。

〔註33〕許家莉：《錢穆《論語新解》的詮釋進路》（南投：暨南國際大學中國文學系碩士論文，2009年）。

孔子原義，錢穆如何折衷眾說以求是為其探討重點，惟全文對如何折衷求是，以及折衷之詮釋是否等同《論語》之原意？對此核心議題探析稍淺，亦無系統性論述。

丁、梁淑芳《錢穆《論語新解》研究——以比較為主要進路的考察》〔註34〕

作者以比較法研究模式，以錢穆《論語新解》為主軸，對哪些部分是錢穆創發？與前人比較有何差異？是否優於前人？《新解》之時代價值為何？等議題提出探討與比較。首先陳述《新解》形式與特色，次將《新解》與早期中、日學者王夫之、伊藤仁齋、狄生徂徠、安井息軒、蔣伯潛、王天恨、李曰剛、梁正廷對《論語》讀本評析。再次將《新解》與晚近楊伯峻、王熙元《論語》讀本比較。研究結果指出：錢穆之所以能夠理解《論語》內涵，主要是透過閱讀古注，其目的不在於推翻舊說，而是奠基於幾種權威古注之上，其訓詁與解釋乃在前人成說之基礎上進行修補與闡釋。換言之，錢穆撰《新解》係以朱注為中心，若有疑慮，則比對何、朱、劉三家之注，倘朱注有所失，則以另二家之注代之。日本伊藤仁齋等三學者之《論語》注，對錢穆撰作《新解》仍促進一定程度之作用。晚近楊氏、王氏之《論語》注，其撰作動機、實用性、學術價值與義理解說，皆略遜於《新解》。問世半世紀之《新解》，至今猶不失其時代價值。然而，本文研究對象繁多，論述內容稍有失焦。作者對錢穆有關《論語》之相關著作，顯然遍覽與串貫方面稍感不足，似未深得錢穆於《新解》文字背後，對考據、訓詁、義理之探究與限斷，乃至其發微孔、朱之用心所在，論斷似欠周詳。而關於朱熹與錢穆在儒學道統之關聯性，論述稍欠深入。

（二）期刊論文方面

甲、陳逢源〈宋儒聖賢系譜論述之分析——朱熹道統關淵源考察〉〔註35〕

本文藉由多種文獻與時代背景梳整，釐清朱熹「道統」論述之方向所在。北宋諸儒議論聖賢系譜由政權合法嬗遞而轉向儒學，繼而回歸心性之

〔註34〕梁淑芳：《錢穆《論語新解》研究——以比較為主要進路的考察》（臺北：文津出版社，2013年8月）。

〔註35〕陳逢源：〈宋儒聖賢系譜論述之分析——朱熹道統關淵源考察〉，《政大中文學報》，第13期，2010年6月，頁75～116。

學。朱熹以「道統」強化四書體系，並以二程為繼，上溯堯、舜、禹、湯，孔子、曾子、子思而孟子之傳，以鋪陳宋代儒學。是以盱衡北宋諸儒思考題稱線索，即見朱熹之繼承脈絡。而「道統」乃累聚數代儒者追尋聖人之軌跡和投身於儒學實踐當中之仰慕情懷與潛修自得。在政治實踐、儒學傳承和歸返心性之中，轉進發展兼而相互融通，終而重新建構之儒學史觀。該文援引文獻富贍，從朱熹學思之時空環境，溯及宋代之語境脈絡，尋覓朱熹「道統」論述之源出。論證鏗鏘有據，邏輯推論為優。惟內容結構稍感冗散，猶待細緻編裁，以臻精卓。

乙、陳志信〈從朱熹的治經忖量論《四書章句集注》的形制與意義〉〔註36〕

本文研究重點在於關注觀察朱熹力作《四書章句集注》，配合相關論學書札、註經說明、對話紀錄及生平事蹟，試圖體察其治經關切所在，以解讀註經之形制與意義。研究發現：朱熹深體儒者體道進德之修持，大抵落實於誦習涵泳經旨之過程，藉由誦讀體味經典之日益純熟，終而促使道德生命之日趨圓熟。是以對《四書》章句辭意之妥適誦讀，遂成日常生活之不輟習性，《四書篇章句集注》非僅為朱熹畢生涵養之心得，亦為其引領後進誦習《四書》篇章之指南。此一刻意妥切觀誦經文而適切拿捏經旨之治經個案，殆已透露經學傳統和文藝素養之間，似有某種之內在關聯。審覈該文多以朱熹《四書章句集注》透過援例檢閱，以明「反復玩味於燕閒靜一之中，以須其浹洽可也」、「徐讀而以意隨之，出入往來以十百數，則其不可涯者將可有以得之於指掌之間矣」。透過音韻、語辭，誦詠、體玩以得經典旨趣，因而形成朱熹註經形式之忖量。該文舉例恰當，論述新穎，甚富創意，堪足參採。惟行文遣辭艱澀，章節配置似可再予斟酌。

丙、林啟屏〈朱子讀書法與經典詮釋：一個信念分析的進路〉〔註37〕

本文從朱熹「讀書法」切入，說明朱熹在讀書法下之解經活動，非僅止於詮釋技術之方法與問題。置重點於朱熹解釋經典之「信念」層面及其

〔註36〕陳志信：〈從朱熹的治經忖量論《四書章句集注》的形制與意義〉，《政大中文學報》，第17期，2012年6月，頁93～132。

〔註37〕林啟屏：〈朱子讀書法與經典詮釋：一個信念分析的進路〉，《中正漢學研究》，總第23期，2014年6月，頁1～24。

相關問題。首先陳述正反意見，其次論朱熹「道統」之說，分析其可能之儒學圖像與讀書法之關係，以說明其詮釋之立場與問題。由於朱熹強烈信仰性格，使得他面對經典文本解讀時，常持一種熱烈信念，深信經典中之聖人，將會在解讀者心上工夫與語言、文字之間，形成一種特殊召喚關係，使得主客之間距離拉近，從而讓經典詮釋之意義空間獲得聖人加持，進而完成儒者與聖人同登聖境之想像。於是千古遙際，僅在方寸，古與今、天與人、事與理，皆得以安頓。是以一則朱熹背後存有一種意識形態，進而影響解讀經典在語言層面上之正確性，而文字訓解與義理詮釋會在此張力下，做某種意義軸線之更動。二則朱熹視經典文本與聖人之道為同一關係，故經典文本之解讀會發生隨人解意之可能性。三則從朱熹讀書法所揭示之聖人，皆預設了一個理想之儒學圖像。朱熹用心於經典釋讀，應在聖人之道相續之中，冀望透過經典釋讀，以接軌道統系譜。然此道統系譜之正當性，如何無誤？又道統內涵為何？事實上人言人殊，紛擾不息。因此經典詮釋之展開，即是「道」裂天下之局面。若此吾人又該如何面對一個「複調儒學」。綜攬是文，主在透過朱熹讀書法，以理解經典中聖人之道與詮釋經典者之間，如何穿越時空而契符相映，如何無誤而取信於眾？「詮釋伊始即道之愈分」一語似為弦外之音。作者論述引經據典而文從字順，將朱熹讀書與解經之關聯性說得透徹，把形式高空之「道統」說到平實而有反思，值得參酌。

丁、黃俊傑〈伊藤仁齋對《論語》的解釋：東亞儒家詮釋學的一種類型〉〔註38〕

此篇論文旨在探討仁齋對於《論語》之解釋，通過其《論語》學，分析東亞儒學史上作為護教學的經典詮釋學之特徵。仁齋為十七世紀日本儒學史上之古學派大師，對《論語》推崇備至，《論語古義》堪稱是其深造有得之代表作。《論語古義》具體顯示仁齋之思想，展現東亞儒家詮釋學之一種類型：即通過對經典之重新詮釋，以斥異端，進而重構經典古義。在方法上，仁齋通過訓詁學重讀《論語》，顛覆宋儒詮釋模式，進而求得諸經通貫之義理，與《論語》融於一爐，以建構詮釋孔學之新機制。仁齋此種具有護教特徵之經典詮釋學，透過所謂「實學」特質，為「道」、「仁」等儒

〔註38〕黃俊傑：〈伊藤仁齋對《論語》的解釋：東亞儒家詮釋學的一種類型〉，《中山人文學報》，第15期，2002年3月，頁21～43。

學重要概念重新加以定義，以達闢佛老、批宋儒之目的，對於日本精神文
化影響深遠。檢視黃氏此篇論作，對於本文研究之比較論述頗有關聯，蓋
朱熹之後，朱子學盛於東瀛，伊藤仁齋推崇《論語》，視之為教，年十六七，
讀朱熹《四書》而鄙為非聖門之學。年二十八九，從違於王陽明、羅近溪
之間，嗣後直接探求於《語》、《孟》二書，始得從容體驗而自定醇如。睽
之仁齋晚年猶未能會通孔、孟功利之辨，依違兩者之間。再則錢穆嘗言得
仁齋《論語古義》，對於撰作《新解》有所啟迪。此處即關連朱熹、仁齋與
錢穆三賢撰作《論語》注之心路歷程與探求經典義理之方法取徑，對撰者
理解渠等研治《論語》之初始本末，以及瞭解朱子學在東瀛之演變與影響，
頗具采擷價值。

戊、何廣棪〈恭談錢賓四先生《論語》之研究與著述〉〔註39〕

本篇論文乃以文本探討法，敘寫錢穆畢生治學與研治《論語》及其相
關著述之目的與經過。對於《論語文解》、《論語要略》、《論語新解》、《孔
子與論語》，逐書引文論述，資料完整，遣詞精要而客觀直論。研究成果揭
示，錢穆研治《論語》階段有三：始則鑽研《論語》之語法、修辭，成《論
語文解》。其書以「起、承、轉、合」標明《論語》句法，俾利授學。次以
義理、訓詁、考據研治《論語》，撰成《論語要略》、《論語新解》。後則講
授《論語》之讀法，撰作《論語新編》、勸人讀《論語》與《論語》讀法諸
文。錢穆尊崇孔子始終如一，效法孔子闡揚教育大愛；教人讀《論語》，目
的乃在從中學得為人之道，並能貫徹實踐。作者尊崇錢穆，研究錢穆《論
語》學用功至深，該論文剖析詳盡，評述客觀公允，其研究方法與結論深
具有參考價值。

己、劉傳〈從李澤厚到于丹：《論語》義理研究的新趨勢〉〔註40〕

本文主述李澤厚《論語今讀》和于丹《論語心得》兩書之異同。前者
在《論語》學研究領域引起較大迴響，側重於「學術」之深邃厚重；後者
則在整個社會上掀起「《論語》熱」，偏重在「心靈雞湯」之溫暖清新。藉

〔註39〕何廣棪：〈恭談錢賓四先生《論語》之研究與著述〉，《何廣棪論學雜著》（臺
　　　　北：花木蘭文化出版社，2010年），頁22～21。
〔註40〕劉傳：〈從李澤厚到于丹：《論語》義理研究的新趨勢〉，收入柳宏主編：《《論
　　　　語》詮釋與域外傳播研究學術研討會論文集》（揚州：廣陵書社，2016年），
　　　　頁1～14。

由兩部專著之文本探討，以瞭解時代發展、人們對於傳統文化回歸之渴求與《論語》學之發展趨勢。《論語今讀》較為特出者係以「六經我注」方式注釋《論語》，不拾人牙慧，見解獨到，並提出重建《論語》之基本路徑。而于丹《論語心得》歸納廣受歡迎之因素有：一、詮釋者不主觀故意之解讀方式值得肯定；二、輕鬆明快之語言風格讓人接受；三，內容具親和性與民眾無距離；四、傳統文化與時代進化相契合；五、文化傳播功推波助瀾。而兩書相同處在於，一是融入個人思想，形成獨特風采；二是貼近時代脈動，滿足社會需要。歸結本篇論文之長處在於，中國大陸社會從五四運動、文化大革命到改革開放，迄今經濟大躍進，人民物質漸豐之後，反思中華傳統文化終是中國人生命過程中不可或缺之精神食糧。惟頹棄太久，如何重燃人民關注傳統經典熱情，此實與本研究探討議題相關，如何探求《論語》原義，並以現代語彙，契合時代精神，而闡發開新，藉由推廣《論語》，以經國淑世。但問題是：為達「推廣《論語》經國淑世」之目的，詮釋《論語》究竟宜採何種注經方式？「六經注我」或「我注六經」？或只講經典本義？抑不顧本義，隨意嫁接申說，以媚世俗。再推之深，其中或有階段性發展之議題探討，如依循學術取向，或迎合市場需求，抑兩者兼及等。《論語》具通古之微言大義，輒能與時遞進而別開新義，惟如何開新而不失孔孟義理，此乃斯文引人思索之處。

綜合上述十篇對於朱熹、錢穆相關研究之文獻評述，可謂取向各異，互有長短，堪為他山之石，以資本文效習與參酌。除上述專書、論文外，錢穆對於孔子、朱熹之研究成果可謂大矣，如《孔子語《論語》》、《先秦諸子繫年》、《論語新解》、《朱子新學案》、《中國學術思想史論叢》、《新亞遺鐸》等皆為其畢生研治孔、朱學術思想之鉅著，列為本研究之重要參考文獻，其他另有與本研究相關之文獻等（詳如參考書目）。撰者將本於「擇其優處而納之，察其不足而益之」理念，梳理諸家論述，思索研究樞機，藉此建構本文之研究目的與內涵，以提升學術價值與貢獻。

第三節　研究範圍與方法

一、研究範圍

本文研究以《論語》為範疇，為獲得較有廣度深度之研究結果，避免

論文失焦與冗繁，將緊扣於本文旨揭主題，擬聚焦於朱熹《集注》與錢穆《新解》兩書為主。再則在探討過程中為參照和對比上述兩書之義理、章句與訓詁，將參酌與對照何晏《論語集解》、南朝梁皇侃《論語義疏》、北宋邢昺《論語正義》、清劉寶楠《論語正義》、程樹德《論語集釋》等註解為輔。期能藉由相互參照，比較其間殊異，強化本文論述與評析，以獲致預期成果。

二、研究方法

研治各類學科都要有適合該學科性質之科學方法，始能有事半功倍之效。國學所包羅領域甚廣，所涉獵的書籍與文物也很多。如何從浩如煙海的文獻中，掌握要點，從初學到研究，進而提出創見，則有賴正確而嚴謹之治學方法。〔註 41〕因此本文擬運用以下所列六種研究方法，以達致本研究之目的。

（一）文本閱讀法

文本閱讀法，即先讀《論語》原文，再參照諸版注疏、學者對於《論語》之注解、語譯。透過閱讀《論語》原文，反覆誦讀，以求對字句的涵義作透徹理解。錢基博即提出研究《論語》須先閱讀文本，其曰：

> 《論語》注家不一；而未看注之前，須將白文先自理會，得其意理；然後看注以驗得失，虛心涵詠，勿囿我執，勿膠古人，擇其善而從之，其不善者改之，思有不得，則記以存疑；積久思之，必有豁然開悟之一日。〔註 42〕

文本閱讀是治學基本之法，朱熹與錢穆皆主張格物致知之學，尚重博學與讀書之法，且必先選擇善本，避免偏失義理。本文研究當先自研閱《論語》相關著作之撰作目的、辭章、義理，繼而參酌前人注疏，反覆誦讀、體玩與思辨。進而相互參照，客觀審視，深切體會，本毋固己見，虛懷以受，並積久持恆，以臻默而識之，會通之旨趣，期能自得而開新。

（二）文獻回顧法

針對研究文獻進行蒐集、鑑定、分析、歸納、統整之謂，主要目的在

〔註41〕劉兆祐：《治學方法》（臺北：三民書局出版，2012 年），頁 1。

〔註42〕錢基博：〈論語解題及其讀法〉，收入毛鵬基：《論語會通「附錄」》（臺北：雅言出版社，1969 年），頁 49。

於確定問題之性質,形成待答問題或研究假設、引導研究設計、對照解釋研究結果與充實理論建構等。〔註43〕對於獲得之一手文獻及專家學者對某些問題說法,須予持平斟酌損益、分析歸納,得出合宜推論再加以論述。其作用首先在於瞭解有關問題之緣起和現狀,釐清研究課題,次而能形成關於研究對象之一般印象,以有助於觀察和探求。最後能得到現實狀況之比較資料,裨益瞭解事物全貌。梁啟超〈治國學的兩條大路〉一文中,認為研究國學有兩條應走大路:一是文獻的學問,應該用客觀的科學方法研究;二是德性的學問,應該用內省的和躬行之方法研究。所謂「文獻的學問」,即指對古籍之研究方法而言,以達求真、求博、求通等三個標準。胡適〈研究國故的方法〉提到四種方法,一是歷史的觀念:把舊書當作歷史看,知彼好到什麼地步,或壞到什麼地步,有了這種歷史觀念,自然會產生研究古書的興趣,這是研究國學方法的起點。二是疑古的態度:要懷疑古書的真偽,要懷疑真書被後代弄偽的情形。三是系統的研究:要把從前沒系統的文學、哲學、政治等著作,以客觀的態度去尋出系統。四是整理:形式方面,將古書加上標點符號,分開段落;內容方面,加上新的注解,折衷舊有的注解。使從前只有少數人懂得的古書,整理成人人能解的古書。尤其在文史方面之研究工作,資料更為重要。要想在文史方面提出創見,必須建立在豐富之文獻基礎上。〔註44〕前賢之言乃治學之精粹與心得,堪足惕勵與擷拾。

　　本研究乃藉助前賢研究成果,綜整探析,循序前進,加以運用,冀探得驪珠。本文徵引各家說法而羅列之「參考書目」者,皆是援用此法而來。《論語》注方面,包括何晏《集解》、南朝梁皇侃《義疏》、北宋邢昺《正義》、朱熹《集注》、清劉寶楠《正義》、程樹德《集釋》,以及錢穆《新解》等七部著述,以分析其時代流變和注解取向。尤特聚焦於朱熹《集注》與錢穆《新解》兩注之撰作目的、體例、考據、辭章、義理等之異同比較,以掌握本研究之要旨與方向。其他方面包括相關博士論文、期刊、專書、古籍等文獻。透過分析其研究目的、研究方法、撰作體例、研究架構與研究結論,俾能瞭解前人研究成果,分析、評述其撰作之良窳,以資參酌吸

〔註43〕黃光雄、簡茂發合撰:《教育研究法》(臺北:師大書苑出版,1991 年),頁 89。

〔註44〕劉兆祐:《治學方法》(臺北:三民書局出版,2012 年二版),頁 3。

納，並尋闢嶄新、可行而具有價值之研究方向。

（三）歸納法

　　係從諸多文本實例中，先運用文本分析法，以得出其中脈絡、義理，而後歸納得出結論。王熙元有云：「從許多分歧的脈絡，歸結到一個論點，一個解釋，一個道理，一如納百川於海洋一般，這就是歸納的方法。」〔註45〕歸納法通常可用圖表方式呈現結果，並輔以文字說明。陳望道指出：「圖表可以刺激人的眼目，使人一目了然，而語言卻總無法做到那樣簡明。」〔註46〕許威漢認為：「思維方法論包括歸納與演繹，分析與綜合，具體與抽象，類比、假設與想像等。目前從古漢語語法研究來看，歸納法尤為重要。」〔註47〕是以本法乃著重由繁複而簡化，由眾說而匯綜之邏輯與組織調理能力，藉以獲得至當之經典大意。

　　本文此項具體操作方法在於，首先分析文本之脈絡、訓詁、辭章、義理與陳述，其次予以綜理歸納，作為本文論述之依據。繼而為能清晰展現《集注》與《新解》之撰者生平、著作、撰作要旨及體例、注釋取向與特色，以及渠等於撰作背後之用心所在等，最後作出比較性之差異和論述，獲致研究結論，並羅列圖表呈現，以達圖文相濟、簡明扼要之目的。

（四）語句分析法

　　語句分析法屬於「內容分析研究」之一種研究方法。內容分析研究（content analysis research），又稱「文獻分析研究」或「資訊分析研究」。此種研究乃在透過質與量之分析與技巧，以客觀之態度，對文件內容進行系統性分析，藉以推論該文件之意義及其歷史背景。〔註48〕此法乃研治《論語》語法最確實可行之法，透過語句分析可以瞭解《論語》語句之成分、結構、詞性與句型。蔣伯潛有云：「研究文法和修辭當根據完形心理學做整體之觀察研究，從整篇以研究句語，從整句以研究各個之詞。」〔註49〕戴璉璋提出「重視整體」、「分別層次」與「明辨關係」之語句分析三原

〔註45〕王熙元：《關懷國文法》（基隆：法嚴出版社出版，2001年），頁148。
〔註46〕陳道望：《修辭學發凡》（上海：復旦大學出版，2011年），頁28。
〔註47〕許漢威：《古漢語語法精講》（上海：上海大學出版社，2002年），頁238。
〔註48〕葉重新：《教育研究法》（臺北：心理出版社，2001年），頁16。
〔註49〕蔣伯潛：《中學國文教學法》（臺北：太順書局，1972年），頁177。

則，再運用句型分析三步驟（即判別句型、分析句中之成分、分析成分之
構詞），〔註50〕進行語句分析，以瞭解句型、成分及構詞情況。

　　本研究於《論語》章句之分析方面，首先注重整體與層次關係，次則
判別句型，分析字句成分與構詞，亦即著重考量字句與整章文意精神之一
貫性和整體性，達到「文從字順各適職」之辭章規範，以精準把握章句之
本旨與經義所在。撰者將需要分析之《論語》原文章句逐一分析其詞性，
如名詞、動詞、形容詞、代詞、介詞、連接詞、語氣詞等。茲列舉《論語》
子曰「學而時習之」章為例：

子	曰：「學	而	時	習	之	，	不	亦	說	乎	？
名	動	動	連	副	動	代		副	副	名	語

有	朋	自	遠	方	來	，	不	亦	樂	乎	？
動	名	介	形				副	副	名	語	

人	不	知	而	不	慍	，	不	亦	君子	乎	？」
名	副	動	連	副	形		副	副	名	語	

「不亦說乎」、「不亦樂乎」、「不亦君子乎」中之「說、樂、君子」，乃三句
判斷繁句之謂語。」〔註51〕亦即皆屬名詞，故此三句可釋義為「不也是喜
悅之事？」、「不也是更感快樂嗎？」以及「不真是一位有修養、有德行之
君子嗎？」。繼而進行語句分析。茲列舉孔子曰：「不知命，無以為君子也」
章為例，說明如下。

　　　子曰：不知命，無以為君子也；不知禮，無以立也；不知言，無
　　　以知人也。〔註52〕

　　步驟一：判別句型

　　此一單句，乃屬於「動詞謂語句」。

　　步驟二：分析章句中之成分

　　「孔子」是主語，「曰」是及物動詞以作述語；「不知命，無以為君子
也；不知禮，無以立也；不知言，無以知人也。」為賓語。

〔註50〕戴璉璋：〈中國語法中語句分析的商榷〉，《國文天地》，第 1 卷第 1 期（1985
　　　年），頁 63～68。
〔註51〕許世瑛：《論語二十篇句法研究》（臺北：台灣開明書店出版，1978 年），
　　　頁 1。
〔註52〕宋・朱熹：〈堯曰篇〉，《四書章句集注》（北京：中華書局，2012 年），頁
　　　196。

步驟三：分析成份之構辭

主語「孔子」係專有名詞。述語「曰」為單詞。賓語「不知命，……無以知人也。」乃為複合式之連謂短語。〔註53〕由此可知，本章句乃由「不知命，無以為君子也」、「不知禮，無以立也」、「不知言，無以知人也」等三個連謂短語，藉其並列形式之關係複合所構成。

（五）比較法

由於《論語》原本佚失已久，漢代以後出現多種版本，而為之作注者眾。基於研究目的，本文聚焦於《集注》與《新解》兩注之比較研究，惟為求論述之深度與周全，將對歷代較具代表性之《論語》注本為輔，相互參照與校勘，比較諸注特徵，以明其異同。比較內容包括作者生平、學術成就、撰作《論語》注之要旨及體例、注釋取向與特色，及其考據、義理、辭章等，並於比較論述之後，將其異同之處繪製成表，檢附於後，以利參照閱讀。

（六）校勘法

乃為改正古文書於文字、篇章等方面之訛誤。狹義之校勘，多限於改正古書文字上之誤；而廣義之校勘，則是凡與治理圖書有關事宜均屬之，包括蒐集、整理等。校勘者當要瞭解古籍常見訛誤現象，亦須兼備文字、聲韻、訓詁、文法、修辭、目錄、辨偽、版本、輯佚、避諱與典章制度等之學識基礎。然後按照校勘對象選定、擇定與搜羅校本、校例寫訂及校勘完成記錄之程序實施。校勘法包含對校法、本校法、他校法與理校法。〔註54〕對校法，即以同書之祖本或別本對讀，遇不同之處，則注於其旁。此法最簡便、最穩當；本校法，以該書前後互證，而抉摘其異同，俾知其謬誤；他校法，以他書校本書。凡其書有采自前人者，以前人之書校之；有為後人所引用者，以後人之書校之；史料有被同時之書所並載者，可以同時之書校之。此等校法範圍較廣而用力較勞，惟有時非用此法不能殫其訛誤；理校法，遇無古本可據，或數本互異而無所適從時，則須用此法。本研究將運用上述之校勘四法，對於探究《論語》之章句內容，先行審視校讎比對，以得原典章句，再行於本文相關章節運用，以建立本文較佳之信度和

〔註53〕蔣伯潛：《中學國文教學法》（臺北：太順書局，1972年），頁369。
〔註54〕劉兆祐：《治學方法》（臺北：三民書局出版，2012年），頁271～292。

效度。

　　綜合上述，本文研究方法使用，係以解決本文研究問題、獲致預期研究目的為主要導向。第一章使用文獻回顧法與歸納法，廣泛蒐集，分析研判，綜合歸納，作為本研究之立題與研究目的之論述。第二章使用文本閱讀法、比較法與歸納法，以獲致《論語》之編撰目的、中心思想與時代意涵。第三章與第四章，使用文本閱讀法、語句分析法、校勘法與歸納法，掌握撰者生平及其對《論語》相關著作、註解、撰作要旨及體例、注釋取向與特色。第五章使用比較法與歸納法，針對第三、四章議題，實施比較、歸納和論述。第六章使用歸納法，綜整本文重要論述、發現與成果。在本文整個研究過程中，對於某一研究議題時或使用單一方法，或同時使用兩種，或兩種以上之研究方法，以逐一或交互方式進行。惟方法擇用置重點於客觀、判斷與合理推論，並著眼於解決研究問題之實際效益和研究成效。

第二章 《論語》撰作目的、中心思想與時代意涵

第一節 《論語》撰作之時代背景與目的

一、《論語》撰作之時代背景

　　春秋時期（前 770～前 403），周室中衰，宗法弛廢，禮崩樂壞，諸侯國尊周攘夷，群雄謀利競逐，齊桓公、宋襄公、晉文公、秦穆公、楚莊王相繼稱霸。〔註1〕歷史上，春秋時代區分三個時期：一是霸前時期；二是霸政時期；三是霸衰時期。春秋霸權衰微之時，中國本是華夷雜處。華夏者，耕稼城郭諸邦；夷狄者，游牧部落，乃兩種迥然不同之生活型態。西周封建為一種耕稼民族，主以武裝模式拓殖，國力強盛之際，夷狄俯首稱臣。列國攻伐兼併之時，夷狄則乘機入侵。《公羊傳》僖公四年載曰：「南夷與

〔註1〕有關戰國時期之起始年份，史學家迄今仍有爭議。一種觀點認為，按照《史記》，書定戰國始於前476年（周元王元年，但有史學家依《左傳‧哀公十六年》，周敬王崩條定於前475年），緊接春秋時期。另一種觀點則認為按照資治通鑑》的記法，定前403年（周威烈王二十三年正式承認趙、魏、韓三家分晉。）故戰國時期與春秋時間之間出現間隔之問題。黃仁宇在《中國大歷史》認為：「傳統上東周又被分為兩個階段。自公元前722年至公元前481年為『春秋時代』；公元前403年至公元前221年為『戰國時代』然而兩段之間，並不銜接。此係根據《春秋》與《戰國策》兩書所載相關年表。」本文兩說並陳，以供參照。詳見氏著：《中國大歷史》（臺北：聯經出版事業公司，1994年），頁20。

北狄交，中國不絕若線。」顯現當時中國文化面臨異族文化摧殘危機。齊桓公趁勢倡行「尊王攘夷」之策，得到各諸侯國擁護，並採取禁抑篡弒與制裁兼併措施，以穩定內亂情勢。惟此方策卻致使諸侯安逸畏勞，將治國政權委於卿大夫代行，遂日久結援，暗通他國，釀成操權逆倫、篡弒以為常。太史公《史記・自序》有曰：

> 周道衰廢，孔子為魯國司寇，諸侯害之、大夫塞之。孔子知言之不用，道之不行也，是非二百四十二年之中，以為天下儀表，貶天子、退諸侯、討大夫，以達王事而已矣。子曰：「欲載之空言，不如見之於行事之深切著明也。」……春秋之中，弒君三十六，亡國五十二，諸侯奔走不得保其社稷者不可勝數。察其所以，皆失其本矣。〔註2〕

春秋之際，禮崩樂壞，周天子雖臨天下而不能治，於是君不君，臣不臣，上下交征利，蠻夷窺伺，治道不行，國危民慌。司馬氏探究其因，乃曰「皆失其本」，此「本」殆是「禮制」與「名分」，斯天下危亂之所由，是以慨然而歎。孔子雖有志於道，惟有權者皆盡棄仁愛，以速利是求，罔視天下蒼生倒懸之苦，苦無機會施展其治國理想，是以深有所感而曰：

> 天下有道，則禮樂征伐，自天子出。天下無道，則禮樂征伐，自諸侯出，蓋十世希不失矣！自大夫出，五世希不失矣！陪臣執國命，三世希不失矣！天下有道，則政不在大夫，天下有道，則庶人不議。〔註3〕

孔子曰「天下有道，則政不在大夫」，確然「無道」之世，周平王有弒父之嫌，而不為正義所附，是以「天下共主」威信掃地。天子無道，下則效焉。孔子言「有道」、「無道」實指經國治世不離「德」與「禮」之推行與實踐，〔註4〕此二者皆屬孔門內聖外王之要學。

依此推論，孔子從政之理想境界，應在上古五帝以「天下為公」之大同治世，得以選賢與能、互助互敬、節制私欲，以致謀閉不興，外戶不閉，

〔註2〕漢・司馬遷撰，南朝宋・裴駰集解、唐・司馬貞索隱，唐・張守節正義：〈太史公・自序〉，《百衲本史記》下冊，卷130（北京：國家圖書館出版社，2014年），頁1195。

〔註3〕宋・朱熹：《論語集注・季氏篇》，《四書章句集注》（北京：中華書局，2012年），頁172。

〔註4〕林義正：《孔子學說探微》（臺北：東大圖書出版，1987年），頁37～38。

故心嚮往之。然距之久矣，此係可望而難以企及之理想國度。而夏、商、周三代，雖「天下為家」，以禮為紀，刑仁講讓，示民有常。惟依禮而治，謹守規訓，猶可達到小康之治。孔子嘗言「如有用我者，吾其為東周乎」，此見孔子之志與時代流弊。蓋歷夏、商兩代，禮逐漸成形，至周旦制禮作樂，始將禮樂完善並深化於治國總綱與社會規範之中，故而社稷秩序井然，周祚綿延八百年。後至陪臣執命，毀禮亂紀，權謀營私。是以孔子面對皆失其本之世道，憂憤而出此言。

太史公《史記·孔子世家》有曰：

> 孔子生魯昌平鄉陬邑。其先宋人也，曰孔防叔。防叔生伯夏，伯夏生叔梁紇。紇與顏氏女野合而生孔子，禱於尼丘得孔子。魯襄公二十二年而孔子生。生而首上圩頂，故因名曰丘云。字仲尼，姓孔氏。丘生而叔梁紇死，葬於防山。防山在魯東，由是孔子疑其父墓處，母諱之也。〔註5〕

孔子（前551～前479）生於魯襄公二十一年，或云生於魯襄公二十二年者，兩千年來學人各從一說，未有定論。錢穆對此詳加考正，即以魯襄公二十二年生之說為勝。〔註6〕孔子父叔梁紇為陬大夫，其卒不知其歲，或云：「孔子年三歲」。孔子母死，當在孔子十七歲前。〔註7〕上述推論當屬合理。此文述及孔子出生之時空環境，家境人物，顯見孔子生時身份卑微，是以有言因少而鄙諸事琢磨故能多事。蓋非常之人須有非常際遇，以苦其心志，勞其筋骨而增益其所不能，嗣後始能專注志於道之學，成就非凡功業。又以年少之齡，不恥問禮於達禮而有自得者，因積累通學於禮而有聲聞遐邇，當時多有見識者如釐子、懿子與南宮叔敬等，嘗問禮學禮於孔子，摩頂放踵而不絕於途。《史記·孔子世家》有云：

> 孔子為兒嬉戲，常陳俎豆，設禮容。孔子母死，乃殯五父之衢，蓋其慎也。……孔子年十七，魯大夫孟釐子病且死，戒其嗣懿子

〔註5〕《百衲本史記》，〈孔子世家〉，卷47，頁645～646。

〔註6〕錢穆云：「孔子生年，聚訟兩千年。《春秋》之《公羊》、《穀梁》二傳，皆謂魯襄公二十一年孔子生，司馬遷《史記》，謂襄公二十二年生。……若孔子生年，殆亦將以後息者為勝。」本文此處採錢穆之說。參見氏著：《孔子生年考》，《先秦諸子繫年》（臺北：東大圖書公司出版，2014年），頁3～4。

〔註7〕錢穆：〈孔子傳〉，收入《錢賓四先生全集》，第4冊（臺北：聯經事業出版社，1998年），頁6～7。

曰：「孔丘，聖人之後，滅於宋。其祖弗父何始有宋而嗣讓屬公。
及正考父佐戴、武、宣公，命茲益恭，故〈鼎銘〉云：『一命而僂，
再命而傴，三命而俯，循牆而走，亦莫敢余侮。饘於是，粥於是，
以餬余口。』其恭敬如是。吾聞聖人之後，雖不當世，必有達者。
今孔丘年少好禮，其達者歟？吾即沒，若必師之。」及釐子卒，
懿子與魯人南宮敬叔往學禮焉。〔註8〕

又曰：

孔子年三十五，魯亂。孔子適齊，為高昭子家臣，欲以通乎景公。
與齊太師語樂，聞韶音，學之，三月不知肉味，齊人稱之。……
景公問政孔子，孔子曰：「君君、臣臣、父父、子子。」景公曰：
「善哉！信如君不君、臣不臣、父不父、子不子，雖有粟，吾豈
得而食諸！」……齊大夫欲害孔子，孔子聞之。景公曰：「吾老矣，
弗能用也。」孔子遂行，反乎魯。……定公十四年，孔子五十六……
與聞國政三月，粥羔豚者弗飾賈，男女行者別於塗，塗不拾遺，
四方之客至乎邑者不求有司，皆予之以歸。〔註9〕

孔子幼時尤關注於祭祀之禮，年十七即學禮有得，並能躬身篤行，雖家世
卑微而能為時人所敬重。年三十五，因魯亂而流寓適齊，時聞韶音殊妙而
勤習之。齊景公嘗就教如何施政，對曰「君君，臣臣，父父，子子」。年五
十有一，仍感學之不足而問禮於老耼。年五十六，任魯國大司寇行宰相職，
以禮樂與聞國政，三月而大治，旋因晏嬰排擠而向隅。年五十四至六十八，
周遊齊、衛，宋，徘徊於陳、蔡之間，終無緣施展治國理念。自定公十三
年（前 497），去魯返魯，凡十四年。上述諸事得以窺見孔子對禮之重視，
把握禮制與名份，治國之要如是。孔子縱有生不逢時之歎，然並未放棄實
現理想抱負之殷切期盼。

　　昔日孔子嘗觀於魯國禘祭儀禮，惟自既灌而往，遂不欲觀。又與於蜡
賓，畢而喟然歎之。是以歎魯之禮徒具形式與欠缺完備也，遙念古代盛世，
禮之精神自然存在於社會人心之中，行於禮如神在，須是心誠意正，果徒
具形式實無意義。既使三代之治，禮儀規範完備而普遍施行，是故能經國
濟世。孔子周遊列國，對政治人物只見近利而罔顧長治之道，禮樂蕩然而

〔註8〕《百衲本史記》，〈孔子世家〉，頁 646。
〔註9〕同前註，頁 647～650。

人心不古之普遍現象，應有深刻之觀察與體會，殆有「時不予我，奈之若何」之戚戚然，故而轉向編修經書，興學教化，撥正人心，以立大同之基。太史公又曰：

> 孔子之時，周室微而禮樂廢，詩書缺。追跡三代之禮，序書傳，上紀唐虞之際，下至秦繆，編次其事。曰：「夏禮吾能言之，杞不足徵也。殷禮吾能言之，宋不足徵也。足，則吾能徵之矣。觀殷夏所損益，曰：「後雖百世可知也，以一文一質。周監二代，郁郁乎文哉。吾從周。」故書傳、禮記自孔氏。……古者《詩》三千餘篇，及至孔子去其重，取可施於禮義。……三百五篇，孔子皆弦歌之，以求合韶、武、雅、頌之音。禮樂自此可得而述，以備王道，成六藝。……以詩、書、禮、樂教，弟子蓋三千焉，身通六藝者，七十有二人。……孔子以四教：文、行、忠、信。絕四：毋意、毋必、毋固、毋我。所慎：齊、戰、疾。子罕言利與命與仁。不憤不發，舉一隅不以三隅反，則弗復也。〔註10〕

鑒於詩書缺、禮樂衰、綱常墜，孔子乃折中六經。並將其理想化為具體之修身、進德與治國之教育大計，期望培育德行、言語、政事、文學等四科人才，統攝知識、實踐和態度等諸種知能之學。採取因材施教、有教無類之法。蓋孔門弟子約有三千餘人，能身通六藝者，計七十二人，是以輾轉透過從經國濟世、四科育才，振興禮樂、淑善人心，救正時弊。

> 孔子年七十三，以魯哀公十六年四月己丑卒。……葬於魯城北泗上，弟子皆服三年。三年心喪畢，相訣而去，則哭，各復盡哀；或復留。唯子貢廬於冢上，凡六年然後去。弟子及魯人往從冢而家者百有餘室，因命孔里。魯世世相傳以歲時奉祠孔子冢，而諸儒亦講禮鄉飲、大射於孔子冢，孔子冢大一頃，故所居堂弟子內，後世因廟藏孔子衣、冠、琴、車書，至于漢二百年不絕。高皇帝過魯，以太牢祠焉。諸侯卿相至，常先謁然後從政。孔子生鯉，……年五十，先孔子死。伯魚生伋，字子思，年六十二。嘗困於宋，子思作《中庸》。〔註11〕

孔子畢生憂國憂民，懷抱宏偉理想遊走列國，迄至晚年仍無法一償宿願，

〔註10〕《百衲本史記》，〈孔子世家〉，頁 656～657。
〔註11〕同前註，〈孔子世家〉，頁 659～660。

孔子時年六十有八。奉魯召而歸，然亦未受真用，乃慨歎曰「不怨天，不尤人，下學而上達，知我者其天乎！」〔註12〕此乃六十而知天命之悟，蓋天命有數，世事流遷，人弗可逆。惟篤行學為人之道，無愧於心，自能達致聖人之境。雖言「述而不作」，但勤奮治學，終身不輟，刪修諸家經書以奠儒學根基，因材施教而誨人不倦。雖世道如晦，仍持樂觀之心正道而行、精進不退，此乃明知不可為而為之精神。聖者如是，後世焉能無所效習。朱熹畢生尊崇孔子，譽稱「聖人」，引贊而曰「天不生仲尼，萬古如長夜。」〔註13〕太史公《史記・孔子列傳》有曰：

> 《詩》有之：「高山仰止，景行行止。雖不能至，然心鄉往之。」余讀孔氏書，想見其為人。適魯，觀仲尼廟堂車服、禮器，諸生以時習禮其家，余低回留之不能去云。天下君王至於賢人眾矣，當時則榮，沒則已焉。孔子布衣，傳十餘世，學者宗之。自天子王侯，中國言及《六藝》者，折中於夫子，可謂至聖矣。〔註14〕

孔子僅一布衣，卻教澤垂世，令人「高山仰止」、「心嚮往之」。而天下王官時賢，生時榮而沒則已。兩相對比，高低自見。司馬氏見孔子書，觀其廟堂禮器，察其門生行止，丘雖沒，諸生仍依禮守孔子喪，以時習禮家屬。宛如周公禮樂治國之情景再現，乃誠正修齊治平，以至大同社會之境。此為太史公時，當政者可望而不可及者。孔子雖無帝王之名，卻有勝於帝王之功。司馬氏熟讀史冊，深諳國家興衰之道，時空固有殊異，惟治國根本、為人之道莫不同然，見孔子雖僅布衣，佈教六藝，行止循禮，教澤垂範，為後世尊崇，見此情狀彷彿理想社會重現，不覺深歎之。

　　古往今來，不乏赫赫有功者，惟孔子「立德」、「立教」一人而已。孔子匯綜上古聖賢之說，折中《六藝》之教，開啟庶民教育先河，諄諄恪恪於百年樹人大計，雖無帝王名銜，不為當世權柄者用，然其重「德」高於

〔註12〕《論語集注・憲問篇》，《四書章句集注》，頁158～159。

〔註13〕宋・黃士毅編，徐時儀、楊艷彙校：《朱子語類・論語》，第93卷，頁2355。朱熹有語此句。惟此贊語是否源出朱熹，尚有疑義。據宋・唐庚（字子西，1069～1120，四川眉山人）《唐子西文錄》載曰：「蜀道館舍壁間題一聯云：「『天不生仲尼，萬古如長夜』，不知何人詩也。」一般認為是宋朝佚名詩人所做。參見宋・唐庚：《唐子西文錄》，收入《續修四庫全書》。

〔註14〕《百衲本史記》，〈孔子世家〉，頁660。

「位」,「述」旨於「道」〔註15〕,其人雖遠而功愈顯,故曰「至聖」。錢穆畢生研治《論語》有曰:

> 孔子為中國歷史上第一聖人。在孔子以前,中國歷史文化當已有兩千五百年以上之積累,而孔子集其大成。在孔子以後,中國歷史文化又復有兩千五百年以上之演進,而孔子開其新局。在此五千多年,中國歷史進程之指示,中國文化理想之建立,具有最深影響、最大貢獻者,殆無人堪與孔子相比倫。〔註16〕

由上可知,孔子自三十五歲適齊、去衛、過宋、至陳、如蔡、返衛,至年六十八歸魯,凡三十三年。皇皇遊於列國,戚戚焉壯志不展,蓋君君臣臣之說,盡沒於利字當中。終不得志而返魯,專致於治經教學,教澤廣披後世,其仁、德、忠、恕一貫之思想和學說,對現今世道人心,仍具深遠而正面之影響。

孔子學說,博大精深,雖具上古文化色彩,然卻無有不盡。其價值主要在於「民生日用之常,大道至德之要,一日不可闕焉者也。」〔註17〕並展現於不同時空之調和性,用之則行,舍之則藏。而論其教化之功,美善之淑世情懷,乃溫和之人道主義者,貫通古今而不朽。故孟子謂「孔子,聖之時者也。」〔註18〕錢穆亦言,孔子承上啟下各兩千五百年,肇建中華文化主流與理想,論其貢獻實堪為中國歷史之第一聖人。微孔子則堯、舜之德不傳于世。〔註19〕上引評述可謂剴切中肯,誠非溢美。

〔註15〕 宋・徐鉉有云:「臣聞軒后之神也,畏愛止乎三百;唐堯之聖也,倦勤及乎耄期。文王之名夷也,爻象周于六虛」;宣父之感麟也,褒貶流于百代。乃知功利之及物者,與形器而有限;道德之垂憲者,將造化而常新。是故體仁者必懇懇于立言,務遠者必勤勤于弘道。然則封泰山,告成功,七十二家;正禮樂,刪《詩》、《書》,一人而已。大矣哉,立教之難也。昔夫子祖述堯舜,憲章文武,扶東周于已絕,拯蒼生于既墜,迹屈而道愈大,其人亡而教愈遠,則生民以來,未之有也。」詳見氏著:〈宣州涇縣文宣王廟記〉,《徐文公集》,收入曾棗莊、劉琳主編:《全宋文》,冊2,卷21(上海:上海辭書出版社、合肥:安徽教育出版社,2006年),頁220。

〔註16〕 錢穆:《孔子傳・序言》(臺北:東大出版社,2003年),頁1。

〔註17〕 宋・胡旦:〈儒學記〉云:「昔人稱之:仁功邁于堯舜,性理接于羲皇,享配比于禹稷。誠哉是言也!況伏羲之馬牛,神農之穀藥,皇帝之軒冕,孔子之《詩》、《書》,又皆民生日用之常,大道至德之要,一日不可闕焉者也。」詳見氏著乾隆《奉新縣志》,《中國思想史論集續編》,卷12,頁9。

〔註18〕 《孟子集注・萬章章句下篇》,《四書章句集注》,頁320。

〔註19〕 宋・段全:〈仙游縣建學記〉,詳見《續修四庫全書》,道光:《福建通志》,

二、《論語》編撰之目的

　　論述《論語》編撰目的之前，先就《論語》撰作者進行探討。《論語》之編撰者，歷來說法不一，主要諸說有：班固《漢書‧藝文志》，以為孔子門人於孔子生前各記所聞，仲尼歿後，由門人共同纂輯而成。趙岐〈孟子題辭〉有云：

　　　　七十子之疇，會集夫子所言，以為《論語》。〔註20〕

班、趙二氏所言相近，惟未指明何人參與編纂？鄭玄《論語》說是仲弓、子游、子夏所撰。〔註21〕宋人永亨因《論語》對閔子獨稱「子騫」，不斥言其名，認為閔子騫侍於孔子，遂論纂《論語》。〔註22〕日本學者太宰春台及物茂卿推《論語》成於子張、子思。〔註23〕以上說法皆不離《論語》成於孔門弟子，所別者僅是名氏而已。皇侃《論語集解義疏‧敘》有曰：

　　　　《論語》者，是孔子沒後，七十弟子之門徒共所撰錄也。〔註24〕

皇侃此說類同於班固，惟編者之年齡可能相差一代，因之推論編撰年代輒有數十年之差距。唐代柳宗元認為《論語》成於有子、曾子門人。其〈論語辨‧上篇〉有曰：

　　　　或問曰：「儒者稱《論語》孔子弟子所記，信乎？」曰：「未然也。孔子弟子，曾子最少，少孔子四十六歲。曾子老而死；是書記曾子之死，則去孔子也遠矣。曾子之死，孔子弟子略無存者矣。吾意曾子弟子之為之也。何也？且是書載弟子必以字，獨曾子、有子不然。由是言之，弟子之號之也。」「然則有子何以稱子？」曰：「孔子之歿也，諸弟子以有子為似夫子，立而師之；其後不能對諸子之問，乃叱避而退：則固嘗有師之號矣。今所記獨曾子最後死，余是以知之。蓋樂正子春、子思之徒與為之爾。」或曰：「孔

　　　卷195，頁411。

〔註20〕漢‧趙岐撰，清‧阮元校刻：〈孟子題辭〉（臺北：藝文印書館《十三經注疏本》影印清嘉慶間刊本），頁192。

〔註21〕陸德明：《經典釋文‧序錄》「注解傳述人‧《論語》」及《論語音義‧論語‧序》「名曰《論語》」下引（臺北‧洪氏出版社，1975年），頁993。

〔註22〕宋‧永亨：《搜采異聞錄》（臺北：新興書局，1987年），頁322～324。

〔註23〕日‧太宰春台：《論語古訓外傳》（江都：嵩山房，1745年）；參見宋‧朱熹：〈論語微題言〉，《四書章句集注》（北京：中華書局，2012年），頁9。

〔註24〕梁‧皇侃疏：《論語集解義疏》（臺北：廣文書局出版，1991年），頁1。

子弟子嘗雜記其言，然而卒成其書者，曾子之徒也。」〔註25〕
柳氏此說，主述《論語》為曾子弟子所為之。就《論語‧學而篇》覈之似
信而有徵。然姚鼐言「《檀弓》最推子游，或子游之徒所為；而於子游稱字，
曾子、有子稱子，四聖孔門沿稱如是，非於稱子、稱字有輕重也。」朱熹
《論語章句集注‧序說》引程子語曰：

> 《論語》之書，成於有子、曾子之門人，故其書獨二子以子稱。
> 〔註26〕

關於《論語》之記載迭有內容相同而文字稍異者，或有文與字全同者，清
代劉寶楠《論語正義‧後敘》有云：

> 班生有言，仲尼沒而微言絕，七十子喪而大義乖。聖人之言，中
> 正和易，而天下萬物莫易其理，故曰微言，非止謂性與天道也。
> 大義者，微言之義，七十子之所述者也。今其著者，咸見《論語》。
> 竊以先聖存時，諸賢親承指授，當已屬稿，或經先聖筆削，故言
> 特精善。殆後追錄言行，勒為此篇，作之者非一人，成之者非一
> 時。先儒謂孔子沒後，弟子始共撰述，未盡然也。〔註27〕

此說指出，孔子存時弟子承教而已漸成書稿，或弟子於日常學習所錄，而
陳請孔子筆削而文義契合且精善者。俟孔子沒後，再補述輯合為《論語》，
故而非一人一時一地之作也。

東漢‧鄭玄《論語‧逸文序》有云：

> 《論語》之作，不出一人，故語多重見，而編輯成書，則由仲弓、子
> 游、子夏首為商定，故傳《論語》者能知三子之名。……經既撰定，
> 不得無名以稱之。此《論語》二字，必亦仲弓等所題。《漢志》云：
> 門人相與輯而論纂，故謂之《論語》。謂之者，門人謂之也。〔註28〕

鄭玄主張《論語》乃由仲弓、子游、子夏三人所共撰而成，並研議書名，
且說是因門人共同商討之，故而稱曰《論語》。

〔註25〕唐‧柳宗元：《柳宗元集‧《論語辨》上篇》，卷36（北京：中華書局出版，
　　　　1987年），頁110～111。

〔註26〕宋‧朱熹：〈論語集注‧序說〉，《四書章句集注》（北京：中華書局，2012
　　　　年），頁44。

〔註27〕清‧劉寶楠、劉恭冕撰：《論語正義‧後敘》（臺北：世界書局出版，2016
　　　　年5月），頁434。

〔註28〕《十三經注疏》，《論語正義‧附錄〈鄭玄《論語》逸文序〉仲弓、子游、
　　　　子夏等撰》，頁431。

伊藤仁齋〈論語古義敘由〉有云：

〈鄉黨〉應在全書之末，而今在第十，則前十篇原本是自成一
書。〔註29〕

伊藤所言之意係指，《論語》應由不同時代之學者賡續撰作，而後人合輯之。
或文體、或內容、或稱呼、或篇名，以論定《論語》之編纂。又可能分為
前、後兩部分而成書，而〈鄉黨〉則是前部之末篇。

班固《漢書‧藝文志》有云：

《論語》者，孔子應答弟子時人，及弟子相語言而接聞於夫子之
語。當時弟子各有所記，夫子既卒，門人相與輯而論纂，故謂《論
語》。〔註30〕

錢穆《孔子與論語》有云：

自孔子弟子曾子傳其學於孔子之孫子思，孟子乃受學於子思之門
人，上距孔子已五傳，踰百年以上。……孟子之時，《論語》一書
尚未正式編纂成書，故《孟子》七篇中，乃不見《論語》之書名。
《論語》之正式行世，當更出孟子之後。〔註31〕

依據錢穆考正，孟子之時《論語》尚未編纂成書，當出於孟子晚後。而孟
子則授學於子思門人，相距百年有餘。又云「《論語》正式行世，當更出孟
子之後。」錢氏精擅考正，此論尚屬合理有據。

綜合上述，《論語》一書係由何人、何時、何地書成，迄今仍未有明確
證據，以歸一是，仍待進一步推考。惟依目前現有文獻與研究成果而觀，
可作如是推論：《論語》之一部分應出自孔子之弟子所記，而全書之編纂可
能由孔子之弟子及再傳弟子為之。又因其體例與稱謂殊異，前十篇可能由
孔子之弟子與再傳弟子所記，後十篇可能由後人追記。是以《論語》之成
書年代，其上限應不早於周赧王二十六年（公元前 289 年）孟子沒之時，
下限應不晚於漢武帝元光元年（公元前 134 年），罷黜百家，獨尊儒術，表
彰五經之時。繼而論述《論語》本旨與意涵所在。

《語類》有云：

先生問：「《論語》如何看？」淳曰：「見得聖人言行，極天理之實

〔註29〕日‧伊藤仁齋：《論語古義》，卷 10，收入關儀一郎編：《日本名家四書註
釋全書》（東京：鳳出版，1973 年），頁 5。
〔註30〕漢‧班固：《漢書‧藝文志》，卷 30（臺北：鼎文書局，1979 年），頁 1728。
〔註31〕《孔子與論語》，《錢賓四先生全集》，頁 7～8。

而無一毫之妄。學者之用工，尤當極其實而不容有一毫之妄。」

曰：「大綱也是如此。然就裏面詳細處，須要十分透澈，無一不

盡。」〔註32〕

朱熹認為《論語》為探究聖人言行及窮極天理之學。故治學上務須瞭然透
徹，存天理而去人欲，於進程細微處亦要分明事理之本末粗精，勤勉治學
而不容有絲毫妄念。此處道理說來簡明，然果能達此境界誠為不易，惟「天
理」為何？如何體現？人有多欲，何欲該去？尚須十分透澈其間道理始能
致之。此等哉問《論語》似語而未明，殆是須從事上磨難，體會物我一理，
以合內外之道。朱熹援引程子之語有曰：

頤自十七八讀《論語》，當時已曉文義。讀之愈久，但覺意味深

長。某年二十時，解釋經義，與今無異，然思今日覺得意味與少

時自別。〔註33〕

程子意指《論語》章句雖平實自然，惟隨著人之天賦資質、成長階段、體
悟玩味與修為存養不同，而各自有得。伊川主在強調從其親身實踐致知心
法，主張學莫先致知，致知工夫在思，能思始有覺悟，有覺悟始是學。進
而反躬，日益精進，積久乃覺意味深長而有別。

錢穆《論語新解》有云：

此書所收，以孔子應答弟子時人之語為主。〈衛靈公〉篇載子張問

行。孔子告以「言忠信，行篤敬」，而子張書諸紳。則當時諸弟子

於孔子之一言一行，無不謹書而備錄之可知。論者，討論編次義。

經七十子後學之討論編次，集為此書，故稱《論語》。書中亦附記

諸弟子語，要之皆孔門之緒言也。〔註34〕

弟子平日將孔子與弟子應答之語記錄，以成《論語》，如子張恭敬地書寫孔
子勉勵之語「言忠信，行篤敬」而條陳示諸於門生。故《論語》為孔子思
想與學說之根本。錢穆闡述〈漫談《論語新解》〉有云：

一般人總愛說「儒家思想」或「孔子哲學」，當然《論語》是關

於此方面最重要的書。……讀《論語》都認為孔子的思想主要在

講「仁」與「禮」。……讀《論語》應該依照孔子的思路來讀，才

〔註32〕《續修四庫全書》，〈語類·論語一〉，卷19，頁462。

〔註33〕宋·朱熹：《論語集注·序說》，《四書章句集注》（北京：中華書局，2012
年），頁44。

〔註34〕《論語集注·學而篇》，《四書章句集注》，頁3。

> 能於孔子有了解。……從此推論，便知全部《論語》多是在講具
> 體的人和事實。若忽略了《論語》中所討論具體的實人實事，則
> 全部《論語》所剩無幾。……因此我們可以說，中國儒家思想主
> 要在具體的人和事，而孔子《論語》，則為儒家思想之大本源所
> 在。〔註35〕

此條正顯示出錢穆對於《論語》本義之理解。中華傳統文化以儒家思想為主，而儒家思想之大本源則在《論語》，其關鍵在於，孔子多語「具體之人和事」，寓理其間，無有玄空。是以讀《論語》務須依循孔子之思路，往復思索始真有得。「仁」與「禮」固為《論語》之核心德目，惟必落實於人群互動情境之中，始能體現其內涵所在。後之學者，多藉經發揮，或引他經說本經，此等解經方法所釋經文是否仍屬《論語》本旨，此間實大有疑問，倘註經者皆援取此法為之，而今之《論語》原旨本義，恐已脫失殆盡。故錢穆主張必先罄盡訓考之事，而說《論語》本義。蓋雖去聖益遠，經義多失，殆此時再無汲汲作為，後更渺渺。此一用心對於其撰作《新解》之忖思，應為關鍵所在，於此益見其卓識與時代價值。

《論語》書名之稱，見於《禮記‧坊記》，其文有曰：

> 子云：「君子弛其親之過，而敬其美。」《論語》曰：「三年無改
> 於父之道，可謂孝矣。」高宗云：「三年其惟不言，言乃歡。」
> 〔註36〕

依據《隋書‧音樂志》所載沈約之說，〈坊記〉出於子思，推論其成書應於漢初至武帝期間，惟多不認為〈坊記〉為子思所作。〈坊記〉原文共引四段孔子語，三處皆稱「子云」，僅一處稱「《論語》曰」，此處「《論語》」可能為後人夾注，並於抄寫之際誤植入文，〔註37〕《孟子》全書引用孔子之語，計二十九次，多半使用「孔子曰」、「子曰」，而不言「《論語》」；《荀子》多次引用孔子之言，亦從未逕用「《論語》」之名。漢初，如陸賈《新語》、賈誼《新書》，雖常引用《論語》文句，然卻未曾使用「《論語》」書名。是以似可推論迄至兩漢之際，《論語》書名之稱猶未統一，或「論」，或「語」，

〔註35〕錢穆：〈漫談論語新解〉（香港：新亞書院出版，1963年），頁49～53。
〔註36〕楊朝明：〈《禮記‧孔子閒居》與〈孔子家語〉〉，《儒家文獻與早期儒學研究》（齊魯書社出版，2002年），頁252。
〔註37〕日‧武內義雄：〈論語原始〉，《支那學》，第5卷（東京：巖波書店，1972年），頁35。

或「傳」，或「記」，或「論語說」，甚而逕稱「孔子曰」等說法，皆有之。故而究竟「《論語》」係書成之時既有，抑或後人所補題，至今仍屬千古聚訟，未有定論。

綜上所述，孔子折中並集大成於其前兩千五百年之文化積累，匯綜而彌新，大意盡在《論語》。又開啟庶民教育之先，藉由實人實事之應對語錄，寓以大義。嗣後孔門弟子揀集孔子精要之語，編輯而成《論語》，以書明孔門傳習要旨，表彰先師教學精神。因此《論語》內涵指涉淑世經國之志、修身處世之道、抒懷個人情志、社會倫理之論、政治與哲學之理，足堪表見孔子宏偉之人格思想，迄至秦末漢初之際，已成儒家精粹經典，自天子以至庶民冀求誠意、正心、修身、齊家、治國而平天下所必讀之經。

孔子之功，犖犖要者在於「教」、「學」與「行」。教者，「有教無類」、「誨人不倦」、「文、行、忠、信」等。學者，「學而時習」、「好古敏學」、「好學樂學」、「學無常師」等。而行者，「游於藝」、「多能鄙事」、「博文約禮」等。此三者皆從人生之切身處返求諸己，著重於如何「學為人」。換言之，即是個體學習如何於大我之中完備理想人格之我，以必先克盡下學工夫，篤行於人倫生活日用之間，期能由下學而上達，以臻「天人合一」之境界。

《論語》全書由二十餘篇章組成，惟篇章之間排列順序，似無條理與脈絡之關聯，故歷來諸多學者多稱《論語》之編纂應非一人一時一地之作。《論語》究竟成於何人之手，至今尚未論定。《論語》現今有五種版本，一是《魯論語》二十篇，行於魯國；二是《齊論語》二十二篇，行於齊國，比《魯論語》多〈問王〉、〈知道〉兩篇。其他二十篇中，章句多於《魯論語》；三是《古論語》，出於孔子家壁。凡二十一篇，無〈問王〉、〈知道〉兩篇，分〈堯曰〉下章「子張問」一篇，〈子張〉二篇。此三者之間，部分文字亦有相異之處。四是《張侯論》，乃西漢末張禹者，先講授《魯論》，後講授《齊論》，旋後刪棄《齊論》之〈問王〉與〈知道〉兩篇，從《魯論》二十篇，合而編定，通稱《張侯論》，為現今通行《論語》之更定本。五是定州漢墓竹簡《論語》，〔註38〕1973 年於西漢中山懷王劉脩墓中出土，經學

〔註38〕李慶：〈關於定州漢墓竹簡《論語》的幾個問題——《論語》的文獻探討〉，《中國典籍與文化論叢》第八輯（2005 年，北京大學出版社），頁 49～54。

者考定，劉脩卒於漢宣帝五鳳三年（前 55 年）。若然，竹簡版《論語》應
為今存最早，且為《張侯論》流傳前之版本，此為研究《論語》提供新材
料，對於學術研究應有一定程度之助益。

今之《論語》據清代阮元（1764～1849）校勘《十三經註疏》本統計，
約一萬二千字。〔註39〕凡二十篇，四百九十二章，前十篇稱「上篇」，後十
篇稱「下篇」。篇章之間庶幾不具關聯性，除〈鄉黨〉與〈子張〉兩篇外，
亦無一定之主旨。各篇章數不一，偶有重複。清代崔述（1740～1816）考
正則認為，此《論語》並非孔門真本，乃經後人竄入之證也。〔註40〕錢穆
亦言，今之《論語》固有後人之所續入，非盡孔門之原本矣。〔註41〕朱熹
撰作《集注》未有上、下篇之別，而錢穆《新解》則區分為上下兩篇，並
於書後檢附〈孔子年表〉以供對照研閱，此與朱熹《集注》有所不同，而
兩《注》皆同為二十篇。至於章句內容與考證釋義上，《集注》與《新解》
或有部份稍殊焉，然此特顯見兩賢於學術見解之異同。本文將於第五章各
節列舉並論述之。

三、經學與《論語》之生成

（一）「經」本義與引義

經，本是織布過程中之直線，經線先設定不動，緯線則來回穿梭於經
線而成布。因之「經」遂有「恆常」、「不變」之引申義，故稱恆常不易之
理或具權威之作為「經」。東漢許慎《說文解字》記曰：「經，織從絲也。」
清代段玉裁《說文解字注》，釋說本義及引申義有曰：「織之從絲謂之經。
必先有經，而後有緯，是故三綱、五常、六藝，謂之天地常經。」東漢鄭
玄（127～200）《孝經注》載曰：「經者，不易之稱。」而劉勰《文心雕龍·
宗經篇》有曰：「經也者，恆久之至道，不刊之鴻教也。」晉代張華《博物
志》亦云：「聖人制作曰經，賢者著述曰傳。」上述徵引各家言「經」已從

〔註39〕清·阮元校勘《十三經註疏》，統計字數為一萬二千七百字；清·魏崧撰
　　　《壹是紀始》，作「《論語》一萬二千七百字」；魏·皇侃《手批白文十三經
　　　提要》有云：「鄭耕老作一萬三（一作二）千七百字，歐陽公作一萬一千七
　　　百五字；錢穆〈孔子與《論語》〉一文載記：「其總字數，不出一萬六千四
　　　百多字」。
〔註40〕清·崔述：《洙泗考信錄《論語》源流考·附考》，卷1（臺北：世界書局，
　　　1979年），頁38～39。
〔註41〕〈論語之真偽〉，《錢賓四先生全集》，頁11。

本來之義說到引申義，甚至發揮義，而其旨在於說明「經」之性質、價值與重要性。

《史記·自序》有曰：

〈繫辭〉為傳，以〈繫辭〉乃弟子作，義主釋經，不使與正經相混也；〈喪服傳〉，子夏作，義主釋禮，亦不當與喪禮相混也。〔註42〕

清代皮錫瑞《經學歷史》有曰：

孔子所定為經；弟子所釋謂之傳，或謂之記；弟子輾轉相授謂之說。〔註43〕

由此可知，「經」、「傳」、「說」，三者有所區別，皮氏釋之甚詳。古人稱書為「經」，乃用其引申義，是以標示其價值與地位高低而稱之。因經書地位尊崇，書載簡冊故長。《孝經》雖名之為經，然因其辭章短且文義淺，僅用半長之簡。而《論語》於漢、魏之時，尚等同於「傳」與「記」之位階，故用於書寫之竹簡僅長八寸。

（二）儒、墨、道、法等皆以「經」稱其重要典籍

《墨子》著有〈經〉上下篇，文字簡要，另有〈經說〉上下篇，闡說〈經〉之義理。《莊子·天下篇》釋說墨翟後學閱讀《墨經》云：「相里勤之弟子，五侯之徒，南方之墨者苦獲、己齒、鄧陵子之屬，具誦《墨經》，而倍譎不同，相謂別墨。」《韓非子》〈內儲說〉及〈外儲說〉，亦分列「經」與「說」，「經」為提綱，簡明扼要。「說」是闡釋與引證，顯見墨、法兩家已用「經」來標示要義。儒家重要典籍被稱之為「經」者，始見《莊子·天運篇》其曰：

孔子謂老聃曰：「丘治《詩》、《書》、《禮》、《樂》、《易》、《春秋》六經，自以為久矣，孰知其故矣；以奸者七十二君，論先王之道而明周召之跡，一君無所鉤用。甚矣夫！人之難說也，道之難明邪？」老子曰：「幸矣，子之不遇治世之君也！夫六經，先王之陳跡也，豈其所以跡哉！今子之所言，猶跡也。」〔註44〕

〔註42〕《百衲本史記》，〈太史公自序〉，卷130，援引《易》〈繫辭〉記曰：「天下一致而百慮，同歸而殊途」語彙，稱《易大傳》，頁1192。

〔註43〕清·皮錫瑞撰，周予同注：《經學歷史》（臺北：漢京文化出版，1983年），頁67。

〔註44〕清·郭慶藩輯，王孝魚點校：《莊子集釋》，卷5（臺北：華正書局影印，北京：中華書局，1982年），頁531～532。

　　《莊子》內容雖多說寓言，然此條殆為可徵。孔子之時，《詩》、《書》等已稱之為「經」。推而可知，戰國時期儒家已稱其重要典籍為「經」，故於《莊子》方有《六經》之說。而《莊子‧天下篇》則陳述群經之性質：「《詩》以道志，《書》以道事，《禮》以道行，《樂》以道和，《易》以道陰陽，《春秋》以道名分。」莊子之言，確然已掌握各經要旨。《荀子‧勸學篇》有云：「學惡乎始？惡乎終？始乎誦經，終乎讀禮。」〔註45〕文中之「經」乃指書之地位，而非書名。《呂氏春秋》載記：「《孝經》云：『在上不驕，高而不危；制節謹度，滿而不溢。高而不危，所以常守貴也；滿而不溢，所以長守富。』」〔註46〕是書成於秦代，書中已見援引《孝經》內文，可知此前儒家已漸用「經」以稱其重要典籍。惟除《孝經》外，六經仍原稱《詩》、《書》、《禮》、《樂》、《易》、《春秋》，不另加「經」字。殆是六經是經，乃眾知之常識，不加經字誦之，既簡明、有韻而易記。

（三）「經學」之意義

　　「經」，雖為中國諸多學派取為著作之名，惟自漢武帝罷黜百家，獨尊儒術後，多數士子對「經」認知已逐漸轉變為：經者，指《詩》、《書》、《禮》、《樂》、《易》、《春秋》等儒家重要典籍。「經學」者，指凡涉有關研究儒家重要經典之學。而「經學」一詞，源出西漢《漢書‧兒寬傳》「見上，語經學，上說之，從問《尚書》一篇，擢為中大夫，遷左內史。」〔註47〕漢武帝好經學，樂於與儒生問對所學，擢賞豐厚，時人皆以讀書為貴，是以經學昌盛。同書〈宣帝紀〉記載「本始四年夏四月壬寅，四十九郡國地震，或山崩水出，宣帝甚懼，詔請丞相與「博問經學之士。」〔註48〕等尋求經意，以應天變，詔曰：

> 蓋災異者，天地之戒也。朕承洪業，奉宗廟，托於士民之上，未能和群生。乃者地震北海、琅邪，壞祖宗廟，朕甚懼焉。丞相、御史其與列侯、中二千石博問經學之士，有以應變，輔朕之不逮，

〔註45〕王先謙：《荀子集解‧勸學篇》（臺北：世界書局，1976年），頁7。

〔註46〕漢‧高誘注，清‧畢沅校刻：《呂氏春秋》（臺北：藝文印書館，2009年），頁2。

〔註47〕漢‧班固：《漢書‧本傳》，卷58（臺北：鼎文書局，1986年），頁2629。

〔註48〕此處「經學」一詞可視為「博問」之同義詞，惟當時已在「罷黜百家，獨尊儒術」之後，是以學者所學之內容，皆以儒家經書為主，經學與儒學至此庶乎無所分別也。

毋有所諱。〔註49〕

顯見當時經學已被視為王官之學與治國經世政策之源出，此謂政令所出，必有經書援引為憑證。西漢初期「托古易制」，為遵循上古聖王治國施政之典例。當時經學博士則僅專治一經，有參與國是方針討論與諮詢之權責。嗣後漸攙讖緯之說，以契合天人之道，並以家法師承。惟推究愈深，乃漸偏脫經典本義，以致衍生今、古文經之辨詰，迄今爭訟不已。

（四）今、古文學者對「經學」釋述之異同

經學既為研究儒家經典之學，惟對於經典何以重要及其研究價值，就今、古文學家之理解與立場而言，則迥然不同。清代皮錫瑞《經學歷史》有云：

> 經學開闢時代，斷自孔子刪定六經為始。……讀孔子所作之經，當知孔子作六經之旨。孔子有帝王之德而無帝王之位，晚年知道不行，退而刪定六經，以教萬世，其微言大義可為萬世之準則。……孔子為萬世師表，六經即萬世教科書。……故必以經為孔子作，始可以言經學，必知孔子作經以教萬世之旨，始可以言經學。〔註50〕

皮氏認為，孔子刪《詩》、《書》，訂《禮》、《樂》，贊《易》，作《春秋》，實乃作六經而立儒教，是以孔子乃創教垂法之「先聖」，經學即是研究孔子著述及其學說為本之學。後世所列之《爾雅》、《孝經》等，皆非孔子作，故不應稱為經。此說所稱「書因孔子所作或修訂而成經」之論述，即代表部分今文經學家觀點。而清代龔自珍《龔定庵全集·六經正名》則曰：

> 仲尼未生，先有六經；仲尼既生，自明不作；仲尼曷嘗率弟子使筆其言以自制一經哉！〔註51〕

龔氏認為，六經皆孔子之前先聖先賢所著，《論語·述而篇》孔子已自言「述而不作」，太史公嘗稱「孔子以《詩》、《書》、《禮》、《樂》教弟子」，《管子》亦云：「澤其四經」可見《詩》、《書》、《禮》、《樂》為教者，不

〔註49〕此處「有以應變」一詞，唐·顏師古註：「謂禦塞災異也」。參見漢·班固：《漢書·宣帝紀》，卷 8（北京：中華書局，1962 年），頁 255～256。

〔註50〕〈經學開闢時代〉，《經學歷史》，頁 19～27。

〔註51〕清·龔自珍撰，王佩諍校：〈六經正名〉，《龔自珍全集》（上海：上海古籍出版，1999 年），頁 38。

自孔子始。此四經乃為舊典，孔子引此以施教於門生，故四經非孔子作已明。

龔氏所謂孔子自言「述而不作」，應指孔子折中與闡發古之先聖先賢之言，而載記於簡冊之經典，重點在於闡發先聖先賢所言之大義，此與六藝是否為孔子立己之意所創作，邏輯上並無必然關聯。換言之，孔子匯綜及闡發古聖大義，並無違「述而不作」之範疇。另太史公與《管子》所謂「澤其四經」，「澤」即意味前人研治刪修之跡，雖言明孔子以據四經施教，四經於孔子之前，傳之既久，冗雜偏漏，無人理之。基於施教所需，孔子予以綜理串貫，裨益教化人心，此理之常也。況此並無否定孔子未嘗折中於六經。是以上述引文，係屬龔氏臆測之見，界說不清且稍欠周延。

《孟子・滕文公》載曰：

> 世道衰微，邪說暴行有作，臣弒其君者有之，子弒其父者有之，
>
> 孔子懼，作《春秋》。〔註52〕

孔子功在「講述」、「整理」、「刪修」，而非「撰作」，僅為闡揚儒學之「先師」，而非「先聖」，經學應自孔子上推至文王、周公。此為部分為古文學家之主張。今、古文學家對於六經之來源與孔子究竟為「先聖」或「先師」之定位論述固有爭論，惟對於六經乃修身齊家、經國濟世之重要典籍，具有治亂撥正、施諸四海之政教功能，孔子實為經學重要學者之學術地位與觀點，此則並無二致。

（五）《十三經》之形成與內涵

戰國之時六經已備，迨及始皇焚書阬儒、禁挾書律，遭受嚴重摧殘。〔註53〕至西漢初年，《樂》佚亡，《書》殘缺，《詩》、《書》不全，剩五經。惠帝三年，解禁藏書，文風興起。文帝時，趙岐〈孟子題辭〉有曰：「孝文皇帝，欲廣遊學之路，《論語》、《孝經》、《孟子》、《爾雅》，皆置博士。」嗣後，武帝立五經博士。當時博士專掌一經，以訓詁解釋經書為主，此乃

〔註52〕《四書章句集注》，《孟子集注・滕文公章句下》，頁276。

〔註53〕太史公云：「始皇三十四年，丞相李斯上奏：『臣請史官非《秦記》皆燒之。非博士官所職，天下敢有藏《詩》、《書》、百家語者，悉詣守尉雜燒之。有敢偶語《詩》、《書》者，棄市。以古非今者，族。吏見知不舉者，與同罪。令下三十日不燒，黥為城旦。所不去者，醫藥、卜筮、種樹之書。若欲有學法令，以吏為師。』制曰：『可』」。參見《百衲本史記》：〈秦始皇本紀第六〉上冊，頁114。

經學之衍變，漢代經學復興之始。〔註54〕皮錫瑞認為，此應徒具刑名而已。〔註55〕然姑且不論刑名與否，此時經學受到為政者重視應為事實。五經之外，傳自先秦典籍與漢時編著之《周禮》、《大戴禮記》、《小戴禮記》、《公羊傳》、《穀梁傳》、《左傳》、《鄒氏傳》、《夾氏傳》、《論語》、《孝經》、《爾雅》、《孟子》與《荀子》等儒書，廣受時人誦習，惟部分佚而不傳，部分升格為經。東漢時，出現「七經」之說，應當是指五經加上《論語》與《孝經》。〔註56〕唐代刻《開成石經》，計有十二經。之後再濡染於南宋朱熹《四書章句集注》，加入《孟子》，遂成「十三經」。宋代以降，部分學者尚重《大戴禮記》，主列一經，又有十四經之名。〔註57〕惟因當時學者所論經書範疇不同，即有「五經」、「九經」、「十一經」等經數之說。簡言之，並非不在上述學者討論範疇之經書，即非經也，數字僅是渠等論及之目，非指經數實僅「五」、「九」、「十一」或「十三」，經之數量得以因應時代需求而有所調整。

綜上可知，「經」與「經學」之緣起。漢武帝之時，《論語》已然成書，逐漸受到推崇，經學成為王官與經世之學。迄至唐、宋而為官學，既為科考功令與修身進德之書。其間朱子作《集注》，貫串《四書》闡發經義，直探孔門要義，特有開創。由於《論語》內容記言簡要，實已指涉「內聖外王」之學，雖多說人倫日用之微言，卻是寓含貫古通義，讀之章句即獲章句之效，尤貴熟讀玩味而有自得。再則為政者基於統治需要，結合國情，透過權力推助以詮釋經典，使政權合乎道緒，政令源出有名，以定國安民，契合時代所用。歷代經學大儒或奉詔，或研究而註解《論語》者不可勝數，此即彰顯《論語》治道人心之重要性。

〔註54〕日・安井小太郎等著，連清吉、林慶彰合譯：《經學史》（臺北：萬卷樓圖書出版，1996年），頁33。

〔註55〕〈經學昌明時代〉，《經學歷史》，頁81～82。

〔註56〕參據南北朝時宋：范曄撰：《後漢書・趙典傳》注引謝承《後漢書》有云：「典學孔子七經、河圖、洛書，內外藝術，靡不貫綜，受業者百餘人。」《後漢書・張純傳》註說七經為《易》、《書》、《詩》、《禮》、《樂》、《春秋》、《論語》，惟漢時《樂》已佚亡，此說疑有訛誤。而漢人多讀《論語》、《孝經》，是以合理推論，七經應是五經加上《論語》與《孝經》二書之泛稱。

〔註57〕宋・史繩祖撰：《學齋佔畢》；清・朱彝尊撰，盧見曾編：《經義考》（北京：中華書局，1983年），頁251。

第二節　《論語》之中心思想與時代意涵

一、《論語》之中心思想

　　《論語》乃孔門言行語錄，記載孔子及其弟子之言論行事。在性質上，《論語》與《墨子》、《莊子》、《荀子》等同屬子書。漢人尊儒，認定六經皆為孔子所定，〔註58〕視《論語》為六經附屬。《漢志》著錄《論語》，即附《論語》於「六藝」之後。宋代理學盛行，朱熹輯合《論》、《孟》、《學》、《庸》為「四書」，意為孔子、曾參、子思、孟子四人思想一脈相承，是以「四書」成為儒家新寶典，學子學習入門之書，地位逐漸凌駕「五經」之上，成為世人尊崇之「經書」。元代仁宗皇慶二年（1313），敕令「四書」為科考功令讀本，且以朱熹《四書章句集注》為準據，明、清兩代沿襲之。迄清光緒二十七年（1904）始廢除八股文科舉考試規制。是以《論語》為學者必讀之書，古之賢者譽之，王官推之。而《論語》之中心思想及價值究竟為何？朱熹《論語訓蒙口義・序》有云：

> 聖人之言，大中至正之極，而萬世標準也。古之學者，其始即此
> 以為學，其卒非離此而為道。窮理盡性，修身齊家，推而及人，
> 內外一致。蓋取諸此而無所不備，亦終吾身而已矣。捨是而他求，
> 夫豈無可觀者，然致遠恐泥。昔者吾幾陷焉，今裁自脫，故不願
> 汝曹之為之也。〔註59〕

時朱熹年三十有四，譽稱《論語》乃為聖人「大中至正之極」與「萬世標準」之典範，雖未標明具體德目，讀之卻可使人「窮理盡性」與「修身齊家」，進而「推而及人」以達「內外一致」。為初學者必先研治之書，學而有成，復為證成回歸之處。其始自立身處世乃至治國、平天下之要義，不假遠求，盡在於斯，而無有不盡。是時朱熹僅從二程門人及其友人處，輾轉推尋《論語》義理，殷切集義，盼得聖人之真傳，雖是時僅粗得大意，辨之未精，然已有幾分程門「先立其大」與「格物窮理」氣象，實則仍困陷於思索與涵養工夫之中。三十五歲，書成《困學恐聞》，往復推究《二程語錄》。是故朱熹每述及昔時求學問道，幾陷於佛禪之危厄歷程，每輒不忘

〔註58〕《百衲本史記》，〈孔子世家〉，頁657。太史公曰：「孔子刪《詩》、《書》，訂《禮》、《樂》、贊《周易》、修《春秋》。」即為例證。

〔註59〕宋・朱熹：《論語訓蒙口義・序》，《朱熹集》，卷75（成都：四川教育出版社，1996年），頁3925。

告示諸友與門生，儆以慎辨，釐清本末。覈其辭懇切，用心良善而無所倦悔，誠乃無愧經師人師之教。

　　朱熹《語類・語孟綱領》有曰：

> 只是一理，若看得透方知無異。《論語》是每日零碎問。譬如大海也是水，一勺也是水。所說千言萬語皆是一理。須是透得，則推之其他道理皆通。……孔子言語句句是自然，包含無限道理，無些滲漏。〔註60〕

朱熹年四十有八，撰成《論孟集注》，已屆「知天命」之年，與摯友、門生往復辨義，積久已然自得，覈之《語類》可知，朱熹已能融通以抒發義理，惟仍不失二程解經餘韻。朱熹屢申《論語》章句雖淺短直白，其中道理卻是無限，每每叮嚀門生務須慢讀、熟讀與冷讀，貼近日用而體味涵詠，始知聖人之言，委婉詳實，說盡道理。朱熹此時已融通周敦頤「心性之學」、張載「宇宙論」與二程「理一分殊」之觀點，並從日常生活中之體驗人生等觀點，揭櫫「萬物理一」、「天人合一」之理學思想。故謂聖人千言萬語只是一理，透得此中奧妙，萬物之理盡皆通貫。

　　日籍學者伊藤仁齋（1627～1705）《論語古義・總論》記曰：

> 愚斷以《論語》為最上至極宇宙第一書……。而漢、唐以來，人皆知六經之為尊，而不知《論語》之為最尊，而高出於六經之上。或以《易》為祖，或以《學》、《庸》為先，不知《論語》一書其明道立教，徹上撤下無復餘蘊，非佗經之可比也。夫子之道，所以終不明於天下者。〔註61〕

伊藤仁齋為日本江戶時代中期之儒學者，古義學派始祖，十五歲立志向儒，先奉朱子之學，後涉佛學及陽明之學。年三十，認為大學非孔子所作，理氣之說非聖人本旨，捐棄漢、唐、宋、明諸家注釋，逕取孔孟原典以探求聖人之道。仁齋對孔孟之學，有獨特之見解，其重道德實踐，薄考據理論，於故居設古義堂，教授與著述。因而對《論語》推崇備至，譽之為「最上至極宇宙第一書」，既便佛經亦莫能與之媲美。渠認為中土學人對《論語》本旨並未闡發精微和躬行篤敬，此實不解天人之道，而鉅細靡遺

〔註60〕《續修四庫全書》，〈論孟綱領〉，卷19，頁457～471。
〔註61〕日・松平瀨寬：《論語徵集覽・附卷──《論語》古義總論》（上海：上海古籍出版社，2017年），頁1454。

殆已盡備其中，是以陷溺於佛而輕薄《論語》者，此與得尺璧而不知其貴，何有異哉。

十三世紀朱子學傳入日本，初由禪僧傳授，鐮倉時代晚期漸受到學術界關注，至幕府而採為官學，廣泛深入日本政治、經濟、社會與文化層面。十七世紀仁齋對於儒家思想推崇備至，當時東瀛禪宗盛行，仁齋猶言「非佗經可比」，特對《論語》評譽至高。又將忠恕、仁愛、孝悌、敬誠、信義等重要德目，普及於社會各階層，作為精神信仰與修為目標，傳之久遠遂逐漸形塑而成為日本社會之主流價值與文化核心，始成今之「日本精神」〔註62〕。仁齋用心於推廣與深化《論語》，可謂厥功甚偉。顯見《論語》雖僅一書，然其對於啟發人性、提升修為、經學致用與調和人我關係，乃至營造一個理想國度、促進和平世界等，盡皆述之載之而發皇之，故論其淑世價值實不可勝數與小覷。

錢穆《論語要略》條陳《論語》內容及其價值，有曰：

> 《論語》者，表見孔子人格思想之良書也。捨《論語》則孔子為人之精神，及其思想之大要，亦將無所考見。夫孔夫子人格之偉大與其思想行事影響後世之隆久，宜為含識之倫所共認，則《論語》之價值亦從可想見。蓋孔子為人有若干之價值，則《論語》一書亦附帶而有若干之價值也。略舉綱要，可分以下各類：一是關於個人人格修養之教訓，二是關於社會倫理之教訓，三是政治談，四是哲理談，五是對於門弟子及古人時人之批評，六是孔子之出處及其日常行事，七是孔子之自述語，八是弟子之誦及時人之批評，九是孔門弟子之言論行事。所列第一、二項，約占全書之半，其餘七項亦占全書之半。《論語》內容，大略如此。〔註63〕

〔註62〕楊菁云：「十三世紀，朱子學派傳入日本，由禪僧傳授。……幕府時代採用朱子學為官學，長達兩百數十年間，儒學幾乎到達黃金時期。代表儒家思想的首要著作《論語》，長期受日本儒學家所重視。是以儒家思想在日本佔有重要地位，廣泛影響日本各個層面。……日本企業集團創始人小平浪平是以「和」、「誠」、「言行一致」作為企業指導方針。日本森島通夫《日本為什麼成功》，歸功於西方科技和日本精神，而日本精神主要就是日本的儒家精神。」由此可知《論語》對日本社會之影響深遠與經世致用之功。參見氏著：〈中日儒學交會的亮光〉，收入《經學研究四十年——林慶章教授學術評論集》（臺北：萬卷樓圖書公司出版，2015年），頁21。

〔註63〕〈論語要略〉，《錢賓四先生全集》，頁17～18。

《論語》內容統涉人倫、道德、政治、教育、社會、文化等事項，本諸人之心性、社會和諧與歷史演進，其中人格道德與社會倫理，特為孔子學說精神之所重，故而約以半數篇幅多所述及。錢穆認為孔子之中心思想核心在於「仁」，《論語》主要討論議題亦在於「仁」。〔註64〕孔子之學，植基於人文社會之演進，特就人與事處闡發義理，其淑世情懷與學習精神，為後世所肯定與反思。孔子思想廣受知識份子推崇，乃跨越時空、宗教、種族、語文等限制，以展現人類崇高理想。同時個人透過真誠修為，達到完美人格境界。當今科技昌明，一日千里，惟和平盛世未逮，卻爭端頻仍，而人心未安，天下為私，此乃孔子之道未能普行天下之故。是以孔子之學應闡揚於今，擯除人為藩籬，以締造小康社會而至大同治世。

　　讀《論語》旨在研究孔子行誼，須先識得其人其事，繼而相類並比，始得近乎真實之孔子。孟子云：「頌其詩，讀其書，不知其人可乎？是以論其世也，是尚友也。」〔註65〕再則對註解《論語》者所持之立場，亦不可不知，故須擇選善本並比對讀，以知其良窳所在。錢穆畢生研治《論語》，秉持追求真實，探求原旨，不染門戶私見，不求成一家之言。覈審其治學過程雖有遞進轉折，然考究愈趨精深愈發覺孔子學說之平實博大，知乎窮理，亦重反約，故說「孔子之價值與《論語》同」。孔學之博大在於：貫時通義，無有不然。其大無外，其小無內。後之學者亦因取徑不同，復各有自得，成就殊異。再者世代延續相授，衍化呈現繽紛多元。如若熟讀錢氏攸關《論語》著作，推之思之，或謂「錢穆乃孔子二千五百年後之知音者」，亦無過之。又效習孔子為人處世，其治學精神，寢饋必於是，言行循其是，信守不渝，近百年如一日，實非誇飾。尚有其他學者之見，引述如下：

　　勞思光於《中國哲學史》有曰：

　　　　仁的觀念是孔子學說之中心，亦是其思想主脈之終點。〔註66〕

　　徐復觀於《中國思想史論集續編》有云：

　　　　孔學即是仁學。〔註67〕

　　胡志奎於《論語辯正》有云：

〔註64〕〈一九八六年美洲第五屆祭孔大典獻辭〉，《錢賓四先生全集》，頁43。
〔註65〕《論語集注‧萬章篇下》，《四書章句集注》，頁329。
〔註66〕勞思光：《中國哲學史》（臺北：三民書局出版，2012年），頁47。
〔註67〕徐復觀：《中國思想史論集續編》（臺北：時報文化出版，1982年），頁355。

孔子思想則以「仁」字為其中心。〔註68〕

胡氏論及《論語》一書，記其語「仁」字，計有一百零九見。

林義正《孔子學說探微》亦曰：

> 《論語》是以人格修養為核心，所以成就的是「君子」，故以「仁智合一」為言。〔註69〕

承上所述，《論語》之中心思想在於以仁、智陶冶人格，化育君子德行。《論語》之中心思想，在學術研究上各有論述，猶為《論語》一書之特性使然，惟其貴在體會自得，旨在涵養進德，潛默之間昇華氣質，達致修身淑世理想。透過上述文獻之列舉與探討，孔子之中心思想可歸納為：仁、禮、智、誠、理性、樂觀與仁道等諸端。分類為三：一為關於個人修養；二為指涉人際倫理；三為融通天人合一。期能透過個人進德修為與篤行實踐，以和善社會關係，進而藉由治國、平天下之淑世積極作為，達臻融通天人之道。

二、《論語》的時代意涵

一個時代必有一個時代遭遇之問題，一個時代亦有一個時代之學術趨向，這意味著惟有美善之思想，始能夠順應時代潮流，解決時代面臨之問題，而學術價值正是探究如何因應問題之所在。人類當前最需要一個更能融綜、普遍、恆久與崇高之思想指導原則，作為解決諸般問題之共同基準。倘若失去此一基準，人類社會終將回歸原始，世界局勢將會治絲益棼，情勢更加嚴峻。然孔子思想重點與價值，究竟能為現今世界人類所面臨之困境，提供何種因應之道？錢穆先生認為，孔子思想之重點與價值，正是要替人類提出一個解決種種問題之共同原則。〔註70〕經學在中華傳統文化中居於主導地位，而《論語》則是孔子思想中最基本、最重要、影響最大之著述，對社會文化與人心思潮具引導與決定性之作用。故而研究孔子思想當從《論語》入手，從初學至成學，亦自當期許以《論語》圓融處世智慧作為理想目標。就整體而言，《論語》具有下列三項時代意涵，說明如下。

〔註68〕胡志奎：《論語辯正》（臺北：聯經事業出版有限公司，1978年），頁10。
〔註69〕林義正：《孔子學說探微》（臺北：東大圖書出版，1983年），頁19。
〔註70〕〈孔子思想與現實世界問題〉，《錢賓四先生全集》，頁342～343。

（一）經學之演替性

　　檢視經學演化過程，歷史上出現過「今文經學」、「古文經學」與「理學」三種發展，嗣後在清代三種學派並起而競逐，此似乎已勾勒出自孔門儒學至今蛻變之輪廓。《論語》一書歷經漫長時間演變，已逐漸形成一種自成體系之理論詮釋機制，使其能處於不同時代，皆能調適而展現其特有之內容、形式與流變規律。一如西漢今文經興盛，即在因應其面對秦制崩解之後，國家亟需有一種「大一統、」「正名分」與「安邦治國」之制度和綱常。因而順勢透過訓解闡釋經書，以彰顯經典微言大義，進而使國家權力機制能妥適因應，以臻長治久安之丕業。

（二）廣泛之適應性

　　儒家經典係屬仁德教化、民本思維、天人合一之積極入世思想主張。關注社會，關懷人生，崇尚理想人格，講究內聖外王，由內而外之發展進程，此一特點使《論語》具有兼容並包之多面性，自個人而擴及社會國家，均能在和諧前提之下產生彈性與調解之完整理論，接合「古今之變」和「天人之際」。揆諸儒家經典莫不稱頌上古五帝與三代堯、舜之治，與人皆可成為聖賢之說即為例證。

（三）穩定之科學性

　　科學性即是求真求實之精神，為達此目的疑經乃屬必要過程。西方諸多理論之發明，殆從疑字始，為求盡善盡美，則須精益求精，西諺有曰：「吾愛吾師，更愛真理」。所謂「認知」，即是個體從內化與揚棄之中不斷累進而成，可說是知識發展必然過程，即「真理愈辯愈明」是也。《論語》從形式上及內容上探究，均有極大部分之傳統性和穩定性，然於其內在結構中又必有自發求變之主、客觀因素，蓋人有思想意欲，環境遞嬗變遷，而如何於此動態之中獲得調適與平衡，即是融綜、蘊發與新開之關鍵所在。

　　儒學自先秦時代，自孔子、孟子、荀子等皆有開創。兩漢儒學融會經學而能通經致用。魏晉南北時，則融入佛、道玄學，由經而史，以擴充儒學內涵。唐代儒學極盛，文學匯通儒學，伊始萌發「文以載道」之說，裨益經籍闡發。宋代學風鼎盛，詔曰「三教偕行天下」，儒、釋、道三家爭鋒，朱熹博綜諸家，構建道統而別出理學，匯綜、新開而其集大成。元代雖受治異族，仍綜蘊待後，以顯其用。明代王陽明倡「致良知」，為理學之別出，後

則極簡而途窮轉出。明末清初黃宗羲（1610～1695）有謂：「讀書不多，無以證斯理之變化。多而不求之於心，則為俗學。」〔註71〕強調博覽與心學相輔不悖，似又重返程朱學派，匯綜儒學。康雍之後，「經學我注」萌興，儒者轉入考據、訓詁之學。迄至晚清曾國藩倡議文學、經學、史學，須與經濟兼治，是為融綜而新開。此雖與清代皮錫瑞《經學歷史》分類論說，雖稍有殊異，亦不失為兼及文史之論證。儒學本具開放性與時代性，包蘊而創發，融綜而新開，盛極而衰頹，衰盡而轉出，此為衍變之規律展現。惟其關鍵處在於，儒學內涵與人之現實生活本是緊密相繫，故求生存必得順應時代環境而自成特色，譬如火之就燥，水之趨溼，生命必將尋找出路之謂也。

綜合上述，《論語》乃儒家經典之薈萃，成書已逾二千餘年，正因其與政治統御及社會脈動緊密互動，透過微言大義之訓解，以符合時代意涵而歷久彌新。孔子之用心在於人文社會整體。孔子之中心思想係一種內聖外王之淑世思維，個體為修、齊、治、平之立足根基，倘人人皆完善，則天下莫有不善。孔子距今已逾二千五百多年，今之時空環境已迥異於孔子之時，但自有一種屬於人類普世通義之價值而深植人心，此理貫通古今，超越時空侷限。如仁人之心、悅樂泉源，祈願社會和諧、天下安治，以及各色人等皆能達致各得其所之理想。兩千五百年前如是，今如是，再兩千五百年亦復如是。故孔子之中心思想，撮其要於《論語》，孟子、朱熹、錢穆，皆有闡發，強調須從日用人倫生活之間，緊扣具體之人、事之中實踐，方能見其大義。此實為孔子思想與《論語》價值之根源所繫。

然而，隨著時空推移，後世對《論語》迭有闡發，以「天道」與「性」為例，孔孟與程朱即有歧異。孔、孟言「天」為「天道」，程、朱言「天」為「理」。程、朱多有言陰陽五行，此孔、孟未嘗言及。程朱對「理」釋說亦有分歧，程子言「天即理」，朱熹言「性即理」，而「天」與「理」之義則時有扞格，後儒多有非議。孔子止言於「性」，孟子闡發為「性善」，荀子反推「性惡」。程、朱言「性」有「義理」與「氣質」之性，並區分「體」、「用」之別，此等皆屬引申義和發揮義。茲以「為上知與下愚不移」〔註72〕章為例說明之。朱熹《集注》引程子語曰：「人性本善，有不可移者，何也？

〔註71〕參見清・黃宗羲：《黃宗羲心學的定位》，收入《黃宗羲全集》，第1冊（杭州：浙江古籍出版社，1985年），頁148～168。
〔註72〕《孟子集注・陽貨篇》，《四書章句集注》，頁177。

語其性，則皆善也。語其才，則有下愚之不可移。所謂下愚有二焉，自暴、自棄也。……仲尼之所謂下愚也。然其質，非必昏且愚也，往往強戾而才力有過人者，商辛是也。聖人以其自絕於善，謂之下愚。然考其歸則誠愚也。」此處援引《孟子》以釋《論語》，且只說下愚，實不契符《論語》本義。朱熹注曰：「此承上章而言。人之氣質，相近之中，又有美惡一定，而非習之所能移者。」此處之「氣質」、「美惡」為延襲程子之說而予以調和，非是孔子原旨。而錢穆《新解》此章注曰：「先生說：只有上知與下愚之人不可遷移。」〔註73〕並於研析中說明上、中、下三等人之可移與不可移，標明「自暴與自棄」與孔子立言有異。是以就《論語》而言，孟子說法不全然為孔子立意，程、朱說義亦不全然為孔、孟原旨，即使孟子、程子、朱熹與錢穆之間，對《論語》註解仍不免存有歧異之論述。若然，何以言渠等為儒家血脈所在？韓昌黎曰：「孔子之道大而能博，門弟子不能盡識也，故學焉而皆得其性之所近。……自孔子沒，獨孟軻氏之傳得其宗。故求觀聖人之道，必自孟子始。」〔註74〕即孔子之道，上知者不可得，迄至孟軻而默識會通，得孔學原旨。伊川曰：「孟子有功於聖門，不可勝言。仲尼只說一箇仁字，孟子開口便說仁義。仲尼只說一箇志，孟子便說許多養氣出來。只此二字，其功甚多。……顏子陋巷自樂，以有孔子在焉。若孟子之時，世既無人，安可不以道自任。」〔註75〕孟子之時，汲汲護道，勝於荀、揚。剛果決裂喝斥揚、墨。性善與養氣之說，乃孟子闡發孔門要義，發所未發，有功於孔門。是以，儒家思想核心義理在於「仁」，孟子繼而以性善之學，光昌孔門思想。故而可曰：凡本於孔、孟所謂「仁」之立意，而闡發之「新義」〔註76〕，皆可謂之為孔孟核心思想之所在。此為研治《論

〔註73〕錢穆：《論語新解・陽貨篇》（臺北：東大圖書出版，2015年），頁479。

〔註74〕唐・韓愈：〈送王秀才序〉，《韓昌黎全集》，卷20（臺北：新興書局，1967年），頁322。

〔註75〕《孟子集注・序說》，《四書章句集注》，頁195。

〔註76〕宋・王安石（1021～1086）云：「新義者，雖仍本於經，而亦緣起世變，必不昧於世變，而又能會通於舊統，有以見於古今百世之道貫者，而後經學之新義始立。」《三經新義》王安石領銜纂修，神宗熙寧八年（1075）頒行，為士子科考功令要籍。《宋史・藝文志》錄王安石《新經書義》十三卷、《新經毛詩義》二十卷、《新經周禮義》二十二卷。同書〈列傳第八十六〉云：「初，安石訓釋《詩》、《書》、《周禮》，既成，頒之學官，天下號曰『新義』。」本文認為王安石於此書中註解之「新義」內涵，頗有融綜開新之意，亦契符儒家經典與時俱進之時代意涵，堪稱允當。詳見元・脫脫、阿魯圖修撰：

語》者所當知。

北宋伊川先生讀誦《論語》特有心得，每每告知友人及門生讀而體悟箇中啟發之情狀，朱熹贊而載之曰：「讀《論語》：有讀了全然無事者；有讀了後其中得一兩句喜者；有讀了後知之者；有讀了後直有不知手之舞之足之蹈之者。」〔註77〕又曰：「頤自十七八讀《論語》，當時已曉文義。讀之愈久，但覺意味深長。」〔註78〕故《論語》寓理於人事之中，隨著人生階段轉折，皆能於人有所觸發。嗣後朱熹、伊藤仁齋、錢穆等鴻儒，皆窮究孔門之學，亦深有所感，偕於渠等《論語》著述中援引載之，特書其微言大義，揭示閱讀效益。由此可知，讀《論語》對於個人修身處世，兼善天下，乃至大禮之行，〔註79〕和諧天人之道，其功至顯。

第三節　中國歷代學者對《論語》研究之取向

《論語》，乃言詞簡要精煉之語錄，各篇章之間並無邏輯性之關聯，上下篇章及章句亦幾無連貫，因而繕刻校讎之間難免誤植疏漏，尤甚者或藉經抒發己意，而傳之久遠甚易造成偏失經意。自兩漢以降，輒有士者為特定目的，斷章取義而刻意曲解，抑或摻雜申說，以致經義淡化。東漢鄭玄綜融諸家，廣採眾說，考定是非，擇善而從，自具新意。以訓詁、校勘與考據方法，整理經籍，註解《論語》，集彼時經學之大成，而其治學原則尤為清代經古文學家所推崇。〔註80〕歷代名家學者為之校註者，卷帙浩繁。古今註解《論語》之書多達三千餘種，〔註81〕而《論語》注之善本，對於學術研究、修身齊家，乃至經世致用皆至關重要。

茲僅就具有歷代表徵之佳作、錢穆於研治《論語》之薦舉，〔註82〕與

《宋史》，第 15 冊（北京：中華書局，1977 年），頁 5042。

〔註77〕《論語集注・序說》，《四書章句集注》，頁 44。

〔註78〕同上註。

〔註79〕《禮記・樂記》載云：「大樂與天地同和，大禮與天地同節。和故百物不失，節故祀天祭地，明則有禮樂，幽則有鬼神。如此，則四海之內，合敬同愛矣。」此謂「大禮」，意指盛大典禮之最高儀規。詳見李學勤主編：《禮記正義》，收入《十三經注疏》，第 13 卷（北京：北京大學出版社，1999 年），頁 1110。

〔註80〕吳雁南等著：《中國經學史・導論》（臺北：五南圖書出版，2005 年），頁 9。

〔註81〕柳詒徵：《中國文化史《論語》概說》（臺北：正中書局，1971 年），頁 430。

〔註82〕〈孔子誕辰勸人讀《論語》並及《論語》之讀法〉，《錢賓四先生全集》，頁

當今經學研究學者葉國良等羅列之重要注本，〔註83〕匯綜而得七部善注。包括何晏《集解》、皇侃《義疏》、邢昺《注疏》、朱熹《集注》、劉寶楠《正義》、程樹德《集釋》與錢穆《新解》等七部。而錢穆《新解》及朱熹《集注》為本文主要探討文本，除於各章節酌適評述外，於此按撰者之年代序併予述要，藉以燭照其異同與特色，裨益說明歷代學者對《論語》之研究取向。

一、漢魏・何晏《論語集解》

此本為今存最早而完整之《論語》注本，係由何晏與孫邕、鄭沖、曹羲、荀顗等五人共同編撰，惟後人僅簡稱為何晏所撰。《隋書・經籍志》著錄共作十卷，《十三經注疏本》析解為二十卷。《集解》乃因纂輯孔安國、馬融、包咸、周氏、鄭玄、陳群、王肅及周生烈等八家而成書之謂，其長處在於所衰輯之八家皆為漢、魏時人，並匯集漢、魏諸儒對《論語》見解之大成，惟今八家之說均已亡佚。次為何晏等人之註解，剪裁合宜，審核精簡，說義條暢。何晏等諸儒身處曹魏之世，彼時玄風漸成，何晏兼擅於《老子》與《周易》，其闡釋義理多有羼雜玄談易理之說，此其特色，亦為其短。《集解》雖不免瑕疵，然後世為《論語》作疏者，不乏參採其形制、說義與體例格套，殆不失為《論語》注疏之優作。

二、南朝梁・皇侃《論語義疏》

《義疏》充分反映魏、晉玄學家對《論語》之理解，為南北朝《論語》註解之集大成與表徵者。其長處在於辭句淺近，俾使讀者易於瞭解；復廣集群言，堪能闡明何晏《集解》之內蘊義理；再則薈萃群說，舊注附存不棄，有功於經學。皇侃身處玄風熾盛與佛、老昌行之世，書中不免攙雜玄學與佛、老思想觀點，此其特色與短處所在。留存中國之皇侃《義疏》已佚失於南宋，幸有唐代舊本流傳東瀛。清代乾隆年間，由浙江汪鵬輾轉自日本攜回，並由鮑廷博為之校訂，旋即刊入《知不足齋叢書》，今方得於中土重行流佈。

50～51。

〔註83〕葉國良、夏長樸、李隆獻合著：《經學通論》（臺北：大安出版社，2014年），頁430～436。

三、北宋・邢昺《論語注疏》

　　《注疏》乃就何晏《論語集解》所作之疏。宋真宗於咸平二年（999）下詔，由邢昺改定皇《疏》，頒列官學。晁公武《讀書志》稱其因皇侃所采諸儒之說而刊定。該書大抵翦裁皇氏之枝蔓，而傅以義理而成。《郡齋讀書志》著錄作十卷，《十三經注疏本》析義為二十卷。《注疏》長處有三：一是係依皇侃《疏》刊定，除舊說外，未有增引；二是對何晏《集解》有闡發之功；三是刪除皇《疏》攙雜玄學、佛、老思想，返歸《論語》義理。此《注疏》泰半傾向章句、名物之訓詁，此其長。其義理雖有闡發，但仍未臻於精善，為其短。惟本《注疏》仍足以表徵漢、宋鴻儒對《論語》於時代進程與鎔鑄中之見解。

四、南宋・朱熹《論語集注》

　　《集注》為朱熹馨盡四十年之功，往復忖思而筆削之作，乃是其一生研治儒家經典之薈萃所在。此書徵引漢代以降凡三十五家，與二程及其門生等儒者說義而成，其長處首先在於，所集注家雖含涉歷朝各代，仍以朱熹之說義為主；其次乃側重義理之闡發，頗能掌握《論語》之精隨，裨益建構四書體系；再次為朱熹解經之時屢有攙雜理學論道思想，雖其義理精善，卻未必完全契合《論語》原旨本義。朱《注》為元、明、清三代科舉功令之書，頗受崇奉，流佈甚廣。嗣後南宋趙順孫（1215～1277）撰作《四書纂疏》，即以朱熹《集注》為本而《疏》，兼採輯宋儒諸說，釋之甚詳。之後元代金履祥（1232～1303）再撰《論語集注考證》，對朱《注》疑難處加以疏解，並考訂典故事蹟，渠等撰作皆有功於《集注》之精善。朱熹《集注》後世多視為宋代理學家對《論語》闡發之經典佳作。

五、清・劉寶楠《論語正義》

　　《正義》乃針對何晏《論語集解》所作。清初文字獄興，儒者轉趨考證之學，在窮研細究之視維下，遂精擅於文字訓詁、名物制度之探索，尤喜糾彈宋、元、明三代碩儒之失，亦可表徵為清代漢學家對《論語》釋義之具體呈現。劉氏自道光八年（1828）始撰《論語正義》，主在破除漢、宋門戶之見。不專已學，不固守一家之言，廣泛徵引，擇善而從。詎料於咸豐五年驟逝，其子劉恭冕承志續作，迄同治五年（1866）脫稿。全書共計

二十四卷，匯集父子兩代心血結晶，積三十九年之功始成，可謂殫精竭慮，專精於斯，以發揚聖人之道。劉恭冕《論語正義・後序》述及編撰之目的與精神，有曰：

> 先君子發策得《論語》，自是屏棄他務，專精致思。依焦氏作《孟子正義》之法，先為長編，得數十巨冊；不為專己之學，亦不欲分漢、宋門戶之見，凡以發揮聖道，證明典禮，期於實事求是而已。〔註84〕

該書乃劉氏父子專精致思承續之作，主要參據清代焦循（1763～1820）所撰《孟子正義》之體例釋文。此書長處在於博採清代學人注釋，與經考正而得之新知，為清儒訓釋《論語》之大成。其徵引資料宏富洽博，各種制度考釋精審。考據與義理並重，講究實事求是，無門戶私見。不專守「疏不破注」規制，駁正《集解》譌誤。清代學者梁啟超（1873～1929）評點此書為「新疏家模範作品，價值是永永不朽的」〔註85〕，錢穆亦云「其立說最為通明者，為其發明孟子性善之旨」〔註86〕。顯然此書應為清代經書注疏之典範，然而檢覈是書，輒有考證敘述過於繁瑣，未臻言簡意賅，囿限義理發揮，學者讀之多有入茫海而無涯之感。

六、程樹德《論語集釋》

程氏生於清末民初，本為法學專家，胸臆常懷不忍固有文化飽受摧殘之歎，晚年立志於劫罅偷息中專心掇輯以成。〔註87〕《集釋》可說是繼朱熹《集注》而作，優擇宋代以降諸家之說，分類採輯，收錄由漢至唐代古注，區分為「考異」、「音讀」、「考證」、「集解」、「唐以前古注」、「集注」、

〔註84〕清・劉寶楠、劉恭勉撰：《論語正義・後敘》（臺北：世界書局出版，2016年），頁434。

〔註85〕清・梁啟超：《中國近三百年學術史》（臺北：中華書局，1987年），頁220。

〔註86〕錢穆：《中國近三百年學術史》（臺北：商務印書館，1996年），頁502。

〔註87〕程樹德云：「《論語集釋》何為而作也？曰：舉古聖哲王所揭治亂興亡之故，至今日而商若相反，古人真欺我哉！憤而欲取少時所讀之書，拉雜摧燒之。……夫文化者國家之生命，思想者人民之傾向，教育者立國之根本，凡愛其國者，未有不愛其國之文化。……著者以風燭殘年，不惜汗蒸指皸之勞，窮年砣砣以為此者，亦欲以發揚吾國固有文化，間執孔子學說不合現代潮流之狂喙，期使國人之舍本逐末、徇人失己者俾廢然知返。余之志如是而已。」參見氏著：《論語集釋・自序》（北京：中華書局，2006年），頁1。

「別解」、「餘論」、「發明」、「按語」等十部。該書之長處在於蒐羅繁富，訓詁詳明，體例完備，並盡力調和漢、宋以來之門戶壁壘。程氏有云：「《集注》至以樊遲為粗鄙近利，以子夏、子游為語有流弊，敢於詈及先賢，更不足為訓。以朱子之賢，猶有此失。是書力矯此弊，凡意氣詬爭之語、門戶標榜之詞，概不採錄。」〔註88〕足見其，惟求其是，不分宗派家姓。錢穆對於此書甚為尚重與喜愛，並譽其廣博精詳之作，嘗言於行旅篋箱之中不忘攜帶研讀，對其撰作《論語新解》應有啟思。惟其「徵引」與「按語」偶有攙雜佛、禪話語，稍偏《論語》原旨本義為其疵。

七、錢穆《論語新解》

錢穆畢生最推尊孔子嘉言懿行，最重視《論語》研治與教學，凡七十三年。《新解》最先屬稿於民國四十一年（1952）春，嗣於民國四十九年（1960）赴美講學耶魯，課務之餘，改撰獲成初稿。自美歸返後，絡續修訂，粗潰於定，民國五十二年（1963）十月成書付梓，錢氏時年六十有八，其後仍賡續筆削，止於易簀。《新解》出版前言對於錢氏撰作之心思、歷程與目的，記之甚詳，其曰：

> 《論語》一書，自西漢以還，二千年來，為中國一部人人必讀書。宋以前，讀其書者多重何晏《集解》。自南宋朱子《論語集注》出，明、清兩代據以取士，故八百年來，朱《注》乃為學者所重。清儒考據、訓詁之功深，於朱《注》之誤，多所糾正；然亦往往拘於門戶之見，刻意樹異於朱《注》而轉有失之者。錢賓四先生《論語新解》之作，即就歷來各家解說，條貫整理，撼取諸家之長，深思熟慮，求歸一是。所謂「新解」云者，乃朱子以下之新，非欲破棄朱《注》以為新。蓋對《論語》原文，特以時代語言觀念以闡釋申述，每章之後，復付之以白話試譯，以求其通俗易於誦覽，以適合今日之時代需求，成為一部人人可讀之《論語》註解。讀者可先讀此書，再讀朱《注》，亦可讀朱《注》後，再讀此書，庶乎更得《論語》之真義。〔註89〕

賓四先生撰作此書之目的，強調非欲破棄朱《注》以為新，而是以現代語

〔註88〕程樹德：《論語集釋·〈凡例〉》（北京市：中華書局，2006年），頁8。
〔註89〕錢穆：《論語新解·出版前言》（臺北：東大圖書出版，2015年），頁1。

言、觀念對《論語》闡譯，以求通俗易覽。錢氏撰作此書可說乃一本通觀群言，佐以個人自得，以啟發新知。體例與方法上，不同於何晏《集解》、朱熹《集注》，亦不同然於清儒程樹德《集釋》撰作法式。錢氏以獨特之思維和方式撰作《新解》，期能以訓詁、章句與考據之學，與諸家註解作一比較，俾能折衷群言而歸於一是，減少義理訛誤偏失，復以直明《論語》本義為主。〔註90〕以成為一部人人可讀之注。大抵而言，《新解》簡要直白，通俗易覽為其長，然若從撰者著述目的而論，錢氏已然罄竟其功。惟與朱《注》倫比，則錢穆《新解》之經典章句釋文餘韻稍感淺薄為其瑕。此誠「魚與熊掌二者不可得兼」〔註91〕之兩難所在。

綜合上述，經書原本即有撰著之要旨和思想，惟隨著世代變遷，經書之義理仍須符合時代需求，始能發揮薪傳與弘揚經學之功。《論語》不能脫離時代需求而單獨存在，宜以經書為體，致世為用，兩者相輔相成，不可偏廢。正因此一發展脈絡，吾人可謂《論語》必須本其原旨與義理，緊扣時代需求，藉由義理闡發，俾使《論語》賦有時代精神，以因應時代發展。鑑諸西漢初期皇權，藉由儒家經典托古改制與治理國是，足可提供實證案例，以詮釋經典方式，達致經國淑世之理想。

先秦至西漢時期，輒有偽經、改經而招致非議者多。〔註92〕東漢時期之儒家學者主要採用對先秦儒家經典訓解，使其符合時代需要與具有時代意義。既可透過解經，一則表達儒學群體之主體意識和歷史責任，再則形成嶄新之詮釋系統，將經學義理和政權運作相互結合，而解決上述兩者重要策略便是訓解章句。經學本質在於：一則它是屬於經世濟民之學，儒家學者在當代文化背景下，研究先賢聖哲修、齊、治、平之體系和彼等對此一體系之主觀理解。二則透過訓解，闡發經典之微言大義和旨趣，為大一統中央集權之封建專制提供哲學思考與政權嬗遞之合理託辭。此實為西漢經學思潮之主要特點與迅速發展之原因所在。明乎此，則不難理解，自漢代以降，歷代何以透過讖緯、五行、佛老、理學之說，以註解經書。〔註93〕

〔註90〕〈恭談錢賓四先生《論語》之研究與著述〉，頁3。
〔註91〕孟子有曰：「魚，我所欲也，熊掌，亦我所欲也，二者不可得兼，舍魚而取熊掌也。」參見宋·朱熹：〈告子章句上〉，《四書章句集注》（北京：中華書局，2012年），頁338。
〔註92〕〈導論〉，《經學歷史》，頁42～43。
〔註93〕〈經學流傳時代〉，《經學歷史》，頁46～170。

蓋是「《詩》無達詁，《易》無達占。」〔註 94〕經書義理，因人因時多生歧異，是以每輒透過註經，獲致因應時代與解決問題之良策依憑，誠謂「政出有據，師出有名」也。

　　然而，如上述諸種注解經書之法，是否符合《論語》之原意和精神？孔門聖賢遠而久矣，又如何探究《論語》原本義理？《論語》注應回歸原典探究本義？抑或因應時代需求而闡釋義理？此些待答提問，將在以下各章思辨而會通之。

〔註94〕漢・董仲舒，清・蘇輿義證，鍾哲點校：《春秋繁露・精華第五》有云：「《詩》無達詁，《易》無達占，《春秋》無達辭。從變從義，而一以奉人。」參見氏著：《春秋繁露義證》，卷3（北京：中華書局，1992 年），頁 95。

第三章　錢穆與其《論語新解》

第一節　錢穆生平及其對《論語》研究之相關著作

一、生平要略

　　錢穆先生（1895～1990），字賓四，江蘇無錫人，中華民國中央研究院院士，儒學與史學家、教育家、香港新亞書院創辦人與當代國學大師，著作豐碩，享譽國際。其署名計有未學齋主、公沙、與忘、梁隱、孤雲和藏雲等，齋名則有未學齋（北平南池子）、補讀舊書樓（蘇州藕園）、思親彊學堂（四川成都賴家園）、素書樓（臺北士林外雙溪）。〔註1〕錢穆為五代吳越武肅王錢鏐之三十四世孫。遠祖由浙江遷至江蘇無錫，旋自十八世祖徙居延祥鄉之嘯傲涇，屬七房五世同堂之繁盛氏族。〔註2〕至父輩家道中落，親族貧富懸殊，舉家生計清貧。先祖父鞠如公年三十有七而卒，其所收藏手抄之《五經》與《史記》，開啟錢穆知讀書與愛史學之興趣。先父承沛公，為清季秀才，後染鴉片煙癮，身體羸弱而無緣仕途，然卻尚重子女教育，惜正值英年而駕鶴，享年四十有一。先母蔡氏，勤慧持家，相夫教子，享壽七十有一，時錢穆年四十八。〔註3〕錢穆《八十億雙親‧師友雜憶》自述

〔註1〕李木妙：《國史大師：錢穆教授傳略》（臺北：揚智文化出版，1995年），頁1～2。

〔註2〕錢穆：《錢賓四先生全集》，第54冊（臺北：聯經事業出版社，1998年），頁1。

〔註3〕錢穆：《八十億雙親‧師友雜憶合刊》（臺北：東大圖書出版，2013年），頁3～30。

有云：

> 余乃一孤兒，年十二，先父辭世，余尚童騃無知。越三十六年，
> 先母又棄養，余時年四十八，隻身在成都，未能回籍親視斂葬。
> 國難方殷，亦未訃告交游，缺弔祭禮，緊閉嗓泣，深夜嚎啕而
> 止。〔註4〕

錢氏自幼清寒，身逢家國不變，考妣先後西歸，手足流離四方。雖國難方殷，仍勤奮治學。年十八，始任教三兼學校，年十九至二十五，任教鴻模及縣立高等小學，期間積稿而成《論語文解》，付梓印行，得百圓券，陸續購書。錢穆自謂此百圓書券實於己大有裨益也。〔註5〕濡染於沛若師，始讀《論語》，知當逐字逐句反求諸己，從日常生活上求體會。〔註6〕年二十六，任後宅初級小學校長，兼理校務行政。年二十九，任教廈門集美中學。年三十，轉教江蘇省第三師範。年三十三（民國十六年秋），轉調蘇州省立中學任教，因疑康有為《新學偽經考》之說，撰作〈劉向歆父子年譜〉一文，刊載於《燕京學報》批駁康說，一時震動學界，於焉確立學術地位。年三十六，始入北平燕京大學任教，學術研究益精。未幾受聘北京大學，凡七年，期間與胡適詰辨《老子》年考，書成《中國三百年學術史》等。年四十三（民國二十六年），對日抗戰軍興，移教西南聯大，撰成《國史大綱》。年四十九，轉華西大學任教，通覽《朱子語類》及《指月錄》，探究唐代禪宗轉歸宋、明理學之流衍。

抗戰凱旋，私家興學風起。一九五〇年秋，創立香港新亞書院，招收大陸流亡青年，施以新式教育，揚播中華傳統思想文化為要旨。一九五〇年秋，為提倡新學術，籌謀他日重返大陸興學之新人才需求，始籌辦新亞研究所。翌年，美國雅禮協會（Yale-China Association）資助辦校。〔註7〕

〔註4〕錢穆：《錢賓四先生全集》，第54冊（臺北：聯經事業出版社，1998年），頁3。

〔註5〕同上註，頁81～82。

〔註6〕同上註，頁92。

〔註7〕雅禮協會（Yale-China Association），是1901年建立的一個非政府及非牟利機構。一直致力於通過開展文化交流活動以增進中美兩國人民之相互瞭解。該協會建立伊始係耶魯外國傳教團（Yale Foreign Missionary Society）之組成部分。1913年之前，普遍將雅禮協會稱為「中國耶魯」。1951至1954年間，大陸反美情緒高漲，國民黨治下臺灣動亂不安，該協會在華事業不得不暫時擱置。在此期間，該協會將大部分資源用來資助在美中國學生，

一九五六年一月九龍農圃道新校舍落成遷入使用。一九六〇年赴美講學耶魯之際，利用閒暇修訂《新解》，歷三年始粗潰於定。〔註8〕一九六七年十月，辭新亞職務，遷居臺北外雙溪，始撰《朱子新學案》，歷四年成書。嗣後兩度訪韓，得李退溪、李栗谷、宋尤菴、韓南塘四家全集，渠等研究朱子為宗，卷帙甚夥，頗感辛勤。時應聘兼教於中國文化學院。一九七四至一九八三年間撰作《八十憶雙親·師友雜憶》回憶錄，於其出版說明中自述其生平感言，有曰：

> 余之一生，老而無成。常念自幼在家，經父母之培育。出門在外，
> 得師友之扶翼。迄今已八十八歲。余之為余，則胥父母師友之賜。
> 孟子曰：「知人論世。」余之為人不足知，然此八十八年來，正值
> 吾國家民族多難多亂之世。家庭變、學校變，社會一切無不相與
> 變。學術思想，人物風氣，無不變。追憶往昔，雖屢經劇變，而
> 終不能忘者，是余一人真生命之所在也。〔註9〕

錢穆八秩耄耋之齡，偕同夫人於生辰華誕前南遊，途中有感而發，乃撰此文，為其蜉蝣一生做出完整總結。生於朝代更替之際，長於山河動盪之世，歷盡骨肉親情聚散，遊訪中外國情，肺腑所思所感，不離家事、國事、天下事和一己之事。積澱八十載之人事滄桑，為方寸間時時惦念不忘之包袱，即「余一人真生命之所在也」，亦為縈繞一生之懷想。《八十憶雙親》成書，乃其生命中最具價值與意義匯聚之所在。越四年，錢穆年九十有三（1987），〈答某雜誌記者問〉有曰：

> 我一生最信守《論語》第一章孔子的三句話：「學而時習之，不亦
> 悅乎？有朋自遠方來，不亦樂乎？人不知而不慍，不亦君子乎？」
> 這是我們的做人之道，亦即是教我們做學問的最大綱領。我自七
> 歲起，無一日不讀書。今年九十三歲，十年前眼睛看不見了，但
> 仍每日求有所聞。我腦子裡心嚮往之的可說只在孔子一人，也只

並密切註意亞洲值得支持之新項目和新機會。是以錢穆所創建之新亞書院於 1954 年初便成為資助發展對象，同時為新亞書院教師提供獎學金前往美國學習，此一資助對日後新亞書院及研究所之發展，具有關鍵性之影響。詳見 2019 年 2 月 3 日，維基百科「雅禮協會」，取自網址：https://zh.wikipedia.org/wiki/。

〔註8〕錢穆：《論語新解·原序》（臺北：東大圖書出版，2015 年），頁3。
〔註9〕〈出版說明〉，《錢賓四先生全集》，頁1。

想從《論語》學孔子為人千萬中之一二而已。別人反對我，亦君子乎？」〔註10〕

錢穆七歲入私塾讀書，即先對孔子神位膜拜行禮。在北京大學任教，與學生同遊曲阜孔林，亦囑咐諸生於孔子冢鞠躬敬禮。錢穆一向好讀《論語》，對孔子之學甚為熟稔與倍加推崇。晚年回憶云：「我自幼讀書先讀《論語》，直到今天《論語》是我常常要翻看的書。我一輩子讀書，還沒有像對《論語》這樣用功的書。孔子的道理在那裡？在《論語》。」〔註11〕顯見錢氏認為孔子思想盡在《論語》，此書兼具哲學與文學價值。語雖短而直白，內蘊微言大義，是以二程、朱熹、錢穆等對匯集孔子思想精粹之《論語》，莫不心嚮往之。

士子研治《論語》於每個學習階段均各有體會與自得，讀之或潛移默化，或手舞足蹈者有之，對人格涵養有轉化昇華之益。錢氏自言最信守《論語》中孔子「學而時習之，不亦悅乎？有朋自遠方來，不亦樂乎？人不知而不慍，不亦君子乎？」三句教，此三句即治學與做人之根本所在，故時時銘刻於心而尊奉篤行為待人接物之圭臬。雖已臻人瑞心智，惟所思所行僅想效習孔子之秋毫，其間意涵是何等美妙心境，錢氏對孔子與《論語》謂之「信如宗教」與「愛如真理」，亦甚熨貼無違。一九九〇年八月三十日，錢穆於臺北寓所安祥辭世。一九九二年一月，歸葬江蘇省太湖之濱。賓四《靈魂與心》嘗言：

古來大偉人，其身雖死，其骨雖朽，其魂氣當已散失於天壤之間，不再能搏聚凝結。然其生前之志氣德行，事業文章，依然在此世間發生廣大之作用。則其人雖死如未死，其魂雖散如未散。〔註12〕

錢氏畢生遭逢亂世，顛沛流離，然其勤奮治學，誨人不倦，堅苦卓絕。縱河山色變，流遷香江，仍克難興學，肇建「新亞書院」。傚學孟軻斥楊、墨，口誅筆伐康生之徒。誠為書生報國，著書立言，淬礪奮發，薪傳儒學光輝。秉持士者精神，〔註13〕肩擔中華傳統文化興衰。一生為招儒學魂，

〔註10〕〈答某雜誌記者問〉，《錢賓四先生全集》，第 51 冊，頁 472。
〔註11〕〈經學大要〉，《錢賓四先生全集》，第 52 冊，頁 794。
〔註12〕錢穆：《靈魂與心》（臺北：蘭台出版社，2001 年），頁 115。
〔註13〕錢穆云：「士之本身地位及其活動內容與其對外態勢各不同，而中國歷史演進，亦隨之而有種種不同。亦可謂中國史之演進乃由士之一階層為之主持

瞻慮國故並屈平。其言「志氣德行，事業文章者」，即是古來之偉人，雖其身死骨朽，精神亦如日月昭昭。是故贊之曰：「畢生尊孔聖，堪為儒學魂，哲人駕鶴去，典型在夙昔。」壯哉！一代儒師，闡揚孔朱，新亞精神，士者風範，承先啟後，永垂汗青。

二、學術成就

（一）錢穆研治《論語》經過

錢穆乃當代國學大師，著作豐碩，名世大儒倍受國際學界尊崇。臺灣聯經出版事業公司《錢賓四先生全集・編後語》，評述其學術成就，有曰：

> 先生自民元為鄉里小學師，而中學，而大學，輾轉天下，敷教於南北者垂八十年。生平著作不輟，其生前梓行傳世者無慮五十餘種。衡諸古今學者，固為罕倫；而其畢生志事，惟在維護發揚我國傳統固有之優良文化，以期矯抑一世蔑古崇外之頹風，所以扶立吾國人之自尊自信，以為民族復興契機之啟迪者，尤可謂深切著明；被推為名世大儒，洵不誣也。〔註14〕

錢穆畢生行誼，誠乃真實貼切。生長於鼎革交替，潮流激變之時，猶勤奮自學終生不輟，闡揚中華傳統文化不遺餘力，以扶立民族自尊自信，啟迪民族復興契機。前瞻儒學發展情勢，自為中流砥柱，又力挽狂瀾，擇善直行，言所當言，成一家之言。哲人雖已無語，一代儒宗心魂，仍迴盪吾儕心衷。論錢氏對中華文化、時代風氣與儒學之貢獻，探得孔、朱儒學要旨之堂奧，且能知能學、能教能行者，殆無出其右者，此評甚實契符。

錢穆畢生著述，計達八十餘部，包括文學、史學和哲學領域，其論述均涉及傳統文化，自老、莊、孔、孟，以迄近代三百年學術史，其新學派、新著作、新觀點，如泉湧一般滔滔不絕，從訓詁、章句、考據、義理，以至讀書、治學、為人處世等屢有抒發。其論學之平正通達、寬宏博實，清

與領導。此為治中國史者所必當注意之一要項。」錢氏總結歷史經驗認為，士人們只有在政治上逐漸得勢，他們所抱持之政治思想才能發揮效力。中國封建社會之興盛衰亡寄託在士人身上。由此可見，錢氏十分看重「士」者對於中國歷史發展之角色。士者，具有朝氣活力、文化修為、精神思想、風骨勇氣、愛國意識與奮發有為者，自古以來與國家之興衰存續，密不可分，只有倚靠「士」國家才能繁榮發展，文化始得以傳承。參見氏著：《國史大綱》（臺北：臺灣商務出版，1994年），頁561。

〔註14〕〈錢賓四先生全集・編後語〉，《錢賓四先生全集》，第54冊，頁1。

代二百餘年亦少見能與之相匹者。〔註15〕經學著作方面，研治《論語》始於《論語文解》，時年二十有三，孜孜忔忔，夙夜匪懈，窮究句讀、音韻、義理之學，驗之實際教學，以成精實論述。迄年九十有三耄耋之齡，兩目成疾，不能見字，仍勤懇囑咐夫人誦讀《新解》辭句，資以再三修訂。其勤學、負責，鍾愛此書之情狀，顯而可見矣。錢氏《孔子與論語·序言》，敘明研治《論語》歷程、著述先後及撰作目的，其曰：

> 余少受庭訓，賴母兄撫養誘掖，弱冠為鄉里小學師，即知孔孟書。為諸生講句法文體，草為《論語文解》，投上海商務印書館印行，獲贈書券百元，得購掃葉山房等石印古籍逾二十種。所窺漸廣，所識漸進。時為民國七年，新文化運動方甚囂塵上。竊就日常潛研默體者繩之，每怪其持論之偏激，立言之輕狂。益自奮勵，不為所動。民十一轉教中學，先在廈門集美學校一年，轉無錫第三師範。……每年有一特定課程，曰「文字學」、「論語」、「孟子」、「國學概論」。余按年編為講義，自《文字學大義》、《論語》、《孟子要略》、《國學概論》，四年得書四種。惟《文字學大義》以篇幅單薄，留待增廣，今已失去。其他三種，絡續出版。時有中學同學郭君，遊學東瀛，與余同事，其案頭多日文書，余借讀得蟹江義丸《孔子研究》一書，始知《史記·孔子世家》所載孔子生平歷年行事多疏誤；自宋迄清，迭有糾彈。余在《論語要略》中先撰有〈孔子傳略〉一章、《孟子要略》中續草〈孟子傳略〉。時國人治先秦諸子之風方熾，余益廣搜書籍，詳加考訂，擴大為《先秦諸子繫年》。民十九赴北平，在燕京、北大、清華、師大諸大學授課。默念衛揚孔道，牽涉至廣，茲事體大，不能專限於先秦孔孟之當時。抑且讀書愈多，乃知所瞭解於孔孟之遺訓者乃益淺。因遂不敢妄有論著。數年中，草成《近代三百年學術史》。避日寇，至滇南，獨居宜良山中，草成《國史大綱》。轉成都，病中讀《朱子語類》全部，益窺宋明理學上探孔孟之門徑曲折。避赤氛，至香港，創辦新亞書院，乃又時時為諸生講《論語》。赴美講學，以羈旅餘閒，草為《論語新解》。辭去新亞職務，移居來臺，草為《朱子新學案》。又值大陸批孔之聲驟起，新近又草為

〔註15〕印永清：《百年家族－錢穆》（臺北：立緒文化出版，2002 年），頁 12。

《孔子傳》。並彙集港臺兩地二十年來所為散文，凡以孔子與《論語》為題者，得十六篇，成為此編。回念自民初始知讀孔孟書，迄今已逾六十年，而余年亦已八十矣。先則遭遇「打倒孔家店」之狂潮，今又嗅及「批孔揚秦」之惡氛。國勢日非，學風日竄。即言反孔一端，論其意義境界，亦復墮退不可以道里計。然而知讀孔孟書者，亦已日益凋零。仰瞻孔孟遺訓，邈如浮雲天半，可望而不可及，抑且去我而日遠。念茲身世，真不知感慨之何從也。〔註16〕

檢覈是序可知，錢穆年二十三，為鄉里教師，講授諸生文字辭章之法，撰成《論語文解》，此乃其研治《論語》之首作。惟其撰作初衷，以語法及修辭之句法文體為主，尚未及於義理探究。自一九二二年，任教集美學校，翌年於無錫第三師範學校講授《論語》，乃纂編《論語要略》，於此漸窺經典義理之堂奧。嗣後於一九三〇年發表《劉向歆父子年譜》，深受國學界所重視，奠定錢穆之學術聲望。隨後任教燕京、北京、清華等大學，雖研究日進，教學相長，愈體會中華文化之博大精深。自謂讀書愈多，牽涉至廣，乃知自身瞭解之孔孟遺訓淺陋，甚而不敢妄有論著。為求會通，尚須涉獵各家之說，涵詠體味，方能自得。錢氏歷經西風東漸，國學危殆。日禍輾遷，文化幾泯。赤禍肆虐，批孔揚秦。是以國勢日下，學風不古。情勢如斯，遙思孔孟，不免感慨萬千。惟仍勤奮不輟，恪守杏壇志業。

一九四九年（民國三十八年）下香江，創辦新亞書院，再授《論語》，薪傳儒學，可謂備極艱辛。錢氏效曾國藩「紮硬寨，打死仗」〔註17〕之打熬精神，雖「手空空，無一物」，仍克難勉成，為失學流落諸生提供學習處所。一九六〇年赴美國爺魯大學任教，羇旅閒暇撰成《論語新解》初稿。一九七四年中國掀起「打倒孔家店」、「批孔揚秦」狂潮，破壞中華文化莫此為甚。由是彙集多年攸關《論語》之作，彙編《孔子與論語》，時錢穆已

〔註16〕〈孔子與《論語》‧序言〉，《錢賓四先生全集》，第4冊，頁5～6。
〔註17〕錢穆述及近代人論學，對前清湘鄉曾國藩，屢表推崇。曾氏不唯文學家而已，其於教人、治學方面皆能親切指點，主張義理、考據、辭章與經濟等面向皆須兼顧，方為開闊恆久之學。其能做人治學並重，經師人師無所偏倚，不雜門戶之見。在其家訓中，論及諸多方法提點。雖若卑之無高論，亦親切有味。曾氏又云：「治學貴有恆」，一本書必須從頭到尾通體熟讀，始能體會撰者用心而有自得。上述諸端對錢穆特有啟發，是以尤喜好之。參見氏著：《新亞遺鐸》（臺北：東大圖書出版，2016年），頁461。

年屆八旬，研治《論語》已逾一甲子。面對「國勢丕變，學風日下」而有「仰瞻孔孟遺訓，邈如浮雲天半，可望而不可及，抑且去我日遠」之情，不禁湧現「孤臣無力可回天，回首河山意黯然」之慨。聖言赫赫之功，乃歷代諸儒嘔心瀝血積累以成，是以經歷數千載而存者，何其不易？而異志者每輒屢屢毀之謗之。自近代自清代以降，傳統儒學遭逢丕變，尤特於戊戌維新思想萌動至中國赤禍蔓延之百餘年間，儒家思想彷彿屋塌柱傾，經學義理猶如昨日黃花。錢氏《四書釋義‧再版序》記曰：

> 政府遷臺後，張曉風任教育部長，約人彙編《國民基本知識叢書》，邀余撰《四書》。余養病臺中，遂增《學》、《庸》兩篇，併《語》、《孟》要略，合成一書，取名《四書釋義》。去春重閱舊稿，略有刪訂。〔註18〕

由此觀之，錢穆仍時而因應政府教育政策需要，撰作相應教材，不吝發揮「既述且作」書生報國志業。《四書釋義》書成，頒行全國為中國文化基本教材，迄今仍賡續發行，可謂撰作質優，影響深遠。昔朱子憂道之微危，合四書，建道統。錢氏撰作《四書釋義》，續發四書義理，依循前賢步伐而進，朱、錢兩賢古今呼應，何其殊勝。惟錢氏認為《四書》雖義理一貫，然於體與用之上仍有歧異處。《論語》與《孟子》為記言體，《大學》與《中庸》屬議論體，且出於《語》、《孟》之後。

　　唐代之前儒者多以周、孔並稱，迄至宋代以降，殆始以孔、孟並舉。〔註19〕大抵而言，孔孟義理相通不悖。然孔子之教與學，以「修、齊、治、

〔註18〕〈四書釋義‧再版序〉，《錢賓四先生全集》，第 54 冊，頁 6～7。

〔註19〕元‧脫脫等撰：〈禮〉云：「晉州州學教授陸長愈請春秋釋奠，孟子宜與顏子並配。議者以謂凡配享、從祀，皆孔子同時之人，今以孟軻並配，非是。禮官言：『孟子於孔門當在顏子之列，至於荀況、揚雄、韓愈皆發明先聖之道，有益學者，久未配食，誠闕典也。請自今春秋釋奠，以孟子配食，荀況、揚雄、韓愈並加封爵，以世次先後，從祀於左丘明二十一賢之間。自國子監及天下學廟，皆塑鄒國公像。』詔如禮部議。」參見《宋史》（北京：中華書局，1985 年），卷 105，頁 2549。宋代之前，儒者多尊周、孔。北宋時《孟子》仍受詰辨，至王安石為相時推崇孟子地位之「升格」應為關鍵所在，嗣後請立孟軻像、配享孔廟。嗣後二程出，乃正式提出《四書》，彰顯《孟子》義理，並提倡透過教育方式，引導人們邁向理想人生。俟南宋朱熹、陸九淵繼出，孟子於道統之地位始為確定。大體而言，孟子思想類近宋代理學家心、性之學，專擅闡發孔門經典大義，是以廣受推尊，至朱子立道統而入班序列。

平」為體，孟子之教以「心性精微」為用。而宋代儒者面對釋、老盛行，欲為之辨，遂偏重「誠意、正心」而「格物、致知」之理學，復有聖聖相傳「道統」論述之建構。而錢氏對於「四書」道統之說，則持異議與保留，此處又見兩賢論述之殊異。前述《新解》稿成於一九六〇年，嗣後於一九六三年十月發行。錢氏《論語新解·再版序》有云：

> 余年六十五，赴美任教耶魯大學。余不能英語，課務輕簡，乃草為此著，以遣時日。余非敢於朱《注》爭異同，乃朱子以下八百年，解說《論語》者屢有其人，故求為之折衷。及近年來，兩目成疾，不能見字。偶囑內人讀此舊注，於文字上略有修改，惟義理則一任舊注。事隔一月，忽悟此序以上所陳之大義，乃作為此書之後序。〔註20〕

錢氏撰此後序，時年已屆九十有三，念茲在茲者，惟在《新解》。朱《注》歷時八百年，但諍誦不息。《論語》注疏，汗牛充棟，然走失本義者，難以勝數。是以雖目不能視，仍透過聆聽而再三涵詠玩味，往復諸說之間而為之折衷，而「折衷」二字此時尤為錢氏用心體悟與尚重之所在。雖有稍改文字，然義理仍求其允洽精當，貴在折衷求是，是以《新解》可謂乃錢穆晚年研治《論語》之結晶與定論也。錢氏治學精神，謹持「精實負責，無愧於後」之自我惕勵，一路走來雖有顛躓、反思而遞進，然其闡揚孔子之學，發微《論語》，則一以貫之，似有「己之功過，留予後人評」之志，雖屆人瑞之齡，仍殫精竭慮於斯，令人肅然。

朱熹《集注》成，仍反覆斟酌而屢有筆削。蓋孟子有云：「學問之道無他，求其放心而已矣。」〔註21〕此乃治學處世冀於方寸之間，得其所安之理想境界。而「文章乃經國之大業，不朽之盛事。」〔註22〕昔夫子作《春秋》，一字褒貶，忠奸立判，使悖臣懼，為綱常柱。因是古之學者寄身於翰墨，見意於篇籍，乃求能立言顯身，對家國及後世有所裨益。

綜觀朱、錢二賢勤奮於學、誨人不倦、志於儒道而捨我其誰之精神，雖今古時空兩相遙望，然渠等治學弘道之蹊徑卻又如此相似。金聲玉振，

〔註20〕錢穆：《論語新解·再版序》（臺北：東大圖書出版，2015年），頁2。

〔註21〕宋·朱熹：《孟子集注·告子章句上》，《四書章句集注》（北京：中華書局，2012年），頁340。

〔註22〕魏·曹丕：《典論·論文》，輯入南朝·蕭統《昭明文選》，卷52（影印群碧樓藏宋末刊本，臺北：華正書局，1979年），頁965。

錚錚剛烈,堪為後學者效習之楷模也。

(二)錢穆研治《論語》之專書

賓四先生研治《論語》凡七十三載,撰成專書計有《論語文解》、《論語要略》、《論語新解》與《孔子與論語》等四部著作,茲依撰作時序說明之。

甲、《論語文解》

該書為錢穆研治《論語》撰作之第一部專書,檢閱〈出版說明〉有曰:

> 民國二年至八年之間,錢賓四先生往來於無錫蕩口、梅村兩鎮,任教於私立鴻模學校與無錫縣立第四高等小學,《論語文解》即撰成於此一時期。其時先生教授《論語》課程,適讀馬建忠《馬氏文通》,逐字逐句按條讀之,不稍疏略,因念《馬氏文通》所詳論者字法,可仿其例論句法,遂即以《論語》為例。積年乃成此書,為先生生平正式著書之第一部。以稿郵送上海商務印書館,於民國七年十一月出版。數十年以來,是書僅此一版;商務未再重印,故未久即告絕版。其後國事蜩螗,先生奔走南北,以致未能保有此書。逮先生晚年定居臺北,海外有藏其書,持以相贈,然後復得之。而先生以不斷從事新撰作,一時無暇對之重行修訂,因亦未再梓行。此書既為先生之第一部著作,今編為《全集》,自應收入。惟以原書未再有所改訂,故而此次重排,乃以原版為底本進行整理。此書主要以「起、承、轉、合」標明《論語》句法,然以當時排印所採字體,以及各種標識符號,嫌於簡陋,不盡理想,今改用不同之字體與符號,務求層次分明,顯豁文意。其內容則除改正原版若干明顯誤植文字外,不作任何更動。〔註23〕

從說明文中可知,錢穆撰作此書之緣起、波折,與失而復得、重新校排之艱辛過程。目前業已收入《錢賓四先生全集》。此書乃以《論語》為例,學習小學經書句讀之法。配合語意,將章句區分為起、承、轉、合之結構,繼而講究與論說抑、揚、頓、挫等音韻之掌握,對學子通曉經典誦讀、涵詠與記憶有所助益。錢氏於此書〈序例〉有云:

> 我國文字之學,自來號為難究。自學校師襲西法,而文字之教授,

〔註23〕〈出版說明〉,《錢賓四先生全集》,第 54 冊,頁 8。

獨仍舊貫，無所變進。而歲割月折之病益見，學者徒靡心力而收
寡效。夫不得其所以組織會之成理，而摩撫於外之迹似，而求以
能其事，其徒勞而無功，故其宜也。吾國之論文法者，首推丹徒
馬氏之書。然繼而究之者甚少，故其言猶多失正。又專主句讀，
於篇章之理，有所不及。間嘗有意匡其失而補其闕，而卒卒亦無
所就。私獨以莊生之言，觀於文字，所謂「未嘗見全牛」者，而
稍稍告諸學者，學者喜之。退而編為此書，以發其趣。其於大郤
大窾之處，可謂盡之。學者循之以進，庶乎其可望其無遇全牛，
而善葆其刀也。蓋馬氏之書，自詡特創，故亦不能無疵。今茲所
稱，意主蒙求，然亦多前人所未及者。匡捄繩切，以完其說，而
益以進明夫斯文之大理，是深有賴於當世之君子也。〔註24〕

錢穆認為《馬氏文通》雖專偏於句讀之小學，惟篇章理序仍不免有失，故
而撰編《論語文解》以補其闕，冀益學者窺見經籍要義，明其篇章相續之
理。審視錢氏研治古籍，多能擷長補短，實乃用心留意於此細微而容易疏
忽之處，輔以之實際教學所見，再旴衡時代演變趨勢而益善之，此見錢氏
治學與任事之態度。而學者欲達此理想境界，務須廣綜博覽，往復推敲，
始能達致。故多勸勉學人讀書須博廣，融綜而會通之，始可真得治學之
真趣。

乙、《論語要略》

　　此書成於民國十三年（1924），時錢穆初任無錫江蘇省立第三師範學校
教席，書成即付上海商務印書館印行。民國四十二年（1953），受教育部張
君之託，撰作傳統儒學經典釋文，以復振中華傳統文化。錢氏乃綜整此書
與《孟子要略》、《大學釋義》、《中庸釋義》，合稱《四書釋義》，收入《現
代國民基本知識叢書》，並由中華文化事業委員會出版。茲擇摘聯經事業公
司印行《四書釋義》之〈出版說明〉，以明其撰作歷程，其曰：

　　《論語要略》成於民國十三年，《孟子要略》成於翌年，曾分別在
滬上單獨出版。二書原為先生在江蘇省立第三師範學校任教之講
義，與《論語文解》、《國學概論》同為先生生平著述之始業。《大
學》、《中庸釋義》則撰於民國四十二年，乃應張曉峯先生之邀而
作，取與《論》、《孟》兩《要略》合為《四書釋義》，作為《現代

〔註24〕〈論語文解・序例〉，《錢賓四先生全集》，第 2 冊，頁 9～10。

國民基本知識叢書》之一種；是年六月在臺北由中華文化事業
委員會出版。六十七年六月，復由臺灣學生書局改版發行。此版
曾經先生親自刪訂一過，其中《論語要略》部分改易稍多。今
《全集》新版之整理，即以學生書局六十七年修訂初版為底本，
另加入書名號、私名號以利誦讀。歷次排版偶有誤字，引文亦偶
有漏略，皆查對原典，隨文改定。又原書正文、引文、注解、按
語層層分立，易生混淆，今則改以較清晰之版式處理，以清眉
目。〔註25〕

校覈錢穆《四書釋義‧再版序》與聯經〈出版說明〉可知，由臺灣學生
書局改版發行之《四書釋義》，於民國六十七年（1978）業經錢穆筆削，內
容已再校正，且增進版面視覺效果，另加植書名與私名號，以清眉目，
裨益讀者閱覽。惟此《四書釋義》與朱熹《四書章句集注》，關注於義理
串貫，道統相承相續之用心有所殊異。錢氏此時年逾八旬，學術識見已有
定論，此書僅闡明孔門之學及《四書》修身致用旨趣，對於「道統」之說
則未有述及。

　　丙、《論語新解》

　　此書乃錢穆研治《論語》第三部著作。始撰於民國四十一年（1952）
春，稿成於民國五十二年（1963）十月，時年六十八。嗣後迄至錢穆年九
十有三，兩眼苦疾，目不能見字，猶不憚煩勞往復刪修，冀求切合義理與
現代語言觀念，使國學程度一般者皆能讀懂《論語》本義。編入《全書》
時再行完整標點格式。有關該書撰作旨趣與成書過程等，於其〈原序〉與
〈再版序〉中，載之甚詳。臺灣聯經出版事業公司〈出版說明〉並有述及，
茲擇要援引，有曰：

《新解》始作於民國四十一年春，以白話撰稿未及四分之一，已
而悔之，以用純粹白話解《論語》，極難表達其深義，遂決心改
寫。……殆四十九年春，先生講學美國耶魯大學，授課之餘，窮
半年之力以平易之文言改撰，獲成書之初稿。返港後又絡續修訂，
越三年，於五十二年十二月由香港新亞研究所發行初版，五十四
年四月復在台北影印刊行。及先生晚歲，雙目失明，仍囑夫人胡
美琦女士讀此注，以對原版文字略有修改。翌年四月，交由臺北

〔註25〕《四書釋義‧再版說明》，《錢賓四先生全集》，第54冊，頁5～6。

東大圖書公司重印再版，重印時並增入〈孔子年表〉。此次重排，
以東大版為底本，除校正若干原書誤植文字外，並增入私名號、
書目號及引號，以期文意較顯豁，方便一般讀者閱讀。〔註26〕

本文前述錢穆自陳《論語》一書對於中國人之重要性，是人人必讀之書。
讀《論語》必要讀注，而注之良窳，關乎對義理之瞭解，不可不慎。文中
舉列三《注》，皆具時代表徵之善本，然有其長亦有其短。錢氏撰作《新解》
之思考在於，取諸家之長，綜整條貫，深思熟慮，求歸一是。而此「一是」
即指經典之原義。而「新解」二字，係指朱熹沒後諸家之說，摭取「諸家
之長，求歸一是」，非破棄朱《注》以為新。蓋錢穆專研朱子學，對於朱熹
探微與闡揚孔孟之學，已罄盡推考之能事，諗知其於南宋時空環境之用心
所在，是以推尊朱熹，並僅就學術之道依事論事，探求真理而已。再則，
特以時代之語言觀念闡釋義理，以求通俗易覽，人人可讀。此豪志鴻願，
誠然可佩，但欲得多數人認同卻並非易事。其後有云，以白話撰稿未及四
分一而悔之，遂改以淺易文言撰述。

自《新解》成書至錢氏年九十三，此二十六年間仍賡續筆削，《新解》
再版序中，尤特陳言陽明學說流溺佛、禪，橫渠所學亦有多外少己之病。
兩序相距二十四載，顯見錢氏對理學毫釐分殊而能細察秋毫，且無門戶之
見與不憚改正，重視義理之精準闡發，不容稍有偏失誤解前賢，亦不得以
己咎而遺患後學，是以日新又新，勤奮精進，自我惕勵。

綜觀此書，其體例、考據、辭章、義理多有創發，與一般古《注》撰
作構思者多所迥異。全書尤特重視義理闡發，去取論說皆設有限斷，以求
得經典本義為是。或者認為古來《論語》即有多解，攙雜旁說亦屬事實，
錢氏雖竭盡諸般推考之法，而其所得果真本義乎？此一提問恐是難得其
解，一則《論語》語雖簡而寓意深廣，卻極易擷取或援引。再則對比及檢
覈各注善本，且能深究錢氏用心之所在，僅說《論語》本旨原義，而不引
申、發揮、攙附或嫁接己說者，殆屬錢氏《新解》而已，此誠可謂乃其畢
生研治《論語》之精粹與特色。

丁、《孔子與論語》

該書於民國六十三年（1974）九月印行，收文十八篇。嗣後重刊，另
收十一篇，凡二十九篇，此係彙輯錢穆歷年研治孔子及《論語》所撰就之

〔註26〕〈出版說明〉，《錢賓四先生全集》，第54冊，頁12～13。

單篇論文,而尚未收入於上述三部專書者。《錢賓四先生全集》之〈出版說明〉有曰:

> 錢賓四先生畢生崇揚孔學……二十四年出版《先秦諸子繫年》,於
> 孔子生平歷年行事,多所考訂。五十二年出版《論語新解》,通釋
> 《論語》全書。六十三年又撰有《孔子傳》,詳述孔子生平,考論
> 復有超出於舊著之上者。本書則係先生將歷年治孔子之單篇論
> 文,而未收入上述專書者,彙輯而成。初版於民國六十三年九月,
> 由臺北聯經出版事業公司印行。原收文十八篇;此次重刊,增入
> 相關論文十一篇,合為二十九篇。〔註27〕

此書所收錄研治關於孔子之論文計二十篇,研治《論語》論文僅得九篇。
其《論語》之部收入九篇為:第六篇〈孔子誕辰勸人讀《論語》並及《論
語》之讀法〉、第七篇〈再勸讀《論語》並論讀法〉、第八篇〈談朱子的《論
語集注》〉、第九篇〈漫談《論語新解》〉、第十篇〈談《論語新解》〉、第十
一篇〈再談《論語新解》〉、第十四篇〈孔子《論語》與中國文化傳統〉、第
十五篇〈本《論語》講孔學〉,以及第十七篇〈從朱子《論語注》論程朱孔
孟思想歧點〉。上列九篇撰述孔子思想與中國文化傳統,繼而論評程朱孔孟
思想歧點和朱子《集注》,再則勸讀《論語》及其讀法,最後則多層次論述
《新解》內涵。對上述議題之解說條貫清晰,倘能熟讀各篇,即可掌握《論
語》之時代流變與價值所在。

三、錢穆《論語新編》及佚收論文

錢穆舊作《論語新編》,於一九七五年(民國六十四年)由臺北廣學社
印書館將之與《孔子傳》合刊出版。聯經本《錢賓四先生全集》第四冊收
入《孔子傳》,附錄論文五篇,其中第五篇即為《舊作論語新編》,根據廣
學社本重編印行本即稱《論語新編》。《孔子傳‧出版說明》記曰:

> 《論語新編》中每章原文下但注篇次,今添注每篇篇名及章次,
> 以便檢索;其章次則悉準先生所著《論語新解》。又於每章前加上
> 符號,以醒眉目。〔註28〕

該書悉準《論語新解》,其體例與檢索可兩書互相參照,運用上較為便利。

〔註27〕〈出版說明〉,《錢賓四先生全集》,第54冊,頁20。

〔註28〕同上註,頁24。

重編之版本，文句簡明，脈絡清晰，又增注篇名、符號與章次，使綱目、內文益加分明。另《孔子與論語》尚有收入錢穆關於《論語》單篇論文，檢覈孫鼎宸〈錢賓四先生主要著作簡介〉附錄〈論著年表〉，有〈李著《論語孔門言行錄》序〉乙篇佚收。此文撰成於一九五三年孔子誕辰紀念日，其書由李榕階撰著，翌年即交由知草堂印行，錢穆為之序，並置於卷首。

綜上所述，錢穆治學嚴謹，著述豐碩，已然成為一家之言，為中外尊崇之國學大師。諸多論著之中，以研治《論語》最勤，凡七十三年。自年二十三，撰成《論語文解》至九十三耄耋之齡，尤勤奮筆削無輟，其編著已逾百種，論文超過千篇，約估二千萬餘字。〔註29〕歸納錢穆研治《論語》，殆可區分三階段。初始以鑽研《論語》語法、辭章之學；次則以考據、訓詁、義理以研治《論語》為蛻變，撰成《論語要略》、《論語新解》。擷取諸家之長，條貫整理，為之折衷。復以時代之語言觀念，闡釋《論語》，欲撰就人人皆可讀之注；後則闡揚孔子與儒學思想，撰作《論語新編》、《孔子與論語》，注重講授與勸讀《論語》為重，期能透過正確讀法，以通曉義理，體悟《論語》之微言大義。錢穆畢生心血貢獻於傳統儒學，綜理歸納其行誼著述，愈顯其對孔孟義理述作之功和效學經典進德之益。

錢穆於〈九十三歲答某雜誌問〉，自謂：「我生平自幼至老，只是就性之所近為學。自問我一生內心只是尊崇孔子，但亦只從《論語》所言學做人之道，而不是從孔子《春秋》立志要成為一史學家。」〔註30〕錢穆晚年對於《論語》體悟至深，崇仰孔孟。吾人不禁提問？探究歷史之目的為何？倘若是要追尋一個讓人能真正安頓身心之所在，而此所在於何處尋覓可得？此解似在《論語》微言大義之中。《論語》所揭示者，即是安身立命之道，此亦生命之本體，貴在寢饋之間思辨而有自得，於此之外皆為方法與過程。錢穆在儒家經學與史學之成就廣為人知，惟此簡明一段敘述，即知「尊孔學孔」宜從《論語》習得為人之道。而梳理史學益得孔孟儒學之真實流衍，堪為後世鑑戒，亦裨益證成《論語》之旨趣。此為錢氏晚年總結語，雖言簡而意邃，殊值深思體會。茲將錢氏撰作《新解》歷程彙整如附表一。

〔註29〕〈錢氏的成就與貢獻〉，《國史大師：錢穆教授傳略》，頁60。
〔註30〕〈九十三歲答某雜誌問〉，《錢賓四先生全集》，第51冊，頁471。

表一　錢穆《論語新解》撰作歷程

階段	撰成書名／啟蒙	時間／年歲	附　　記
啟蒙時期	啟蒙	清光緒 27～33 年（西元 1901～1918）7～23 歲	7 歲和兄長入私塾讀書，讀四書。13 歲壽華紫翔師啟之，18 歲起教授《論語》，日久而志於此焉。
初創時期	《論語文解》	民國 7 年 11 月（西元 1918）24 歲	是時錢氏教授《論語》課程，以《論語》為例，仿其例論句法而修正，積年乃成此書，為平生正式著書之第一部。
匯綜時期	《論語要略》	民國 13 年 11 月（西元 1924）34 歲時	錢氏將本書與《孟子要略》、《大學釋義》、《中庸釋義》，合稱《四書釋義》，收入《現代國民基本知識叢書》。
自得時期	《論語新解》	民國 52 年 10 月（西元 1963 年）69 歲	始撰於 1952 年春，隨後陸續修訂，成書於 1963 年 10 月。嗣後至錢穆年 93，目不能視，仍透過夫人誦讀舊注，以資增修。
闡發時期	《孔子與論語》	民國 63 年 9 月（西元 1974 年）80 歲	此係彙輯錢穆歷年研治孔子、《論語》所撰就之單篇論文，而且未收入於上述三部專書者。

資料來源：本文整理

第二節　錢穆對《論語》注解述評

　　錢穆嘗言：「《論語》應該是一部中國人人必讀之書。不僅中國，將來此書，應成為一部世界人類之人人必讀書。」〔註 31〕蓋中國儒家思想，主要是從具體之實人實事中獲得啟發，自先秦歷漢唐而宋代，代代相續，莫不如是，而孔子《論語》乃為此本源之所在。誦讀《論語》既可融通中國文化，對於中國文學訓詁、辭章、義理及人文之美，亦可從中獲得修身處世智慧，踐履於日常生活之中。是以又云：「今之中國人，應負兩大責任，一是自己讀《論語》，二是勸人讀《論語》。」〔註 32〕錢穆熟知中國儒家傳

〔註31〕〈孔子誕辰勸人讀《論語》並及《論語》讀法〉，《錢賓四先生全集》，第 4 冊，頁 49。
〔註32〕《錢賓四先生全集》，第 54 冊，頁 50。

統文化之興衰遞變，又身處近代世局動盪之時，故而倡議讀《論語》、勸人讀《論語》並及讀法，以匡正人心，育成同理互愛情操，淑善人群積極作為，以為撥亂反治之道，為世界人類和平注引一線曙光。

錢穆《論語新解・原序》有云：

> 讀《論語》必兼須讀注，歷代諸儒注釋不絕，最著有三書可讀：
> 一、何晏《集解》，網羅漢儒舊義，又有皇侃《義疏》，廣輯自魏
> 迄梁諸家。兩書配合，可謂《論語》古著之淵藪。二、朱熹《集
> 注》，宋儒理學家言，大體具是。三、劉寶楠《論語正義》，為清
> 代考據家言一結集。〔註33〕

上列三家各有其時代表徵。魏代經學中衰之期，何晏袞輯周之《魯論》，孔、馬之《古論》，以成《集解》，而雜糅莫辨，淡薄本義。迄梁代皇侃《義疏》，刪略名物制度，添以老、莊之旨，發為駢儷文采，與漢儒解經迥異。至宋代為經學變古之期，學者疑經成風，輕薄注疏，每輒改經、刪經、移經嫁接己說以為能事，惟朱熹註解《論語》，不刪重出章句，縱有闡發新意，猶將原文附於注，留待後人參究。清代為經學復盛之期，儒者重考據、訓詁，標治漢學，惟鄙薄朱《注》，標新立異之心昭然，而劉氏《正義》堪為代表。

綜上所述，三家之注，各具時代經學發展特色，對照而並讀，方能知其長短與特性所在，於進階研治之時始能去取有法。〈孔子誕辰勸人讀《論語》並及論語讀法〉有云：

> 普通讀《論語》，都讀朱《注》。若要深讀精讀，讀了朱《注》，最
> 好能讀何晏所集之古注，然後再讀劉寶楠編撰之清儒《注》。不讀
> 何、劉兩家注，不知朱《注》錯誤處，亦將不知朱《注》之精善
> 處。〔註34〕

何晏《集解》已輯入《十三經注疏》，乃宋代前《論語》之善本，學者多從讀此書。迄明、清兩代，仍多重朱子之學。因應科考，讀《論語》者必兼讀朱《注》，以求融通。殆《論語》其內蘊之誠、正、修、齊、治、平，內聖外王之道皆粲然備焉。然清代考據、訓詁興盛，多挑揀前儒釋說疑義處

〔註33〕錢穆：《論語新解・原序》（臺北：東大圖書出版，2015年），頁1。
〔註34〕錢穆：《論語要略》，收入《錢賓四先生全集》，第4冊（臺北：聯經事業出版社，1998年），頁51。

與斷章之語，據以糾彈。再則時代推移，價值遞變在所難免，朱熹《集注》詮釋《論語》之代表性、時代性或因而衍生疑義與適切之議。惟若如清儒所言，《集注》已流傳八百年果無善乎？或有善而不足取乎？又清儒之《注》真優於朱《注》乎？抑或昧於門戶之私而產生偏見哉？錢氏《論語新解·原序》又云：

> 清儒持漢宋門戶之見過嚴，有朱《注》是而清儒刻意立異，轉復失之者。其所駁正，亦復眾說多歧，未歸一是。又考據家言，辭煩不殺，讀者視為畏途。故今社會流行，仍以朱《注》為主。〔註35〕

民初程樹德《論語集釋》，博搜廣引，凡十類四百八十餘種，然繁而未擇，異說雜陳，讀者閱之，有茫然不知入出之感，殆屬其瑕。錢穆認為，《論語》雖為一部中國人必讀之書，歷代不乏注《論語》者，然就當代而言，仍缺一部人人可讀而符合時代語意，且簡明直述《論語》本義之注。錢氏自述：自十七八歲時，偶得清儒毛西河《四書改錯》，讀之驚喜，不忍釋手。毛氏批駁朱《注》，極盡能事，果依其論則朱《注》幾無是處。之後讀書漸多，始知漢、宋之別，清儒所言未必是，朱《注》義理未必非。再讀之，驚見西河之書遜於朱《注》之廣博精微。其憶及年少初讀毛書心境，恍然戚戚，而幸於日後得以辨察。

　　一九五二年春末，錢穆來臺灣講授《論語》，同校沈君旁聽並筆記講授內容，積數月手稿，再與美國新版某氏《論語》譯本對照，發現兩者之間異處甚夥，錢氏因此萌生撰作《新解》之動機與決心。錢氏對朱熹為人治學，不憚繁瑣，鑽研窮究，嗣後即以探究朱子學多年心得纂編《朱子新學案》，就朱子學之意義與價值多所發微，並對明、清學者撰作之《宋元學案》〈晦翁學案〉有所補正。〔註36〕另則對於《集注》之成書歷程、徵引、考

〔註35〕錢穆：《論語新解·原序》（臺北：東大圖書出版，2015年），頁1。
〔註36〕本處係指明·黃宗羲撰，清·全祖望補，馮雲濠、何紹基校：〈晦翁學案〉，《宋元學案》（臺北：世界書局，2016年），頁841～905。錢穆認為該書對朱子評書不夠周詳，有失公允。遂撰作《朱子新學案》以明之。《朱子新學案》乃錢穆晚年最大鉅著，凡百萬餘言。其於此部書中則要打通理學內外各種門戶私見，吾人才能看清朱子真面目。故於《自序》云：「學者困于門戶之見，治理學則必言程朱、陸王。」又云：「學者又有經學、理學，乃及漢學、宋學之辨，此等皆不免陷入門戶。朱子學，廣大精深，無所不包，亦無所不透，斷非陷入門戶者所能窺究。本書意在破門戶，讀者幸勿以護門戶視之。」故錢氏著述此書以破除門戶私見，發覺真相為主，而評朱闡

正、義理與用心所在等，皆予深入推考，惟考之愈深，愈能體悟朱熹《集注》之深邃精緻，錢氏〈孔子誕辰勸人讀《論語》並及《論語》讀法〉評述有云：

> 朱子注《論語》有三大長處：
> 一、簡明。古今注說《論語》之書多矣，獨朱《注》最為簡單明白。
> 二、能深入淺出。初學可淺讀，成學可深讀，可使人終身誦讀不厭。
> 三、於義理、考據、辭章三方面皆優。〔註37〕

大體而言，宋儒長於闡發義理，朱《注》兼具義理與考據、訓詁之精擅，可謂字字精到，句句熨貼，文理簡明、辭彙善美，讀來親切自然，義理深沉細微。初學與成學者讀之，皆有不同層次之進益，且涵詠誦讀之間而愈覺有味。是以錢穆認為古今註解《論語》者，以朱《注》最為殊勝。然而讀朱《注》宜須先熟悉儒家經典脈絡與宋代政治、經濟、社會及學術交匯融綜之背景，體會朱熹之忖思，再並比其他《論語》註解，始可通曉《集注》精善與漢、宋之別。此外，錢穆非僅止於撰作《新解》闡發，亦勸人讀《論語》有云：

> 孔子距今已逾二千五百年，今之為學，自不能盡同於孔子之時。然即在今日，仍有時習，仍有朋來，仍有人生不能知之一境。在學者內心，仍有悅、有樂、有慍。即再逾二千五百年，亦復如是。故知孔子所開示者，乃屬一種通義，不受時限，通於古今，而義無不然，故為可貴。讀《論語》者不可不知。〔註38〕

此一說明，即明示時空固然流變而義理無失，再二千五百年，亦復如是。蓋孔子所揭示者，乃屬一種通於古今，而義無不然之理，此即《論語》最為可貴之處。讀《論語》，可增智慧、開思悟、廣見聞、精識慮。讀一章即獲一章之益，通一說即明一說之理。而讀《論語》應懂得「吃緊為人」，並於人倫日用之間實踐之。由從容而進，默而識之，會而通之，最為可貴。

朱者可得而折衷，於此可望漸得定論。詳參《朱子新學案·代序》，《錢賓四先生全集》，第 11 冊，頁 1～3。
〔註37〕〈孔子誕辰勸人讀《論語》並及《論語》之讀法〉，《錢賓四先生全集》，第 4 冊，頁 65。
〔註38〕〈再勸讀《論語》並論讀法〉，《錢賓四先生全集》，第 4 冊，頁 75。

讀之愈久自然有所增益，漸悟《論語》義理而有自得。

　　錢氏自述其於果育學校高三暑期高級班時，尤特難忘紫翔師開課選授朱熹〈大學章句序〉及明代王陽明〈答顧東橋書〉之〈拔本塞源論〉〔註39〕，因而啟發其對於宋、明理學之興趣與思索，並自此由研治文學而轉向理學。錢氏《八十憶雙親‧師友雜憶》有曰：

> 余此後由治文學轉入理學，極少存有文學與理學門戶分別。治王學乃特從〈拔本塞源之論〉得有領悟。又其後乃知陽明〈拔本塞源之論〉，亦從朱子〈大學章句序〉轉來，則已在余之晚境矣。〔註40〕

稽覈此說，錢穆《宋明理學概述‧序》文中記曰：

> 宋、明之語錄，清代之考據，為姚、曾古文者率加鄙薄；余初亦鄙薄之，久乃深好之。所讀書益多，遂知治史學。顧余自念，數十年孤陋窮餓，於古今學術略有所窺，其得力最深者莫如宋、明儒。雖居鄉僻，未嘗敢一日廢學。雖經亂離困阨，未嘗敢一日頹其志。雖獲名利當前，未嘗敢動其心。雖或毀譽橫生，未嘗敢餒其氣。雖學不足以自成立，未嘗或忘先儒之榘矱，時切其嚮慕。雖垂老無以自靖獻，未嘗不於國家民族世道人心，自任以匹夫之有其責。雖數十年光陰浪擲，已如白駒之過隙，而幼年童真，由往來於我心，知天良之未泯。自問薄有一得，莫匪宋、明儒之所

〔註39〕錢穆云：「此論乃陽明述及人類文明病根及理想社會樣態，提振良知、拔乎流俗之作。」文意主述「從根本上拔除對聖人良知仁學之懷疑惑亂，而塞斷導致歧出沉淪之源頭」，參見陽明〈答顧東橋書〉末一節，收入《傳習錄》，第2卷。詳見陳榮捷著：《王陽明傳習錄詳註集評》（臺北：臺灣學生書局，1998年），頁194～198。另錢穆於〈陽明良知學述評〉，再述〈拔本塞源論〉之旨。意謂所謂本源，即指功利觀點言，此觀點又必與個人主義相引並起。陽明認為現今一切現象、病痛，全由此本源引發。必得拔本塞源之後，始可有一嶄新而理想之新社會出現。而此一社會，過去於唐虞三代已曾出現。此乃古之經學家對理想社會之想像，亦為中國儒家傳統遺風之再現。此時人人皆持「以天下萬物為一體」理念，無個人主義與功利思想，天下如一家，人人以完成個人德行為務，各盡其才，各安其業，相生相養，全社會精神通達，無有人己之分、物我之別。由上列引文可知，此乃一種理想社會，與天下為公之大同之世，頗為相類，而西方則名之為「烏托邦」。兩宋儒學之中心議題不離「天地萬物為一體」範疇，然而如何論述萬物一體，則有不同之方法取徑，此處又見其間之殊異。詳參氏著《論語新解‧再版序》，第7冊，頁68～118。

〔註40〕〈果育學校〉，《八十億雙親‧師友雜憶合刊》，頁41。

賜。顧三十以後,雖亦粗有撰述,終於宋、明理學,未敢輕有所
論著。民國三十年春,在成都華西壩,患胃潰瘍甚劇,樓居數月,
足不履平地,時時僵臥樓廊,讀《朱子語類》一百三十卷,未敢
遺忽一字,歷春至夏始竟。自覺於宋、明理學,又薄有長進。是
年夏,避暑灌縣靈巖山,向寺僧借《指月錄》,山居兩月,竟體細
翫,於是遂通禪學;因之於宋、明儒所論,續有窺悟。病中半歲,
盡屏人事,心氣平澹,聰明凝聚,自幸晚年,重獲新知。……自
問對宋、明理學又薄有所獲。〔註41〕

錢氏於民國四十二年(1953)撰成此書,時年五十九。雖時空流轉,兵燹
硝煙,孤陋窮餓,仍不敢或忘學術研究,治經不忘治史,文史對照,方能
無失。治學得力最深者莫如濂溪、橫渠、二程、晦庵、象山、守仁等宋、
明諸儒。歷經幾番沉潛思辨後,伊始回歸效學與仰慕朱子之學,自謂研閱
《語錄》「未敢遺忽一字」,果薄有一得「莫匪宋、明儒之所賜」。由此得見
錢氏對於理學涉獵廣袤,慕道治學受朱熹濡染篤深,愈窮理致知,愈見朱
熹治學博綜而開新,是以對朱熹推崇備至。

　　錢氏嘗言:「任教無錫第四高等小學時,受懷天師影響而治佛學,尤愛
讀《六祖壇經》,余之治佛學自此始。」〔註42〕錢氏此時再入佛、禪,梳理
與辨正理學諸說,據此推敲和掌握宋、明理學家解經說義之分歧及精神所
在,對於日後佛、禪與儒學之義理辨正頗有助益。至《宋明理學概述》脫
稿時,錢氏已年近花甲,積多年學術研究與人生淬鍊後,道出對於理學之
博深與契合生活日用,故有謂「盡屏人事,心氣平澹,聰明凝聚,甚幸晚
年重獲新知。」此慨然之歎,猶如千古幽室,一燈即明。

　　嗣後,錢氏赴美講學,再遷居臺北,仍續作《中國思想史論》、《論語
新解》、《朱子新學案》等書,對宋、明理學諸家再三覼考玩味,復有益加
深沉之體悟與轉進,一則深曉朱子學發展脈絡,二則洞燭王學之病疴所在。
懷於闡發儒學真精神與義理之大是大非,再續纂程朱之後理學諸家思想與
流衍。錢穆《中國學術思想史論叢·序》有曰:

　　余治宋、明理學,首讀《近思錄》及《傳習錄》,於後書尤愛好,

〔註41〕〈宋明理學概述·序〉,《錢賓四先生全集》,第9冊,頁8～9。
〔註42〕〈私立鴻模學校與無錫縣立第四高等小學〉,《八十憶雙親·師友雜憶合
　　　　刊》,頁85。

及讀黃、全兩學案，亦更好黃氏。因此，於理學各家中，乃偏嗜陽明。從民國十九年春，特為商務印書館《萬有文庫》編撰《王守仁》一冊，此為余於理學妄有撰述之第一書。民國四十三年來臺北，流亡喪亂，羣思振奮。總統　蔣公提倡王學，友好勸余重刊舊著，遂稍加潤飾，改名《陽明學述要》，由正中書局印行。前後相距則已二十有餘年矣。然余於此二十餘年中，思想逐有變。民國二十六年在南嶽，多讀宋、明各家專集，於王龍谿、羅念菴兩集深有所感。余於程、朱，亦素不敢存菲薄意。……民國四十年、四十一年，寫《中國思想史》及《宋明理學概述》兩書，於舊部頗有變更。民國四十九年赴美講學耶魯，始創為《論語新解》，前後三年，逐章逐句，不憚反覆，乃知朱子之深允。民國五十三年，始竟體通讀朱子《文集》百四十卷，翌年又再讀《語類》全部。遂於民國六十年，完成《朱子新學案》，前後凡六年。此後又為《朱學衍流考》自黃東發以下，迄於清代之羅羅山，逐家參研，乃於王學更深覷其病痛之所在。本編彙集討論明代學術，乃年若於王學多有指摘。回視最先所為《王守仁》一書，則已相距四十七矣。余不喜門戶之見，尤念於民國五、六年間，余授課余本鄉蕩口鎮之鴻模小學，隨身獨攜陽明《傳習錄》，於考場外客室中研玩不輟，距今則踰六十年矣。雖此六十年來，迭經喪亂，而古人書本，迄未放棄。尤於宋、明理學家言，是非得失，始終未敢掉以輕心。……尤於讀《草木子》一書有深感，因悟宋、明兩代政風不同。宋崇儒道，明尚吏治。……陽明稍不然，乃遊其門者，皆多無意於科舉。故王學末流，惟盛唱人皆可以為聖之高論，而治平大道，多不顧及。道、釋兩家乘機暗滋，而三教同歸之說遂成為時代之潮流。〔註43〕

民國六十六年（1977）九月，錢穆撰作此文，時年八十有三。可謂濡染理學已逾一甲子，遭逢覆屋壓頂之災與新亞書院極度困厄之人生體悟，歷經窮理致知而自得之晚年定論。民國二十六年（1937），錢氏年三十二歲，出遊南嶽山，王船山舊隱處，追思流連不忍捨去。逢有空暇，必赴南嶽圖書

〔註43〕錢穆：《中國學術思想史論叢・序》，第 7 冊（臺北：東大圖書出版，1991年），頁 1～2。

館，借閱宋、明各家文集，閱而記之。早年研讀陽明〈拔本塞源論〉，因而鑽研王守仁「致良知」之說，對照程、朱理學而後知兩者分歧之處。

　　程、朱教人格物窮理，始明天理。守仁認為所謂「良知」，是以自家準則，只要知與行真實合一，即為天理。良知之學發展，仍是不假外求，只在一己心性修為用功，即「人人皆可為堯舜」。遂體悟守仁之論述，僅從人之本心，道良知之學，本著己心，指點人心，與九淵「心學」如出一轍。「心即理」本沿襲象山之說，惟與象山論點有所分殊，「知行合一」自謂乃陽明新創。後世遂有陸、王「心學」與程、朱「理學」之稱屬。嗣後錢氏又續讀韓人王龍溪、羅念菴兩集，要言：「學者以虛為實悟，終日談本體，不說工夫，纔拈工夫，便以為外道。」〔註44〕王學簡易直捷，契投大眾所好，雖愚夫愚婦，而能知能行。龍場驛恍悟，揭示「良知」二字，自謂得於千古聖賢之秘傳，然卻闡剖未精，揉雜諸說，推之高玄，使人難窺堂奧。嚴其「知行合一」之說，黃宗羲案：伊川先生已有知行合一之言矣。〔註45〕而陽明自謂乃其於龍場驛一悟所創，故此說不無疑義。再則攪合佛禪、老莊與宋賢時語，巧妙嫁接，使蜉蝣人心，沾沐法喜。又喻心如明鏡，隨感而相應，此實流入於禪、道之心學。

　　陽明最為晚近學者病疵者，殆為《天泉證道記》所載「無善無惡心之體，有善有惡意之動，知善知惡是良知，為善去惡是格物。」四句教。〔註46〕此教乃以無為體，此無異與釋氏以作用而見性，主有用而無體，尚

〔註44〕明・顧憲成：〈論學書・與李孟白〉，收入清・黃宗羲：《明儒學案》，第58卷，《東林書院學案一》（臺北：里仁書局，1987年），頁1379。

〔註45〕〈伊川學案上〉，《宋元學案》，頁350。

〔註46〕據明・王龍谿《天泉證道記》載，陽明教人論學，以「四句教」為本，先師良知之學，乃三教之靈樞，此乃千聖相傳之秘藏，從此悟入，乃是範圍三教之宗。記曰：「無善無惡心之體，有善有惡意之動，知善知惡是良知，為善去惡是格物。」緒山謂此是師門定本，龍谿則謂夫子立教隨時，謂是權法，謂可執定。緒山言：『若是，是壞師門教法，非善學。』龍谿曰：『學須自證自悟，不從人腳跟轉。若執著師門權法，以定為本，未免滯於言詮，亦非善學。』時陽明將征思田，緒山曰：『吾二人所見不同，盍相與就正。』陽明晚坐天泉橋上，因各請質。陽明曰：『正要二子有此一問。吾教法原有此兩種。四無之說為上根人立教，四有之說，為中根以下人立教。上根之人，悟得無善無惡心體，便從無處立根基，意與知物皆從無生，一了百當，即本體便是工夫，意簡直捷，更無剩欠，頓悟之學也。中根以下之人，未嘗悟得本體，未免在有善有惡上立根基，心與知物皆從有生。須用為善去惡工夫，隨處對治，使之漸漸入悟從有以歸於無，復歸本體。及其成功一

重天命自然。朱熹主張理無作用、性無作用，而後之人文修為則有變化之功。如陽明所云理與性皆有作用，作用即本體，人人皆能全性合理，列位聖賢名錄，若有工夫可用，即入歧異。是以何來有天地萬物之感應而衍生是非？籀繹陽明「四句教」文義，推闡至極似又未能一以貫之，甚而悖離本原，宛如水中月影，徒幻影而不實，此誠可謂是陽明晚年定論矣，亦為王學分歧與式微之肇始。

對於王之學說與得失，錢氏特有啟悟，嘗謂「宋代朱子定《論》、《孟》、《學》、《庸》為四書，朱子又曾有『顏子細，孟子則較粗』之辨。而學者每喜讀《孟子》書，時若有踰於《論語》。即如朱子同時陸象山已然，而明代王陽明益見其為然。陽明求為聖人，即在龍場驛自悟乃曰：『聖人處此，更有何道？』則豈不先世之孔子，亦當後代之陽明。此禪宗一悟成佛，己身成佛，立地成佛之意。此語實易引人入歧途，而其流弊有不可勝言者。」〔註 47〕嗣後撰作《中國學術思想史》、《宋明理學》、《朱子新學案》與《研朱餘瀋》等專書論述之。〔註 48〕又自述此乃其治理學一意歸向程、

也。世間上根人不易得，只得就中根以下人立教，通此一路。汝中所見，我久欲發，恐人信不及，徒增躐等之病，故含蓄到今。此是傳心秘藏，顏子、明道所不敢言者。今既說破，亦是天機該發泄之時，豈容復秘。汝中此意正好保任，不宜輕以示人。德洪卻須進此一格，始為玄通。德洪資性沉毅，汝中資性明朗，故所得亦各因其所近。若能互相取益，使吾教法上下皆通，始為善學耳。』自此海內相傳天泉證悟之論，道脈始歸於一云。」詳參《王龍溪先生全集》，卷 1，〈天泉證道記〉。明・錢德洪編《傳習錄》，卷 3。明・錢德洪、王畿撰：《陽明年譜》。由上述引文不難管窺陽明教席內容之究竟，可謂處處佛語禪機，有容體大，亦有不可輕易示於人之「秘藏」與「玄通」，實是儒學其外，釋老為內。覈之渠等行狀，喜論禪言與三教，有心糅合儒、釋、道「三教於一」，此記之後，王學於焉分歧，最後微沒而轉。倘此〈天泉證道記〉內容確為陽明親說教旨，則陽明學說之歷史評價，應有一番更易。蓋自孟子以降，儒者莫不剛果決烈於辨正儒、釋、道之異同，冀求力挽儒學於溺陷危機之中，而陽明則意在偕行「三教於一」，是以錢穆對陽明思想與學說有所轉折與批駁。

〔註 47〕錢穆：《論語新解・再版序》（臺北：東大圖書出版，2015 年），頁 2。
〔註 48〕錢穆有關宋、元、明、清之理學衍流、內容、影響等之著述，分析與立論頗為詳實。王陽明學說初為賓四所喜好與推崇，自云：「余治宋、明理學，首讀《近思錄》及《傳習錄》，於後書尤愛好，及讀黃全兩學案，亦更好黃氏。因此，於理學各家中，乃偏嗜陽明。」又云：「從民國十九年春至四十三年來臺北，流亡喪亂，羣思振奮。……然余於此二十餘年中，思想逐有變。民國二十六年在南嶽，多讀宋、明各家專集，於王龍谿、羅念菴兩集深有所感。余於程、朱，亦素不敢存菲薄意。及民國三十三年在成都華西

朱之最先開始。〔註49〕錢氏對於宋、明以降之理學與心學微辨剖析、毫釐
千里之比較與大是大非抉擇之心路歷程，正契合朱熹敬敷五教與為學五序
之格物、致知、誠意、正心、修身、齊家而治國、平天下之意旨所在。

　　錢氏對於宋、明以降，理學與心學之辨微剖析、理一分殊之演繹比較
與抉擇正道而闡發儒學之心路歷程，誠乃秉持大破大立、擯棄門戶私見和
求真求實之學術精神，期以延續中華傳統文化之用心所在。明代理學實為
宋代朱、陸心學辨正之餘緒，錢氏此際批駁陽明學說之病，是以益加推崇
朱熹下學而上達之務實治學理念，並以「未嘗或忘先儒之榘矱」，推尊與效
習朱熹為人、治學行止。讀錢氏書其文字字鏗鏘，娓娓道來，摯情有感，
步步遵循孔、朱足跡前行，昭昭然若是。錢氏博通經史，多有創發，弘揚
儒學，用心良多，卷帙精夥，以理學家自持與惕勵，畢生研治宋、明理學
踰一甲子，殆前無古人，後無來者，可謂朱熹之後一人而已。

　　綜上所述，錢穆一生研治《論語》，遍覽相關注疏，提出最著三書，惟
何晏《集解》博雜冗繁，充斥佛、老思想。劉氏《正義》崇漢鄙宋，存心
立異。朱熹《集注》徵引廣博，折衷求是，集儒學、經學與當代學術之大
成，義理、考據、辭章俱優，簡明親切，深淺皆宜。綜觀為《論語》作注
者雖不乏其人，然各有立意，而《論語》本義漸次脫失，由是錢穆推崇
朱《注》，當可理解。又《論語》既是人人必讀之書，惟苦無當代之善《注》
可兼讀，藉以融通義理，於焉萌撰《新解》。從當代政治現勢而言，彼時正
值海峽兩岸對峙，中共推行「文化大革命」運動，高舉「破舊立新」口號，
包括孔子之經學思想，皆列為掃除「一切牛鬼蛇神」之對象，大肆抨擊與
破壞，中華儒家傳統文化再次遭逢浩劫，瀕於存亡絕續之秋。惟懍於「士」

壝，病中通讀《朱子語類》百四十餘卷，又接讀《指月錄》全部，因於朱
學深有體悟。民國四十年、四十一年，寫《中國思想史》及《宋、明理學
概述》兩書，於舊部頗有變更。民國四十九年赴美講學耶魯，始創為《論
語新解》，前後三年，逐章逐句，不憚反覆，乃知朱子之深允。民國五十三
年，始竟體通讀《朱子文集》百四十卷，翌年又再讀《語類》全部。遂於
民國六十年，完成《朱子新學案》，前後凡六年。此後又為《朱學衍流考》
自黃東發以下，迄於清代知羅羅山，逐家參研，乃於王學，更深覷其病痛
之所在。……回視最先所為《王守仁》一書，則已相距四十七年矣。」由
此得以窺見錢穆對理學之深研與創發，積累多年證成及體味而能抒發真摯
感言，文中透析其於王陽明學說之進與出，更道出個人對朱子之學深解與
推崇。參見氏著《昭明文選》，第 7 冊，頁 68～279。
〔註49〕〈西南聯大〉，《八十億雙親‧師友雜憶合刊》，頁 190。

繼承道統之期許，積極維護傳統文化與儒家道統、闡發孔朱之學、勸讀《論語》，既得修身進德之益，亦為薪傳儒學之鴻願。

第三節 《論語新解》撰作要旨與體例

一、《論語新解》撰作要旨

　　《論語》為儒家孔門重要典籍，內容多指涉個人修身，內聖外王之道。然《論語》成書距今已逾兩千年，援經以立己意者眾。朱《注》距今逾八百四十餘載，時空推移價值遞變，撰注者之資料蒐羅、主觀立場、認知評斷與去取之間，可謂各有琢磨。由是後之學者時有擇摘糾彈，無可非是。然辨之趨精，其理益顯，此學術之真精神也。劉氏《正義》距今兩百餘載，雖無門戶之見且尚重考據，惟廣泛徵引而繁詞不殺。清儒程樹德《集釋》亦冗而未精。渠等注作使人如入翰海難窺鵠的。是以兼善考據、辭章、義理，符合時代意義，使人讀之而親切有味者闕如。錢穆《新解·原序》有曰：

> 《論語》雖為一部中國人人必讀之書，注《論語》者雖代不乏人，而就今言之，則缺一部人人可讀之注。此余之《新解》所由作也。〔註50〕

「缺一部人人可讀之注」乃錢氏撰作《新解》初衷，富有時代使命之儒者，自不忍見於儒學逐漸式微，或受攀附曲解，以致脫失本旨而無所作為。從萌發初衷至釐訂撰作腹案，必經歷一番構思與整備，而撰作目的則是至關重要之靈魂所在。考諸一九六三年九月錢穆〈漫談論語新解〉一文，敘明其立意撰作《新解》主要目的有三，其曰：

> 普通讀《論語》，總是讀朱《注》。……我們應該用現代的語言和觀念來為《論語》作新解，好使人讀了親切有味，易於體會，此其一。清代漢學盛興，校勘、訓詁、考據各方面，超越前代甚遠，朱《注》誤處經改正的也不少，我們不應仍墨守朱《注》，此其二。各家改訂朱《注》，亦復異說分歧，我們應該折衷調和以歸一是，此其三。〔註51〕

〔註50〕錢穆：《論語新解·原序》（臺北：東大圖書出版，2015年），頁1。
〔註51〕〈漫談《論語新解》〉，《錢賓四先生全集》，頁95～96。

一個時代有一個時代學術趨向，一個時代有一個時代之核心議題。就語言觀念而言，自不免流轉演化，是以歷代學人多有為《論語》作注者，透過個人學識涵養與生命體驗，融合時代精神，以釋義經文，裨益再現經典時代價值。錢穆認為昔時之注疏固多精善，然當今之人習慣以白話語詞表達溝通，相對於古文辭彙艱澀，閱讀不易而難獲義理。再則枝葉繁瑣而間附己見有之，致本義混沌，不免使人望而止步。因是錢穆忖思而萌生撰作《新解》動機，以「折衷調和」為初心，旨在「歸於一是」，一乃本義也。

　　錢氏對於《論語》部份章句之見解與朱熹偶有稍殊，遇此處輒條陳論述以抒己見，蓋學術領域固以追求真理為勝，然虔敬前賢之倫理亦不可輕，故而謂之「新解」。換言之，非敢謂朱《注》之非，僅提出個人研治後所理解之心得述之。惟錢氏此云之「折衷」與朱子所謂之「折中」，兩者皆無詳細界說。吾人殆可視之為一種形容詞，乃洽當不偏，用心潤澤之意。或副詞，指不偏不倚之謂。再覈《國語辭典修訂本》對「折衷」釋義為：「調和太過與不及，使之得當合理。亦作『折中』。」〔註52〕是故本文對於「折衷」或「折中」兩詞之釋義與論述，皆視為同音與同義之語彙。錢穆〈漫談《論語新解》〉有云：

> 我作《新解》，乃是要沖淡宋代理學氣息來直白作解，好讓不研究宋代理學的人也能直白瞭解《論語》；由此再研究到宋代理學，便可迎刃而解，更易契悟。〔註53〕

作《注》之意，本在使學者藉注以明經。自孔、孟沒，為《論語》作《注》者不乏藉經以攙雜己說，以致歧說日增。北宋周敦頤，倡言「文以載道」〔註54〕，迨南宋而理學昌盛，宋儒泰半對經書，尤對《論語》特能抒發自得，頗有百家喧囂之象，迄朱熹匯集諸說而集大成，儒學繼往開來而薪傳焉。然朱《注》博深善美之餘，不免「增字訓詁」、「據經推說」，論道意味

〔註52〕教育部：《重編國語辭典修訂本》。閱覽日期：2018 年 4 月 10 日，「教育百科」，詞條名稱：折衷。取自網址：https://pedia.cloud.edu.tw，另可詳參註59。

〔註53〕〈漫談《論語新解》〉，《錢賓四先生全集》，頁112。

〔註54〕周濂溪有云：「文以載道也，輪轅飾而人弗庸，徒飾也，況虛車乎？」詳參宋・周敦頤：〈通書・文辭第二十八〉，《周子全集》，卷6（臺北：中華書局出版，1978 年），頁 316～317。

稍重，憑添經義晦澀。學者倘未先知宋學流變脈絡與《論語》大意，遽而探求宋儒理學，恐陷入迷津而難窺堂奧。是以因應時代推移之需，當今之時不能不在朱《注》之外另作《新解》。錢穆自能理解，以掌握時代環境變遷，闡發《論語》古今通義，非是自開新意與掩蓋前儒之功，乃繼承儒學必要因應對策。一則資以消退宋儒理學濃郁氣息而發見《論語》本旨；二則對於《新解》有一定程度之理解後，繼而續讀宋儒理學之書，自然能銜接融貫而容易契悟。一九六三年十月，《新解》於香港印行，錢氏於〈原序〉中對撰作目的與書名有云：

> 為《論語》作新解，是有兩難。異說既多，貴能折衷，一也。……時代變，人之觀念語言亦多隨而變。如何用今代之語言觀念闡釋二千五百年前孔子之遺訓而能得其近是，使古今人相悅而解，二也。……本書取名《新解》，非謂能自創新意，掩蓋前儒。實亦備採眾說，折衷求是，而特以時代之語言觀念加以申述而已。〔註55〕

此說相較於前說異處有二，其一是抹去朱《注》誤處而作《新解》。其二是以時代白話語意申述之。就前者言，係錢穆實際撰述時所遭遇之難處，經再三思索後之抉擇。嘗言「其實我解《論語》之法，乃完全遵依朱子成法。從來注《論語》，善講義理，亦莫過於朱子。」〔註56〕又言「朱《注》於義理、考據、辭章三方面皆優。」〔註57〕再言「雖說不墨守朱注，主要仍以朱《注》為重。」〔註58〕錢氏復於一九八七年，時九十有三，為《新解》再版作〈序〉時記云「余非敢於朱《注》爭異同，乃朱子以下八百年，解說《論語》者屢有其人，故為之求折衷。……於文字上略有修改，義理則一任舊注。」〔註59〕從錢穆自述之言，當可理解其尊崇朱熹《集注》之用心與謀思、求諸會通之功，藉此作泯除門戶私見。

〔註55〕錢穆：《論語新解·原序》（臺北：東大圖書出版，2015年），頁1～2。
〔註56〕《錢賓四先生全集》，第54冊，頁111。
〔註57〕同上註，〈孔子誕辰勸人讀《論語》並及《論語》之讀法〉，頁65。
〔註58〕《錢賓四先生全集》，第54冊，頁100。
〔註59〕錢穆：《論語新解·再版序》，頁2。有云：「余非敢於朱《注》爭異同……故為之求折衷。」經查戴《大林國語辭典》載曰：「『折中』亦作『折衷』，如史記：孔子世家贊）『～於夫子』。」詳見周宗盛主編，李辰冬校訂：《大林國語辭典》（臺北：大林出版社，1980年），頁594。是以本文所援引或論述中之「折衷」與「折中」兩種辭彙，皆視為「字異而義同」之意。

　　然而，如何攟取眾說而折衷之？即使折衷而能歸於一是？再則「抹去朱《注》誤處而作《新解》」之云，係指朱《注》所不及處、或蹞過之失？抑或不符原典本義？此其間似仍有商榷之處。惟對於諸家之說，於融綜、去取與申說之間，皆屬個人治學工夫之展現，除非明顯乖違，脫失孔孟核心義理，否則如何斷其非是？就後者言，錢穆自述曩先《新解》屬稿於一九五二年春，為求通俗專用白話，然撰述未及四分之一，便感辭冗，情味欠洽，難釋深宏義理，亦不得美善之感，遂改用平易淺近之文言，以得精確與玩索。錢穆論及撰作《新解》要旨及其欲臻之理想境界，有云：

> 《論語新解》旨取通俗，求其為一部人人可讀之注，體求簡要，辭取明淨，乃不得不擺脫舊注格套，務以直明《論語》本義為主。〔註60〕

> 因此《論語新解》，逐章、逐句、逐字都要解，任何一字一句都不敢輕易放過。我作《新解》的用意，只在求能幫助讀者獲得些方便去瞭解《論語》本文，並非要自創一說，或自成一家之言。離開了《論語》原文，《新解》便無少許剩餘的獨立價值可言，那便是我的成功，那便是我做《新解》時所要到達的一個理想境界。〔註61〕

由上徵引可明《新解》旨趣，冀望以通俗明淨，人人可讀，文體簡要，用辭不煩，擺脫舊注格套模式，以達臻直明《論語》本義。亦自謂《新解》僅為協助讀者獲得《論語》本義之工具，非要自創一格或成一家言，譬如以手指月，目的在於藉手之指引而得見於月。月既見，而手之功則盡矣。換言之，《新解》在於萃取《論語》原旨本義，本義既得，《新解》便功成身退。錢氏此二文對《新解》開宗明義之說，其用心所在顯矣。誠如漢儒董仲舒所云「夫仁人者，正其誼不謀其利，明其道不計其功」也〔註62〕。

二、《論語新解》撰作體例

　　體例乃著作之編寫格式，文章之組織形式。〔註63〕不同之撰作動機與

〔註60〕錢穆：《論語新解・原序》（臺北：東大圖書出版，2015年），頁2。

〔註61〕〈漫談《論語新解》〉，《錢賓四先生全集》，頁111。

〔註62〕漢・班固撰・顏師古注・王先謙補注：《漢書・董仲舒傳》（影印光緒庚子春，日長沙王氏校刊本，臺北：藝文印書館，1996年），頁1172。

〔註63〕參見漢語大詞典編纂處編：《漢語大詞典》（上海：上海辭書出版，2012

目的，必然有不同體例以為因應。前文已述《新解》之要旨，明乎此方能進而思考與構思撰作《新解》之體例。錢穆〈漫談《論語》新解〉有曰：

> 我寫《新解》，雖說是義理、考據、辭章三方兼顧，主要自以解釋義理為重。雖然不墨守朱《注》，主要還是以朱《注》為重。因朱子注《論語》後……有些見解不斷有改變。……我為《論語》作《新解》，只重在解釋《論語》原文之本義；其引申義，發揮義，相通義，乃及其他問題，並非不重要，但不能攬入我《新解》中。〔註64〕

錢穆自知朱《注》之長與可議之處，惟揾掇於《新解》精神，是以有所去取，以直明《論語》本義為貴。朱熹窮畢生之力，博覽群書，擷采精華，以成《集注》，惟為融綜理學、儒學與佛、道等各家之說，輒有引申義、發揮義與相通義以融通其間，較之《論語》本旨所及，更為深廣溢說。錢穆見於此處則言「此是自說的，與《論語》無關」。此見兩《注》言義理之殊異，由是錢氏《新解》乃熨貼《論語》本義，主要緊扣具體之人和事上，具體而充分地探究寓於其間之義理所在。又於《論語新解·原序》對體例有所闡明，其曰：

> 今既集眾說，凡所采摭，理當記其姓名，詳其出處，一則語見本原，一則不掠美。我刻意想寫一通俗本，用最淺近的白話來寫，好使初中以上學生人人能讀。為求簡要，把漢學家繁稱博引的舊格套擺脫，雖亦博綜諸家，兼采羣說，但只把結論寫出，沒有枝葉煩瑣。……先原文，次逐字逐句之解釋，又次綜述一章大旨，最後為《論語》之白話試譯。〔註65〕

錢穆將《新解》之文裁和體例有了更清楚說明，平易之文言，當指一般人教育程度者讀之，無須示之訓詁即可通解文義。同時撰作者，亦可直敘表達，以精簡文章篇幅。相對於其他古《注》之繁稱博引，廣蒐未擇，錢氏實發揮博綜會通之治學工夫，此益彰顯《新解》之價值所在。《新解》共計註解《論語》二十篇，區隔為上下兩篇。上篇收錄〈學而篇第一〉至〈鄉黨篇第十〉，下篇收錄〈先進篇第十一〉至〈堯曰篇第二十〉，末附〈孔子

年），卷12，頁17215。

〔註64〕〈漫談《論語新解》〉，《錢賓四先生全集》，頁100。

〔註65〕錢穆：《論語新解·學而篇》（臺北：東大圖書出版，2015年），頁2。

年表〉。

　　茲以〈學而篇第一〉第四章為例，以說明《新解》體例。首先其在標題〈學而篇第一〉之後，為獨立一行，標注「（四）」樣式，明示以下之言乃屬〈學而篇〉第四章。隔行列出原文：「曾子曰：『吾日三省吾身。為人謀，而不忠乎？與朋友交，而不信乎？傳，不習乎？』」〔註66〕原文隔行標注「【注釋】」，用以訓詁、考據，闡釋經文關鍵字之本義。

　　　　曾子　名參，亦孔子晚年弟子。

　　　　三省吾身　省，察義。一，三次省察。依前解，當作日省吾身者三，如三思三復。為所省則為下列三事。

　　　　不忠　盡己之謂忠。己之心盡不盡，亦惟反己省察始知。

　　　　不信　以實之謂信。居心行事，誠偽虛實，亦惟反己省察始知。

　　　　傳不習　傳字亦有兩解。一、師傳之於己。二、己傳之於人。依上文為人謀與朋友交推之，當謂己之傳於人。素不講習而傳之，此亦不忠不信，然亦惟反己省察始知。人道本於人心，人心之盡與實否，有他人所不能知，亦非他人所能強使之者，故必貴於有反己省察之功。

【注釋】後，隔行標注【研析】。此為錢氏對本章之訓詁與釋義後所作研判分析與提點。

　　　　此章當屬曾子晚年之言。孟子稱曾子為守約，觀此章，信矣。蓋曾子所及反己自盡者，皆依於仁之事，亦即忠恕之極也。

　　　　《論語》以有子之言一章次〈學而章〉之後，不即次以曾子之言者，嫌為以曾子處有子後。另入〈巧言章〉，而以曾子次言之，是有、曾子之言，皆次孔子言之後，於二子見平等義。

【研析】後，隔行標注【白話試譯】。此係撰者以簡明白話文體對本章之釋文。

　　　　曾子說：「我每天常三次反省我自己。我替人謀事，沒有盡我的心嗎？我和朋友相交，有不信實的嗎？我所傳授於人的，有不是我自己所日常講習的嗎？」

　　綜上所述，此一體例，可謂簡潔淺近，然從此等字句撰述背後推敲，

〔註66〕錢穆：《論語新解·原序》（臺北：東大圖書出版，2015年），頁8～9。

其會通博綜而能深入淺出書明者，非兼有研治經典有得，並熟諳現代語意章法者，安得其功。錢氏自《新解》初稿完竣，復絡續修訂，於民國五十二年（1963）於香江印行，民國七十六年（1987）再版發行，體例仍循照初版格套而未有更易。殆先原文，次逐字逐句釋文，又次綜述一章大旨，末為《論語》作全章試譯，全書篇幅凡三十萬字。《新解》成書之年，以此注書之體例尚未見於其他注疏，錢氏能前瞻慧識而謀思建構，展現個人忖思前瞻。又兼具訓詁、考據與辭章，折衷而闡釋《論語》本義，再以現代語彙和觀點，使古今之人通義相悅。此對當代儒學之復振與學術開創新猷，有承先啟後之功。

第四節　《論語新解》注釋取向與特色

自漢代始有儒者為《論語》注，逮清代，古今文之爭、漢宋之分與門戶之見，仍浮於世。或融滲他說，斷章取義，以立己說者，凡此諸端，致使《論語》本義闇昧，朱《注》不免疵失。錢穆認為朱《注》對於《論語》所涉及之時人時事，雖馨盡訓詁、辭章與考據，然其闡發義理偶有推之稍高。清儒說《論語》，多輒側重考據而闕失本義，流於考據爭鋒。清儒程樹德《集釋》，徵引廣博，諸說紛陳，惟未見言賅歸要，轉而為失。

錢穆撰作《新解》，旨在於備採眾說，折衷求是，體求簡要，直明《論語》本義。為《論語》作注，錢穆多參采權威古注，藉由分析、博綜而會通之，倡議「研究前人，才能超越前人」〔註67〕。註解《論語》之難在於義蘊之拿捏與限斷之標定。茲撮舉三例說明，以彰顯《新解》注釋之取向與特色。

例一：《論語・陽貨篇第十七》

子曰：「性相近，習相遠也。」

何晏《集解》：

君子慎所習也。〔註68〕

何晏《集解》注解此章只陳一說，單作一解，堪稱簡易。惟只道其必然，

〔註67〕高振鐸：〈古籍新注〉，《古籍知識手冊》（臺北：萬卷樓出版，1997年），頁329。

〔註68〕梁・皇侃疏：《論語集解義疏》（臺北：廣文書局出版，1991年），頁601。

而未道所以然。可謂精簡有餘，而闡述義理似有未盡。

皇侃《義疏》：

> 性者，人所稟以生也。習者，謂生後有百儀常所行習之事也。人俱稟天地之氣以生，雖復厚薄有殊，而同是稟氣。故曰相近也。及至識若值善友，則相効為善。若逢惡友，則相効為惡。惡善既殊，故云相遠也。習洙泗之教為君子；習申、商之術為小人，斯相遠也。然性情之義說者不同，且依一家舊釋云：「性者，生也。情者，成也。」性是生而有之，故曰：「生也。」情是起欲動彰事，故曰：「成也。」然性既是全生而有，未涉乎用，唯不可名為惡，亦不可目為善。故性無善惡也。所以知然者，夫善惡之名恆就事而顯。故老子曰：「天下以知美之為美，斯惡已。以知善之為善，斯不善已。」此皆據事而談。情有邪正者，情既是事，若逐欲流，遷其事，則邪。若欲當於理其事，則正。故情不得不有邪有正。故《易》曰：「利貞者，性情也。」王弼曰：「不性其情，焉能久行其。」……是無善無惡則同也，有濃有薄則異也。雖異而未相遠，故曰：「近也。」〔註69〕。

《義疏》闡釋本章，反覆申論，推理過繁，失之直明簡要。又援引參雜申不害、商鞅重法之說、道家老子之言、《易經》爻辭，與王弼玄學。而孔子之時何嘗言及五行、陰陽、玄學之說，明顯偏脫《論語》本義。是以探究《論語》原旨本義時尤須明瞭經學流變歷史，始能正本清源。

朱《注》：

> 此所謂性，兼氣質而言者也。氣質之性，固有美惡之不同矣；然以其初而言，則皆不甚相遠也。但習於善則善，習於惡則惡，於是始相遠耳。〔註70〕

孔子之時，尚無「氣質之性」與「義理之性」之語辭和分辨。朱熹有云「性，兼氣質言。」此語與《論語》無涉，蓋《論語》未有氣質之說也。或縱為周全篇章而語出，卻已偏離《論語》原旨本義。換言之，朱熹道出引申義卻淡失本義，此歸因於未設限斷所使然，又「增字詁經」，是為踰說轉失。

〔註69〕梁・皇侃疏：《論語集解義疏》（臺北：廣文書局出版，1991 年），頁 601～603。

〔註70〕宋・朱熹：《論語集注・陽貨第十七》（北京：中華書局，2012 年），頁 176～177。

朱熹雖力求闡發本義，惟仍有理學家論道之餘韻。

　　劉寶楠《正義》：

　　　　正義曰：戴氏震《孟子字義疏證》。性者，分於陰陽五行，以為血
　　　　氣心知，品物區以別焉。舉凡既生以後，所生之事，所具之能，
　　　　所全之德，咸以是為其本。故《易》曰：「成之者性也。氣化生人
　　　　生物以後，各以類滋生久矣。然類之區別，千古如是也，循其故
　　　　而已矣。在氣化曰陰陽，曰五行，而陰陽五行之成化也。雜糅萬
　　　　變，是以及其流形，不特品物不同。雖一類之中，又復不同，凡
　　　　分形氣於父母，即為分於陰陽五行。人物以類滋生，接氣化之自
　　　　然。」《中庸》曰：「天命之謂性。」以生而限於天，故曰天命。《大
　　　　戴禮記》曰：「分於道之謂命，形於一之謂性。」分於道者，分於
　　　　陰陽五行也。言乎分，別其限之於始，有偏全厚薄清濁昏明之不
　　　　齊，各隨所分而形於一，各成其性也。然性雖不同，大致以類為
　　　　之區別。故《論語》曰：「性相近也。」此就人與人近言之也。孟
　　　　子曰：「凡同類者，舉相似也，何獨至於人而疑之，聖人與我同類
　　　　者，言同類之相似，則異類之不相似明矣。」故語告子生之謂性
　　　　曰：「然則犬之性，猶牛之性。牛之性，猶人之性與？明乎其不可
　　　　混同而言之也。」又曰：「問孟子之時，因告子諸人紛紛各立異說，
　　　　故直以性善斷之。」孔子但言善相近，意在於警人慎習，非因論
　　　　性而發。故不必直斷以善與。曰然。古今常語，凡指斥下愚者，
　　　　矢口言之，每曰此無人性，稍舉其善端，則曰此猶有人性，以人
　　　　性為善稱。無人性，即所謂人見其禽獸也。有人性，即相近也，
　　　　善也。《論語》言性相近，正見人無有不善。若不善，與善相反，
　　　　其遠已懸絕，何近之有？分別性與習，然後有不善，而不可以不
　　　　善歸性。凡得養失養，及陷溺梏亡咸屬於習也。李氏光地《論語
　　　　箚記》，案：夫子此言，惟孟子能暢其說。其曰性善，即相近之說
　　　　也。其曰或相倍蓰而無算，其所以陷溺其心者然也，則習相遠之
　　　　說也。先儒謂孔子所言者，氣質之性，非本性之本。孟子所言，
　　　　乃極本窮源之性。愚謂惟其相近，是以謂之善。惟其善，是以相
　　　　近，似未可言孔孟之指殊也。蓋孔孟所言者，皆人性耳。若以天
　　　　地之理言，則乾道變化。各正性命，禽獸草木，無非是者。然禽

獸之性，則不可言與人相近。相近者，必其善者也。故《孝經》
曰：「天地之性人為貴。」是孔子之說，無異於孟子也。禽獸之性，
不可以言善。所謂善者，以其同類而相近也。故曰：「人皆可以為
堯舜。」是孟子之說。又無異於孔子也。焦氏循〈性善解〉，性無
他，食色而已。飲食男女，人與物同之。當其先民知有母不知有
父，則男女無別也。茹毛飲血，不之火化，則飲食無節也。有聖
人出，示之以嫁娶之禮，而民知有人倫矣。示之以耕耨，而民知
自食其力矣。以此示禽獸，禽獸不知，人知之，則人之性善矣。
以飲食男女言性，而人性善，不待煩言自解也。禽獸之性不能善，
亦不能惡。人之性可引為善，亦可引為惡。惟其可引，故性善也。
牛之性，可以敵虎，而不可使之咥人。所知所能，不可移也。惟
人能移，則可以為善矣。是故惟習相遠，乃可知其性相近。若禽
獸，則習不能相遠也。案諸說皆精審，足以發明孔孟言性之旨。
其他家言性，若荀子性惡，是就當時之人性皆不善，此有激之論，
不為典要。至世碩言性有善有惡，與公都子所言性有善有不善同。
又告子言性無善無不善，或說性可以為善，可以為不善，反漢後
儒者之說，皆多影響，故俱略之。《漢書·宣元六王傳》詔曰：「夫
人之性，皆有五常，及其少長，耳目牽於耆欲，故五常消而邪心
作，情亂其性，利勝其義。」由是言之，性不外乎耆欲，習即生
於耆欲。善者能制其耆欲，而習而為善。不善者不能制其耆欲，
而習而為不善。善惡殊途，所以云相遠也。」
○注：君子慎所習。○正義曰：《後漢書·班彪傳》「時東宮初建，
諸王國並開而官屬未備，師保多缺。彪上言曰：『孔子稱性相近，
習相遠。賈誼以為習與善人居，不能無善，猶習與惡人居，不能
無惡。是以聖人慎所與居，而戒慎所習。』」即此注之義。《漢書·
刑法志》「風俗移人，人性相近，而習相遠。」信矣，亦謂人習於
俗也。〔註71〕

援引雖繁，旨在窺探《正義》如何注說此章文義。劉氏為闡釋經文，藉訓
詁而說義理，博引諸家，以證己說，或《易》陰陽五行、或《中庸》、或《大

〔註71〕清·劉寶楠、劉恭冕撰：《論語正義·陽貨第十七》（臺北：世界書局出版，
　　　2016 年），頁 367～368。

戴禮記》、或《孝經》、或《漢書》，或孟子「性善」與「荀子」性惡之說、或告子「無善無惡說」，或班彪「鄰居說」，或焦氏、或戴震、李光地等人云云，渠等說法為《論語》之本義乎？孔子之時，僅言人之性，而未曾言涉人之性屬善或惡。性之善惡，乃嗣後孟子、荀子察於人情而思之有得所創發，以攀附於《論語》本義，雖無可咎於未能扣緊具體之人與事，然其闡發寓含之義理，實有功於孔學。是故註經須如臨淵履冰之心，細考分辨，字句秤重，焉可龕漏偏狹與摻雜附說。

《新解》：

【研析】

> 子貢曰：「夫子之言性與天道，不可得而聞。」《論語》惟本章言及性字，而僅言其相近。性善之說始發於孟子。蓋孔子就人與人言之，孟子就人與禽獸言之。孔子沒而道家興，專倡自然，以儒家所言人道為違而喪真，故孟子發性善之論以抗之。然亦未盡孔子之意，故荀子又發性惡之論以抗孟子。本章孔子責習不責性，以勉人為學。

【白話試譯】

> 先生說：「人的天性是相近的，由於習慣而相遠。」〔註72〕

錢穆於研析中闡明，孔子未曾言及性與天道。本章僅言及性之相近，乃習慣之不同，積久即有差別。至於孟子性善、荀子性惡之說，皆為後人所論，與孔子無關。於此處錢氏對於孔子未言善惡與天道自然，又明孟子、荀子主張人性善惡之所由，乃其探求本義而訓考所然。此即與朱熹、劉氏註說本章分殊之處，亦為其用心之所在。

　　上述研析之語，意在告知研讀《論語》者，宜須先了解此等客觀事實，避免張冠李戴，本末倒置。顯然錢穆解釋此章義理時，已進行若干考據和辭章工夫，故提示其間之差異和關聯，白話試譯亦屬直明簡要。惟錢氏釋解《論語》原文之「習」為「習慣」，此解與《論語》所展現孔子重在「學」之意旨，似有稍殊，又與程子、朱熹等註解，皆不相若。固然習慣係經由學習而來，積累多次學習遂成習慣，顯然學習與習慣仍有層次差別。孔子之學精神在於「學」與「教」，學而不厭方能有得，繼而誨人不倦。按文探索其

〔註72〕錢穆：《論語新解·陽貨篇第十七》（臺北：東大圖書出版，2015 年），頁478～479。

義，似以「學習」較為契符原旨。是以本文認為錢氏本章試譯，比之朱、劉更為貼近孔學與《論語》本章意旨，然於「學」之說義，似稍未洽浹。

例二：《論語・學而篇第一》

有子曰：「君子務本，本立而道生。孝弟也者，其為仁之本與？」

何晏《集解》：

本　基也。基立而後可大成。先能事父兄，然後仁道可成也。

〔註73〕

皇侃《義疏》釋為：務，趣也，猶求也。道者，人所由行之路，事物之理，皆人所由行。務本二句為古成語，而由有子引之。《說苑》及《後漢・延篤傳》皆作孔子語者，七十子所述，皆祖聖論。又當時引述各經，未檢原文，而致錯誤。《中庸》作五達道，君臣父子夫婦昆弟朋友，而父子昆弟，尤為根本所在。若人能孝弟，則他項人倫必能處之得宜。孝悌乃為人處世之本。善事父母為孝。善事兄為悌。言孝悌之心，必以無違為心，以恭從為性。以孝悌解本，以仁釋道也。孝是仁之本，若以孝為本，則仁乃生也。仁是五德之初始，舉仁則餘從。故《孝經》言「夫孝，德之本也，教之所由生也。」王弼曰：「自然親愛為孝，推愛及物為仁也。」何晏、皇侃於本章皆述及「孝悌」與「仁」之主從關係，皇侃則註解「孝弟」之義。

然而，「仁」為《論語》之核心思想，此解僅述及仁與孝弟之主從關係，而其具體之意涵為何？顯然闡釋「仁」字，眾說紛紜且事涉深廣，殊為不易，略而不表亦為其中一法。惟闡釋《論語》經文，說之泛高而未能緊扣具體人事和人倫日用之間，便難以在本義範疇融通其說，以體現蘊寓其間之微言大義。

朱《注》：

與，平聲。務，專力也。本，猶根也。

仁者，愛之理，心之德。為仁，猶曰行仁。與者，疑辭，謙退不敢質言也。

言所謂孝弟，乃是為仁之本，學者務此，則仁道自此而生。〔註74〕

〔註73〕　〈學而第一〉，《論語集解義疏》，頁4。
〔註74〕　《論語集注・學而第一》，《四書章句集注》，頁48。

後接援引程子之說：

> ○程子曰：「……孝弟行於家，而後仁愛及於物，所謂親親而仁民
> 也。故為仁以孝弟為本。論性，則以仁為孝弟為本。」或問：「孝
> 弟為仁之本，此由孝弟可以至仁否？」曰：「非也。謂行仁自孝弟
> 始，孝弟是仁之一事。謂之行仁之本則可，謂是仁之本則不可。
> 蓋仁是性也，孝弟是用也，性中只有箇仁、義、禮、智四者而已，
> 曷嘗有孝弟來？然仁主於愛，愛莫大於愛親，故曰孝弟也者，其
> 為仁之本與！」〔註75〕

朱熹於此說「仁」為「愛之理，心之德。」檢覈《論語》則未有此說，將
義理當作釋文解說，猶轉簡為繁，徒增義理隱晦，似不符善注《論語》要
旨。於朱《注》中，多有引自程子語，蓋朱熹尊崇程子，盱衡諸說之善者
而揀擇。然圈下引程子之言，非無商榷之處。如程子云：「論性，則以仁為
孝弟為本。」一句，《論語》並未言及性善性惡之說。又云：「性中只有箇
仁、義、理、智四者而已，曷嘗有孝弟來？」仁、義、理、智，語出《孟
子》，人有此四心，非謂人僅此四端而已。足見程子之說與《論語》本義
仍有歧異處。朱《注》此章解說似與答弟子陳淳所云「見得聖人言行，極
天理之實而無一毫之妄。學者之用工，尤當極其實而不容有一毫之妄。」
〔註76〕之研治工夫，似有不同。

《論語》說「仁」之處甚多，並無統一界說，惟在具體之人與事上釋
義。然就探討學術而言，應予指出具體範疇，避免學者混淆難曉。朱熹教
席日久，對此應有深切體會，故而朱熹界說「仁者，心之德，愛之理」。然
此說即已跨越前賢「注不破經」、「釋不成文」與「增字詁說」常規，加上
跨涉形而上之哲學層次，易使學者陷入霧海之中，朱熹嘗曰「《論語》為《大
學》中肉菜」、「讀《論語》立其根本」，對照《語類》所載顯有差異，脫失
「聖人尚重下學工夫」、「《論語》緊扣喫緊為人與日用之間，致知篤行」之
要。其後朱熹屢遭糾彈，此即一例。再則理學家本著重於義理闡發，朱熹
意在建構「儒學道統」與《四書》一貫」之鏈結體系，從此視角而言，其
脈絡仍是串貫，且覈其所論尚屬孔孟核心價值，此僅朱熹延襲二程之說，

〔註75〕《論語集注·學而第一》，《四書章句集注》，頁48。
〔註76〕宋·朱熹撰，黃士毅、徐時儀、楊艷彙校：《朱子語類·論語一》，卷19，
　　　　第1冊（上海：上海古籍出版社，2016年），頁462。

將仁推之高遠，裨益融通《四書》使然。如是剖析、體會、玩味，則不難理解朱熹於此章釋說之用心所在。

《新解》：

【注釋】

務本　務，專力也。本，猶根也。亦始義。

本立而道生　孔子之學所重最在道。所謂道，即人道，其本則在心。人道必本於仁心，如有孝弟之心，可有孝弟之道。有仁心，始可有仁道。本立而道生，雖自然當有之事，亦貴於人之能誘發而促進之，又貴於人之能養護而成全之。凡此皆賴於學，非謂有此心即可備此道。

為仁之本　仁者，人群相處之大道。孝弟乃仁之本，人能有孝弟之心，自能有仁心仁道，猶木之生於根。孝弟指心，亦指道。行道而有得於心則謂之德。仁亦然，有指心言，有指道言，有指德言。內修於己為德，外措施之於人群為道。或本無為字。或說以為仁連讀，訓為行仁，今不從。

【研析】

《論語》有子、曾子二人不稱名，或疑《論語》多出此二人之弟子所記，或是也。孟子謂「子夏、子張、子游，以有若似聖人，欲以所事於孔子事之，曾子不可而止」。則有子故曾為孔門弟子所推服。《論語》首篇次章，即述有子之言，似非無故而然。

孔子教人學為人，即學為仁。《論語》常言仁，欲識仁字意義，當常讀《論語》全書而細參之。今試粗舉其要。仁即人群相處之大道，故孟子曰：「仁也者，人也。合而言之，道也。」然人道必本於人心，故孟子又曰：「仁，人心也。」本於此心而有此道。此心修養成德，所指極深極廣。尤其最先之心言，則是人與人間之一種溫情與善意。發於仁心，乃有仁道。而此心實為人心所固有。其先發而可見者為孝弟，故培養仁心當自孝弟始。孝弟之道，則貴能推廣而成為通行於人群之大道。有子此章，所指淺近，而實為孔門教學之要義。

【白話試譯】

君子專力在事情的根本處，根本建立起，道就由此而生了。孝弟該是行仁道的根本吧？[註77]

《新解》此章增「亦始義」三字，不論性只說心，蓋孟子云：「仁，人心也。」[註78] 以免重蹈朱《注》援引程說之訛。解釋「道」為人道，其本則在心。闡釋「仁」，為人群相處之大道。此「道」與「仁」兩字，時空不同，各有釋義，由古至今各有說項，一言難以蔽之。故錢穆提點讀者：《論語》常言仁，欲識仁字意義，當常讀《論語》全文而會通之。換言之，《論語》之所以博大精深而歷久彌新，關鍵在於其貼近人之日用躬行，藉不同之人、時、空所形成之對話，以顯寓於人事間之微言大義。故而其闡釋「道」與「仁」意涵，乃從社群觀點而言，既人情浹洽而親切自然，實屬理之所在而能被理解之闡釋。再則原文中「其為仁之本與」之「為」字，撰作者依其考據，推斷「為」字在此應屬虛字，猶「乃」是也。顯見撰者自是經過一番辭章、句讀之考據，始能作如是說。

例三：《論語・雍也篇第六》

子曰：「賢哉，回也！一簞食，一瓢飲，在陋巷。人不堪其憂，回不改其樂。賢哉，回也！」

何晏《集解》：

孔安國曰：「顏淵樂道，雖簞食，在陋巷，不改其樂也。」

皇侃闡釋為，「子曰『至回也。』」美顏淵之賢行。故先言賢哉，回也。簞，竹笥之屬也，貯飯。瓢，瓠片也，匏持盛飲也。言顏淵食不重餚及無雕鏤之器，唯有一簞食、一瓢飲而已，也不願爽塏而居處之，在窮陋之巷中也。凡人以此為憂而不能處，顏淵以此為樂，久而不變。[註79]

本《注》引孔安國之說，言「顏淵樂道」，而未涉何為「道」，甚為簡要直白。皇侃雖身處佛道玄風昌盛之南朝，後人評說其《義疏》多沾玄攙佛，然本章注文尚無上列情狀，其釋文平正簡要，並無參雜脫義之說。

朱《注》：

〔註77〕《論語新解・學而篇第一》，《四書章句集注》，頁6～8。

〔註78〕《孟子集注・告子章句上》，《四書章句集注》，頁340。

〔註79〕《論語集解義疏》，頁191。

食，音嗣。樂，因洛。○簞，竹器。食，飯也。瓢，瓠也。

顏子之貧如此，而處之泰然，不以害其樂，故夫子再言「賢哉回也」以深歎美之。○程子曰：「顏子之樂，非樂簞瓢陋巷也，不以貧窶累其心而改其所樂也，故夫子稱其賢。」又曰：「簞瓢陋巷非可樂，蓋自有其樂爾。其字當玩味，自有深意。」又曰：「昔受學於周茂叔，每令尋仲尼、顏子樂處，所樂何事？」愚按：程子之言，引而不發，蓋欲學者深思而自得之。今亦不敢妄為之說。學者但當從事於博文約禮之誨，以至於欲罷不能而竭其才，則庶乎有以得之矣。〔註80〕

朱《注》解說此章，辭章順識，精簡直白，且無偏頗。然而在圈下引程子曰「顏子之樂」云云，有脫出《論語》原旨，超離具體人事和生活日用之間。譬「簞瓢陋巷非可樂，蓋自有其樂爾。其字當玩味，自有深意」，又云「昔受學於周茂叔，每令尋仲尼、顏子樂處，所樂何事？」有指聖人氣象之意，惟僅是引而未發，頗有理學家擅專說道意味。如置身聖山道場，仙風道骨冀悟而化仙成佛，然孔子之學如是乎？朱熹當知程子之說未合《論語》意旨，而又棄之不可，故引至圈下而案曰：「程子之言，引而不發，蓋欲學者深思而自得之，今亦不敢妄為之說。」意指其中自有道理，學者當深思而自得，且不敢妄言之。又恐學者誤入歧途，由是再三叮嚀當博文約禮，以竭其才以臻欲罷不能之時，始能有以得之。試問，如引文所述境界而能一蹴而幾者，幾人能夠？以朱熹之聰慧資敏又博覽群籍，且有如此之慮，況他人乎？與其說此處有發人之思，毋寧朱熹推尊二程，對前賢無所微辭之故。此乃囿偏於道統思維，復梏桎於二程學說，遂成躊躇之失。

劉寶楠《正義》：

《說文》云：陋，阨陝也。陝與狹同。顏子家貧，所居陋狹，故稱陋巷。古人稱巷有二義，里中道謂之巷，人所居亦謂之巷，故《廣雅》兼列二訓。釋本章義為，貧者，人之所憂，而顏淵志道，自有所樂，故深賢之。〔註81〕

本注之訓詁、考據甚廣，從器具而至陋巷之議。對於古注諸說皆逐一解說，

〔註80〕《論語集注·學而第一》，《四書章句集注》，頁87。
〔註81〕清·劉寶楠、劉恭冕撰：《論語正義·陽貨第十七》（臺北：世界書局出版，2016年），頁121。

《正義》此處與鄭玄、皇本之說相類。章後列舉夫子疏水曲肱，樂在其中情狀。蓋孔、顏皆有相似情境之體會，故而能感同身受。君子志於道，如何體悟聖人之道方為首要，日用器具與飲食何須講究，能知道而求道，始能樂道。樂於道，方為內心悅樂之源泉也。就《正義》考究言「顏淵志道」，惟不究詰何為「道」？顯見劉氏於此處自知難解，僅謂「志道」而止。

《新解》：

【注釋】

一簞食，一瓢飲。簞，竹器。瓢，以瓠為之，以盛水。

在陋巷　里中道曰巷，人所居亦謂之巷。陋巷，猶陋室。

【研析】

本章孔子再言賢哉回也，以深美其雖簞食瓢飲，居陋室而能不改其樂。孔子亦自言：「飯疏食，飲水，曲肱而枕之，樂亦在其中。」宋儒有尋孔顏樂處，所樂何事之教，其意深長。學者其善體之。

【白話試譯】

先生說：「怎樣的賢哪！回呀！一竹器的飯，一瓢的水，在窮陋小室中，別人不堪其憂，回呀！仍能不改其樂。怎樣的賢哪！回呀！」

本章錢氏在注釋方面援采《正義》及《義疏》所考，於研析中將朱《注》釋文及援引程子語，宋儒多有尋孔顏樂處，所樂何事之教，裨益讀者得以分辨如何把握《論語》義理所在。宋代理學興盛，時之學者參雜佛、道、理學思想者多，或問程子：「其是否樂孔子之道？」對曰：「若樂孔子之道，則算不得顏回矣。」朱熹認為可謂「樂孔子之道」。錢穆則謂此處若必解為「樂孔子之道」，似未免自囿粗淺。而「有失粗淺」之由為何？亦無說明，似待學者善自研尋。反觀孔安國、何晏、皇侃、劉寶楠等對此「道」未加申述，彼等似將此「道」，等同於孔門儒家聖賢之道，是故以字出而不表之方式處理。又孔子於本章原文連「道」字均未提及，後之儒者怎生出個「道」字，猶如莊、惠「濠梁魚樂」〔註82〕之辨。魚安樂否？各執一理，任憑申說。錢穆則於此聲明：「訓詁乃講古今語之意義分別，考據本義，裨

─────────

〔註82〕參見戰國・莊周：《莊子・秋水篇》（臺北：華聯出版社，1968 年），頁 161 ～162。

益發揮義理。取捨之間，設有限斷，這是我最用心之處」。〔註83〕是以《新解》此章釋文，只解經文原義，至於「道」所指何道並無攀涉。僅於「研析」文中就前賢對於論「道」之相關釋文，提點學者多加留意。檢覈本章義理解說，大體而言，切合撰者所言「解本義，設限斷」，可謂於要緊處尚能把抓得宜。

　　然而，《論語》此章所論之「道」究竟為何？果不知此「道」，又如何樂在其中？孔子之時並未揭明，僅說「吾道一以貫之」，而後之儒者各自解讀，自此分歧殊異。朱熹於此章圈下援引程子語「昔受學於周茂叔，每令尋仲尼、顏子樂處，所樂何事？」又云「今亦不敢妄為之說。學者但當從事於博文約禮之誨，以至於欲罷不能而竭其才，則庶乎有以得之矣。」顯然朱熹對此之態度，乃選擇仿效前賢「話有機鋒，欲語還休」之教，又勸人窮理致知而後才能庶乎有得，似有使之玄妙之狀，如此不免啟人疑竇，渠等究竟是真知「道」，或是不知？抑或視此「道」為祕傳？而錢穆之註解僅多增訓詁「陋巷」一詞。察其研析與試譯，對照朱熹註說，亦無別出之意。

　　回顧晚周至漢初之時，儒家已將先秦諸家學說，吸收融會，共冶一爐，鎔鑄一新知識體系。〔註84〕迄至北宋周、張與二程等便受此一知識體系所薰染，而《論語》本章義理亦恰可提供儒、釋、道三者之心學主張者一個論述迴旋空間。是以周、程等諸儒所謂「令尋仲尼、顏子樂處，所樂何事？」之問，其意似昭然若揭，蓋彼之樂已超越「一簞食，一瓢飲，在陋巷。」之現實情境，絲毫不拘累於心外事物，因之憂而憂、樂而樂之精神層次，已進階於至極之樂、無樂為樂之「天樂」〔註85〕境界。

　　綜合上述，本節列舉三例，釋義相參，並比對照，以明《新解》體例與釋義樣態。朱《注》為宋代理學善注，博綜深邃，固有其時代價值，然其解說義理不免高空玄語，甚有哲學意味。另未能盡棄二程義理羈絆而直

〔註83〕〈談論語新解〉，《錢賓四先生全集》，頁 120～121。

〔註84〕錢穆：《新亞遺鐸・中國儒學與文化傳統》（臺北：東大圖書出版，2016 年），頁 363。

〔註85〕莊子有云：「與人和者，謂之人樂；與天地和者，謂之天樂。……故曰『其動也天，其靜也地，一心定而王天下；其鬼不崇，其魂不疲，一心定而萬物服。』言以虛靜推于天地，通于萬物，此謂之天樂。天樂者，聖人之心，以畜天下也。」詳參戰國・莊周撰，雅瑟主編：《莊子大全集・外篇〈天道〉》（北京：新世界出版社，2010 年），頁 154。

明義理，此為其失。《新解》雖為近作，然錢氏研治《論語》凡七十餘載，儼然以理學家自持。其寢饋於宋、明理學，出入佛、禪與老莊之間，又對元、明迄清三代理學流衍用心鑽研，尤通曉理學家解經闡道之思維脈絡，其體悟與論述義理，似不下於朱熹。惟謹守撰作要旨，淡化理學論道習氣，自設限斷而為之折衷，釋義直白而使人易讀。錢氏闡發孔學義理之精微，於傳統文化和前賢撰作之中有所擷取與創新，不趨附時風，以求《論語》本真為淑世之本。然受限於撰作旨趣和體例，無法綜括諸家之說，踰越本義而盡情闡發，是以雖有瑕而無掩瑜之美。

第四章　朱熹與其《論語集注》

第一節　朱子生平及其對《論語》探討之相關著作

一、朱熹先世

　　朱熹之父朱松（1097～1143），字喬年，號韋齋。宋重和元年戊戌（1118），拔擢進士，授福建北部建州政和縣尉。宋宣和年間任福建政和縣尉，僑寓建陽崇安（今屬福建），後徙於考亭。早年受二程學說濡染，為北宋末期理學家，與學者胡憲、劉勉之、劉子羽等友善，公忙之餘常召集優秀之士講授「理義之學」。時秦檜（1091～1155）主張議和，朱松等五、六人合辭抗疏，秦怒之，使外郡，朱松辭，請祠祿於浙江臺州崇道觀。後因力反秦檜議和，謫貶江西饒州知州（今鄱陽），未任即逝，歸葬崇安五夫里，享年四十有七。元世祖至元二十一年（1284），追諡獻靖公，翌年改封齊國公。〔註1〕朱松生三子一女，長、次二子皆因貧病而夭折，祝氏歷盡艱辛始將參子朱熹撫養成人。〔註2〕

　　朱熹之母孺人祝氏（1100～1169），徽州歙縣人，家世以貲力順善聞名州鄉。其邸肆生業，幾有郡城之半，因號半州祝家。父諱確，娶同郡喻氏，始業儒學，有德行，年八十三而終。祝氏於元符三年庚辰（1100）七月庚

〔註1〕宋・朱熹：〈皇考朱公行狀〉，《朱子文集》，卷97（臺北：德富文教基金會，2000年），頁19。

〔註2〕清・朱一彬纂修：《婺源茶院朱氏家譜》（清・道光六年版，1826年）。

午生，年十八歸於朱松，韋齋稱祝氏為小五娘。〔註3〕朱熹撰〈孺人祝氏壙誌〉，述其母性仁厚端淑，事舅姑孝謹篤至。貧病困蹙，人所不堪，而孺人處之泰然。〔註4〕乾道五年己丑（1169）九月戊午卒，年壽七十，封粵國夫人。

二、朱熹生平

　　朱子名熹，南宋建炎四年庚戌（西元 1130）九月十五日甲寅（陽曆十月十八日），生於福建省尤溪縣。乳名沈郎（尤溪原名沈溪），又延溪屬延平，乃小字季延。其師劉子翬（1101～1147）命字元晦。朱熹以元為《易》四德元亨利貞之長，不敢當而避諱，改號仲晦，而知之者皆稱元晦。生平喜用熹或朱熹，上加徽州之舊名新安、丹陽、吳郡、或徽州之名山紫陽與平陵，皆所以懷本思源之故。別號晦翁、晦庵、雲谷老人、晦庵病叟、滄洲病叟、遯翁、嘗自稱白鹿洞主與仁智堂主。任祠官則用雲臺隱吏、雲臺真逸、雲臺外吏、雲臺子、嵩高隱吏、洪慶外吏。最殊者為註《參同契》用空同道士鄒訢之比。蓋鄒本株國，後去邑而為朱。而「訢」與「熹」均「虛其」切之故。〔註5〕茲以朱熹生平區分四個時期，分述如下。

（一）幼年刻苦從學時期

　　朱熹自幼聰穎，悟性高而性莊重。五歲即入學，日後朱熹回憶有云「某五六歲時，便思量天體是如何？外面是何物？」〔註6〕八、九歲從師，授以《孝經》，朱熹題於沙上而曰「不若是，非人也。」〔註7〕嘗於兒戲中畫八卦圖。讀《孟子》而慨然奮發，以為治學當如是矣，只是未知如何做工夫，自後更不肯休，一向要去做工夫。十數歲時，讀《孟子》言「聖人與我同類者」〔註8〕，言簡實難。十二、三歲問「絜矩」，喜訓詁。年十三、四歲，受二程《論語說》於韋齋。韋齋病革，特囑從學胡籍溪（1086～1162）、劉

〔註3〕〈韋齋與祝公書跋〉，《朱子文集·續集》，卷8，頁8。
〔註4〕〈尚書吏部員外郎朱君孺人祝氏壙誌〉，《朱子文集·正集》，卷94，頁23。
〔註5〕〈皇考朱公行狀〉，《朱子文集》，卷97，頁18。
〔註6〕宋·朱熹撰，黃士毅編；徐時儀、楊艷彙校：《朱子語類·論語二十七》，卷45（上海：上海古籍出版社，2016年），頁1222。
〔註7〕清·王懋竑撰，何忠禮點校：《朱熹年譜》，卷1（北京：中華書局，1998年），頁6。
〔註8〕宋·朱熹撰：《孟子集注·告子章句上》，《四書章句集注》（北京：中華書局，2014年），頁336。

草堂（1091～1149）及劉屏山等三家。〔註9〕遂承遺命舉家遷徙福建建州重安縣五夫里，依父執劉子翬（1097～1146），受學於三師。十五、六歲，讀《中庸》「人一己百，人十己千」〔註10〕一章，因見此解痛快，未嘗不悚然警惕奮發，此時亦嘗留心於禪。自十六、七時，下工夫讀書，惟四畔無涯，甚是辛苦。年十七、八時，讀《中庸》、《大學》輒早起誦詠。屏山字以元晦，白水愛熹甚篤，以女妻之，結褵二十載，事籍溪最久。紹興二十年庚午（1150）春，往徽州婺源（今江西）省墓。鄉人為坐客，依次歌誦，朱熹高歌〈離騷〉一首，音吐鴻鳴，坐客皆竦然。

　　朱熹自幼承父啟發，於無疑處有疑，發人之所未發，由此發見朱熹好學敏思之才，而讀書則用最鈍工夫。父丁憂後，轉益三師，辛勤讀書，惕勵奮發。嘗留心於禪，然學無鵠的而流於博雜。其後能廣納群流與兼容並蓄，實自苦學之中有所體悟。

（二）青年探索轉折時期

　　朱熹年十八（1147），舉建州鄉貢。年十九（1148），以鄉貢三策，登科中第五甲，三百三十人之第九十人，敕賜同進士。〔註11〕年二十二（1151），銓試中等，授左迪功郎福建泉州同安縣主簿。紹興二十三年癸酉（1153），因三師授之釋道而留心於禪，然於心未安，遂於七月赴任途中謁見李侗。三十年庚辰（1160），再謁李侗（1093～1163），侗授以儒學要旨，熹乃棄釋就儒。二十六年丙子（1156），朱熹請祠，於崇安講學。三十二年壬午（1162），祠秩滿，復請祠。六月孝宗即位，力主格物誠意之學，反對與金和議。

　　朱熹天資聰穎，有志於學，年三十之前，徘徊於釋道雜學，所學無宗。後從父友學，雖言理學，卻流於佛、禪。紹興庚辰，朱熹年三十一，始受學於延平，李師示之「吾儒之學，所以異於異端者，理一分殊也。理不患其不一，所難者分殊耳。」〔註12〕遂朝夕受教，自此返歸儒學，對二程之學心嚮往之，此為朱熹學術研治之關鍵轉折。爾後經過一番探究與梳理，

〔註9〕宋·黃榦：〈朱子行狀〉，卷36，收入《勉齋集》（影印文淵閣《四庫全書》，冊1168，臺北：台灣商務印書館，1986年），頁38。

〔註10〕〈中庸章句〉，《四書章句集注》，頁32。

〔註11〕陳榮捷：《朱熹》（臺北：東大圖書出版，1990年），頁1。

〔註12〕〈延平先生李公行狀〉，《朱子文集》，卷97，頁4519。

始得二程義理精粹，尤特推尊伊川先生窮理致知之學，受其濡染深遠。李侗受學於羅從彥（1072～1135），羅氏乃師承於楊時（1053～1135），而楊氏則為伊川先生高第，是以朱熹實屬程門「道南」學系。嗣後因朱熹任官主張正人心，以善時政，又力反與金和議，不與在位者合。再者個性骨鯁，時與權臣扞格，此為日後「偽學案」之肇端埋下禍因。

（三）建構《四書》體系時期

朱熹年三十四，孝宗隆興元年癸未（1163），奉召赴京面奏，復申《大學》格物、誠意與復讎之旨。其時宰相湯思退專政，主張議和，因除武學博士，居崇安待次，遂罷祠。年三十六，乾道元年乙酉（1167），復監潭州南嶽，即拜命歸崇安，此後十年，屢召不赴，專意講學撰作，書成《論語要義》與《論語訓蒙》。〔註13〕年三十八，偕門徒范念德於潭州拜訪張栻（1133～1180，號南軒），討論《中庸》未發之中與已發之和。十一月與南軒等同登衡山，途中賦詩甚多。年四十，乾道五年己丑（1169），丁母祝孺人憂。七年辛卯（1171）五月，創立五夫里社倉。倉三亭一，門牆守舍，無一不具，以貯鄉民所獻與官府所撥之粟粟。遇凶年小飢則收半息，大飢則全數免除利息，此一創制嗣後推廣於各地仿行，計達數百年之久。九年癸巳（1173）五月，奉旨主管台州崇道觀。黃榦（1152～1221）於〈朱子行狀〉有云：「先生以改秩界祠，皆能進賢賞功，優老報勤之典。今無故驟得之，求退得進，於義未安，再辭。」淳熙元年甲午（1174）復再辭。上意愈堅，使拜命。」〔註14〕朱熹仍住居崇安。二年乙未（1175）三月，呂東萊（1137～1181，名祖謙）來訪，留止寒泉精舍，同編《近思錄》，並偕同呂氏與門人同遊武夷山。嗣後前往信州鵝湖寺與陸象山（1139～1193，名九淵）兄弟與江浙諸友聚會，展開一場「理學」與「心學」之辨，惟終究以懸而未決收場。

乾道六年庚寅（1170），於雲谷建造草堂三間，堂後結草為廬，雲谷晦庵乃成，淳熙二年乙未（1175）七月，作〈雲谷記〉。〔註15〕三年丙申（1176），六月授祕書省祕書郎，惟辭而不受；八月得差武夷山沖祐觀，至

〔註13〕錢穆：《論語要略》，收入《錢賓四先生合集》，第5冊（臺北：聯經事業出版社，1998年），頁463～476。

〔註14〕宋‧黃榦：〈朱子行狀〉，卷36，頁5。

〔註15〕〈雲谷記〉，《朱子文集》，卷78，頁2。

五年而罷祠。〈朱子行狀〉有云：「先生自同安歸，奉祠家居，約莫二十年。間關貧困，不以屬心。涵養充積，理明義精，見之行事者，益霈然矣。」〔註16〕十一月，令人劉氏卒，享年四十有四。四年丁酉（1177），《論孟集注》、《或問》、《詩集傳》及《周易本義》成書。淳熙五年戊戌（1178），年四十九，宰相史浩（1106～1194）薦為江西南康軍，朱熹辭而不獲。六年己亥（1179），二月陸子壽（1132～1186，名九齡）來訪，議論孔孟教旨。三月赴任南康軍，興利除害。強豪斂戢，里閭安靖。十月復建白鹿洞書院。七年庚子（1180），應詔上封事，南康軍旱災，大修荒政。八年庚子（1181）。二月陸子靜來訪，任白鹿洞書院講座，以「君子喻於于義，小人喻于利。」〔註17〕闡發義理，說義鏗鏘有聲，聞之而有流涕者。朱熹曰：「熹在此不曾說到這裏，負愧何言。」後將此講義刻石於白鹿洞書院為記，跋云：「發明敷暢，懇到明白，皆有以切中其隱為深痼之病，聽者默不悚然動心。於此反身而深察之，則庶乎可以不迷入德之方矣。」〔註18〕於此顯見朱熹對九淵之學術造詣頗為肯定與欣賞。

　　淳熙七月除直秘閣，八月改除提舉兩浙東路常平茶鹽公事，是時浙東大飢，即日單車就道，在任朞年，訪查荒區，以施救濟，彈劾顯宦，毀秦檜祠。奏事延和殿請推行五夫里社倉法于諸郡，奉旨施行。九年壬寅（1182），八月除江南西路提點刑獄公事。朱熹辭官，歸崇安。時戶部尚書鄭丙（1033～1107）上疏毀程頤（1033～1107）之學，陰詆熹。王淮升、陳賈為監察御史，指陳朱熹係所謂道學者，大率假名以濟偽，願勿信用。十年癸卯（1183），四月武夷精舍落成，地廣數畝，屋三間。左麓為屋於石門塢為學者居處，石門之西少南，又為屋以居道流。舍有亭樹，風景秀麗。四方士友甚眾，作〈武夷雜詠〉並序。〔註19〕十一年甲辰（1184），辦浙學。十三年丁未（1186），撰成《易學啟蒙》與《孝經刊誤》。此前著述多著重理學，今則始重衛道之學，亦以政途經歷，深察民情，著重道德倫常之教。

〔註16〕宋・黃榦：〈朱子行狀〉，卷36，頁18。

〔註17〕本章引自《論語・里仁第四篇》，係孔子以義和利來分辨君子和小人。參見宋・《陸象山全集：白鹿洞書院〈論語〉講義・「君子喻于義」章》，載《陸象山全集》174～175頁，或《陸九淵集》275～276頁。

〔註18〕清・王懋竑：〈淳熙八年辛丑二月陸子靜來訪〉，《朱子年譜》，卷2，收入《清乾隆四十六年欽定四庫全書》（北京：中華書局，1998年），頁282。

〔註19〕〈武夷雜詠〉，《朱子文集》，卷9，頁2～4。

十四年丁未（1187），朱熹年五十八，主管南京鴻慶宮，書成《小學》刊行流布。

十五年戊申（1188），六月奏事延和殿，奏劄凡五，力伸人主須循天理，去人欲之旨。此為人主所不喜，翌日除兵部郎官，即以足病請祠。十一月戊戌封事，長萬餘言，以輔翼太子，選任大臣，振舉朝綱，移風易俗，愛養民力，修明軍政諸事。十六年己酉（1189）正月，除秘閣修撰，主管西京嵩山崇福宮。朱熹辭修撰職名而拜崇福宮之命。八月除江南東路轉運副使，崇福宮祠乃罷。此次奉祠計兩年九月，十一月改知漳州。紹熙元年庚戌（1190），時熹年六十一。知漳州一年，政績斐然。十一月刊行《四經》、《四子書》，撰成〈書臨漳所刊四經後〉。〔註20〕由是可知，朱熹深諳民病且力革時弊，奉公理政並興推文教。不憚權勢繁艱，乃可成效斐然。

綜上所述，此一時期乃朱熹撰作最為勤盛，雖四處差官，戎馬倥傯，仍勤奮讀書治學與撰作不輟。朱熹不喜為官，多請奉祠宮觀以專注著述。四經、四書皆於此期稿成。朱熹自幼即讀《四書》，自云：「某自丱角讀《論語》、《孟子》。」〔註21〕又云：「某少時讀《四書》，甚辛苦。」〔註22〕以後畢生理會，至朱熹辭世前三日，仍更易《大學注》。編輯《論語要義》、《論語訓蒙口義》、《論孟經義》、《四書章句集注》、《四書或問》、《中庸輯略》與《孟子要略》。學者窮盡一生精力探尋《四書》精義，著述繁多者，朱熹為勝。熹成《四書》乃直承孔孟之言，為性學、心學之源泉。〔註23〕學子皆得經由《四書》逐探孔孟要義。自皇慶二年癸丑（1313），詔行科舉，明經內之《四書》、《五經》，以程朱註解本為功令圭臬，迄至清光緒三十一年（1905）廢止科舉止，凡五百九十三年，《四書》已然成為國家策試取士之主要典籍，其闡發義理，可謂博大而精微，澄澈人心，匡正時風，廣受推崇，於此益見朱熹學識之廣博深邃，淑善人心而歷久彌新。

（四）晚年學案陷構時期

紹熙二年辛亥（1191），二月長子塾卒，即乞祠返家治喪。九月差荊湖南路轉運副使。辭者三次。三年壬子（1192），請補祠秩。始建築於建陽考

〔註20〕〈書臨漳所刊四經後〉，《朱子文集》，卷82，頁19～21。
〔註21〕〈朱子一・自論為學工夫〉，《朱子語類》，卷104卷，頁2585。
〔註22〕同上註，頁2584。
〔註23〕陳榮捷：《朱熹・朱子傳略》（臺北：東大圖書出版，1990年），頁8。

亭,因山水秀麗青邃,韋齋甚愛此地,嘗謂「考亭可以卜居,一則便於墳,二則便於講學,三則便於生計。」〔註24〕由是擇居建陽紫陽山,朱熹名之「紫陽書堂」。由是環境清幽,起居作息、讀書講學與思親祀聖,皆可兼得。紹熙四年癸丑(1193),差主管南京鴻慶宮與知潭州荊湖安撫使,兩辭而後拜命。五年甲寅(1194),復修嶽麓書院,四方學者齊聚。寧宗即位,召赴行在奏事、差煥章閣待制兼侍講,十月奏事。皇太后外戚韓侂胄(1207卒),居中用事。朱熹上疏直斥左右操權,面辭待制侍講。韓因而厭之,上不喜朱熹干與時政,遂罷之而改差宮觀。十一月返歸考亭,講學盛況更勝於五夫里含泉及武夷精舍,遂於居所旁闢建竹林精舍,與諸弟子從游於此。朱熹晚年多於此安度,語錄亦多出於其居住竹林精舍時期。

　　慶元元年乙卯(1195),時朱熹年六十六。丞相趙汝愚受韓誣陷,死於衡州。熹即撰萬言書,痛陳姦邪蔽主之過,諸生唯恐致禍,門生蔡元定入諫,熹默然而退且將奏稿焚之,更號「遯翁」,並乞致仕。十二月詔再任煥章閣待制,提舉南京鴻慶宮。二年丙辰(1196),朝廷以「偽學案」徹查程朱之學,余嚞乃上書乞斬朱熹。嗣後沈繼祖乞奏准罷職落祠,朱熹二十餘年之祠祿與仕途於焉而終,蔡元定貶謫道州,門生皆驚懼不安。五年己未(1199),三月朱熹成《楚辭集註》,表彰屈原(公元前343~公元前227)忠君愛國之舉,四月致仕。再撰《後語》與《辯證》。六年庚申(1200),三月病篤。門生蔡沈(字仲默,1167~1230)〈朱文公夢奠記〉記云:

> 初六日辛酉,改《大學》〈誠意〉章。令詹淳謄寫,又改數字,又修《楚辭》一段。初七日壬戌,先生臟腑甚脫。初八日癸亥,精舍諸生來問疾。先生起坐曰:「誤諸生遠來,然道理只是恁地。但大家倡率做甚堅苦工夫,須牢固著腳力,方有進步處。」……初九日甲子(陽曆四日二十三)……先生上下其視,瞳猶迴然。徐徐開合,氣息漸微而逝,午初刻也。〔註25〕

朱熹享壽七十有一。十一月二十日葬於建陽唐石里(今黃坑)後塘村大林谷,千餘人會葬之,寧宗嘉泰四年(1204)與夫人劉氏合墓。開禧三年丁卯(1207),韓侂胄伏誅。嘉定二年己巳(1209),詔賜諡曰「文」,世稱文

〔註24〕 宋·朱熹:〈與籍溪胡原仲先生〉,《晦庵先生朱文公文集正集》,卷37,收入《欽定四庫全書》(上海:上海古籍出版社,2002年),頁1。
〔註25〕 宋·蔡沈:《蔡氏九儒書·朱文公夢奠記》〔同治七年戊辰(1868)本〕,頁19。

公。翌年贈中大夫寶謨閣直學士。理宗寶慶三年丁亥（1227），贈太師，追封信國公。紹定三年庚寅（1230），改封徽國公。淳祐元年辛丑（1241），詔從祀孔廟。元至正二十二年壬寅（1362），追封齊國公。今通稱朱熹為徽國公或朱文公。黃勉齋〈行狀〉有曰：

> 其可見之行則修諸身者，其色莊，其言厲。其行舒而恭，其坐端
> 而直。其閒居也，未明而起，深衣幅巾方履，拜於家廟以及先聖。
> 退坐書室，几案必正，書籍器用必整。其飲食也，羹食行列有定
> 位，匕箸舉指有定所。倦而休也，瞑目端坐。休而起也，整步徐
> 行。中夜而寢，既寢而寤，則擁衾而坐，或至達旦。威儀容止之
> 則，自少至老，祁寒盛暑，造次顛沛，未嘗有須臾之離也。行於
> 家者，奉親極其孝，撫下極其慈。閨庭之間，內外軒輊。恩義之
> 篤，怡怡如也。其祭祀也，事無纖鉅，必誠必敬。小不如儀，則
> 終日不樂。已祭無遺禮，則油然而喜。死喪之威，哀戚備至。飲
> 食衰經，各稱其情。賓客往來，無不延遇。稱家無有，常盡其歡。
> 於親故雖疏遠必致其愛。於鄉閭雖微賤必致其恭。吉凶慶吊，禮
> 無近遺。賙卹問遺，恩無所缺。其自奉則衣取蔽體，食取充腹，
> 居止取足以障風雨。人不能堪，而處之裕如也。〔註26〕

由此觀之，朱熹生活規律有致，誠敬嚴謹，無纖介之苟。黎明即起，拜祭祖廟與先聖。上孝下慈，持家和睦。人情倫常，慎重禮制。日常之用，平實無華。畢生研治窮理致知之學，勤於講筵，誨人不倦。誠乃安貧樂道、剛果決烈之士，畢生弘揚儒學，仰止孔孟聖賢。

　　綜合上述，朱熹天資聰穎，自幼即展現好奇與作聖之心。孺子可教，父多誨啟。詎料家道中落，年少為孤，隨父輩讀書進業。年方十九，登科進士，任官愛民，政績斐然，生活簡約。後因諫議朝政，得罪奸佞而返崇安。年三十六，辭武學博士，修建書院，專意於講學纂著。少時嘗酖於佛禪，幸得延年引向理學，其後仰慕孔孟，推崇二程，志於道而轉益多師。對訓詁、考據、義理之學頗有自得。年四十有八，會通讀書與解經之法，體悟聖人之意，直往經內解經說理，由是撰作《集注》，博採眾說，匯綜新開，成一家之言。晚年潛修、教學不輟，著述豐碩，串貫《四書》義理，

〔註26〕〈朝奉大夫華文閣待制贈寶謨閣直學士通議大夫諡文朱先生行狀〉，《勉
　　　齋集》，卷8，頁183～184。

為求精當不憚筆削，迄至易簣始休。

　　總結朱熹一生自幼年庭訓而啟蒙，年二十匯聚諸說而體會，年四十鎔鑄儒學、理學而開展，年六十殫精竭慮而淬鍊。黃榦隨侍承教庭訓，其後追憶記云：「先師之用意於《集注》一書，余嘗親睹之。一字未安，一語未順，覃思靜慮，更易不置。或一日二日而不已，夜坐或至三四更。先師曰『此心已孤，且休矣。』退而就寢，目未交睫，忽見小史持板牌以見示，則是退而猶未寐也。未幾而天明矣。用心之苦如此，而學者顧以易心讀之，安能得聖賢之意哉！追念往事，著之於此，以為世戒。」〔註27〕朱熹思想博大精深，《四書》義理一貫。大抵而言，確然允當，有益於儒家思想之開新光昌，惟其說亦有偏執於二程，未能盡皆妥適圓融。個性秉直不阿，學術立場鮮明，是故譽之諍之者有之。其後啟迪元、明、清三代儒學開展，流佈日、韓、歐、亞等國度，影響所及庶幾無異於中土之地也。

三、朱熹對《論語》相關著作之探討

　　孔子德澤後世，其一即在於折中六藝。自唐以前，《論語》之價值，尚未彰顯並為五經羽翼。《論語》、《孟子》、《大學》、《中庸》四書並重，始於北宋。而《四書》正式結集，則成於朱熹。〔註28〕朱熹早年好濂溪「《易》學」，探究二程「理學」，濡染張載「關學」，尤喜二程「理學」，對其日後治學撰作與義理闡發，具有關鍵性之影響。〔註29〕李侗燭引朱熹從人倫日用之間，體驗聖人氣象，遂使朱熹棄佛老參悟法門，返歸儒學典籍思考，成其學術主軸，進退取捨之間，分辨儒、釋，乃為朱熹思索《四書》義理之關鍵。〔註30〕朱熹教誨後之學者必先用功於《四書》，俟融通後再轉讀五經。《語類》有曰：

〔註27〕鄭元肅錄、陳義和編：《勉齋先生黃文肅年譜》，收入吳洪澤、尹波主編：《宋人年譜叢刊》「淳熙十一年甲辰」條，第 11 輯（成都：四川大學出版社，2003 年），頁 7197～7198。

〔註28〕錢穆：《朱子新學案》，第 5 冊（臺北：聯經出版事業，1992 年），頁 201。

〔註29〕同上註，《朱子新學案》，第 3 冊，頁 57～127。

〔註30〕朱熹此時對於釋、老之態度趨於辨正趨於嚴謹，有云：「陛下求所以進乎此者，又不過取之釋氏、老子之書。是以雖有生知之性、高世之行，而未嘗隨事以觀理，故天下之理多所未察；未嘗即理以應事，故天下之事多所未明。」詳見《朱子文集》，第 23 卷「奏劄」〈癸未垂拱奏劄一〉（北京：中華書局，1994 年），頁 410。

> 《語》、《孟》功夫少，得效多。六經功夫多，得效少。……只是
> 一理，若看得透方知無異。《論語》是每日零碎問。譬如大海也是
> 水，一勺也是水，所說千言萬語皆是一理。須是得透，則推之其
> 他道理皆通。〔註31〕

朱熹潛研《四書》對經典義理、宏旨與本末粗精皆瞭解甚透。有謂《語》、《孟》，篇幅雖短，核心在於論「仁」。其論皆屬倫常日用之間，易明而實用，每章各有效用。聖人千言萬語只是理一，復據此理以類推萬物，以體現天人合一之道。此可謂乃朱熹對《四書》思而有得之精要評述。朱熹之意主在於省略陷溺繁雜經海，苦求而難得聖人之意。故以《四書》義理串貫，直探孔孟義理。二程、朱熹皆承此學術途徑，佐以格物致知，博學反約之法，成一家學脈。其後程朱、陸王學派分流，殆對《四書》義理與取徑方法之理解所致。

錢穆《朱子新學案》有曰：

> 朱子《論孟集注》、《學庸章句》乃竭畢生精力，在生平著述中最
> 所用心。朱子卒，其門人編集《語類》，亦《四書》在先，五經在
> 後。《語類》一百四十卷，《四書》部分共占五十一卷，當全書篇
> 幅三分之一以上。五經部分二十六卷，僅約《四書》部分篇幅之
> 半。其他《語類》各卷，涉及《四書》，亦遠勝其涉及五經。亦可
> 謂宋代理學，本重《四書》過於五經，及朱子而為之發揮盡致。
> 此後元、明兩代，皆承朱子此一學風。〔註32〕

錢氏對朱子之學研究甚詳，凡朱熹之著述未有遺覽者。朱熹編輯《四書章句集注》，揭櫫道統，發微孔孟思想，自此聖人之意人人得以直探《四書》而得之，影響此後儒學發展深遠，此乃朱熹之功。是以錢氏撰作《朱子新學案》，以客觀、公允、不帶門戶之見，重新檢視朱子之學並予評騭，尤於晚年對朱子之學及撰作《四書》用心，往復窮究而深表允當。

《四書》之所以重於五經，其關鍵在於推拉二力使然。其一，孔孟義理博大精深，多言修、齊、治、平，與經世致用之道，利於政治統御，加以科考功令，為政者推廣而普及。其二，朱熹用心輯合與闡發，使之精要深邃，廣受有志於道者所喜，而日、韓等海外諸國當時係以薰染中土學風

〔註31〕〈論語一・語孟綱領〉，《朱子語類》，卷19，頁457。
〔註32〕《朱子新學案》，第4冊，頁201～202。

為主。昔之士者，讀古人書，僅見章句義理與功名利祿，於人於天無不含涉。然卻多未言及刀鋸鼎鑊與功名利祿作用於其間之影響，蓋於君王威權時代，言論豈能自由，愛之毀之誦之諍之，皆由權柄者操持。經學為社會主流價值之所繫，為王權箝制與利用。歷代多有文字獄，士子避之惟恐不及，明哲保身者多隱而不言，此實不可不知。是以當予客觀評述，以還原其真實樣態。茲將朱熹對《論語》相關撰作，分述如下：

（一）《論語要義》

清代王懋竑所撰《朱子年譜》記載：孝宗隆興元年癸未（1163），時朱熹年三十四，撰成《論語要義》。《文集》〈論語要義目錄序〉有云：

> 河南二程先生，獨得孟子以來不傳之學於遺經。熹年十三四時，受其說於先君。未通大義，而先君棄諸孤。中間歷訪師友，以為未足。於是徧求古諸儒之說，合而編之。誦習既久，益以迷眩。晚親有道，竊有所聞。今然後知其穿鑿支離者，故無卒取。至於其餘，或引據精密，或解析通明，非無一辭一句之可觀。顧其為聖人之微意，則非程氏之儔矣。隆興改元，屏居無事，與同志一二人從事於此。慨然發憤，盡刪於說，獨取二先生及其門人朋友數家之說，補緝訂正，以為一書，目之曰《論語要義》。蓋以為學者之讀是書，其文義名物之詳，當求之注疏，有不可略者。若其要義，則於此其庶幾焉。〔註33〕

《要義》為朱熹關於《四書》之最早作品，此時甚為仰慕二程學說，惟未能成為入門弟子，故只得先徧求古今儒說，再與摯友張南軒（1133～1180）、呂東萊（1137～1181）研討而合輯之。熹與張、呂，交遊至密，學問切磋最深，三人融洽，情同管鮑。論學皆能各抒己見，雖各有取向且相病雜禪，惟能交互師益，長短相濟，而不以為杵。渠等釋說《論語》義理，獨取二程及其門人與友人數家。此乃朱熹獨尊二程，由此途徑窺探孔孟義理之初始階段。

（二）《論語訓蒙口義》

〈論語訓蒙口義序〉有云：

〔註33〕宋·朱熹：《朱熹集·論語要義目錄序》，卷75（成都：四川教育出版社，1996年），頁3924。

予既序次《論語要義》，因為刪錄，以成此篇。本之注疏以通其訓
詁，參之《釋文》以正其音讀。然後會之於諸老先生之說，以發
其精微。一句之義，繫之本句之下。一章之指，列之本章之左。
又以平生所聞於師友而得於心思者，間附一二條焉。本末精粗，
大小詳略，無或敢偏廢也。然本其所以作，便取於童子之習而已，
故名之曰《訓蒙口義》。蓋將藏之家塾，俾兒輩學焉，非敢為他人
發也。〔註34〕

上述兩書，為朱熹早期關於《論語》著述，今已不傳。義理方面，仍先參
之《釋文》，會合北宋諸子之說，再間附個人自得以發微。蓋此時朱熹了然
二程友人及其門人之說，不無歧誤二程義理，是以有此轉折與修訂之意。
而章句、訓詁之治，力求詳實無訛，意在對於初學童子有所助益，惟尚未
貿然對外刊示，殆慎於訓考和義理之嚴謹探求。朱熹撰作此書之時，應已
意會《論語》係為學者必治之初始，亦為學成回歸之處。惟從《論語要義》
之序文可知，朱熹於此之前似有《論語》相關撰作。覈其《文集》〈答許順
之〉有云：

熹《論語說》方了第十三篇，小小疑悟時有之，但終未見道體親
切處。如『仁者，渾然與物同體』之類，皆未有實見處，反思茫
然，為將奈何。熹比因堂箚促行，再入文字，乞候終秩。〔註35〕

今《論語說》一書，業已佚失。明道先生有曰：「仁者，渾然與物同體。」
〔註36〕雖僅一語，然寓理深邃，朱熹為求會通自得，仍費時苦心思索。其
治學重在融釋會通，倘學有不得，每輒夜以繼日，往覆思之，冀達「道體
親切」而「豁然開朗」之境，此實為朱子學義理博大融綜之積累成果。朱
熹博學反約，兼重不棄前人之說與融釋眾說以開新，此其過人之處。

（三）《論孟精義》

孝宗乾道八年（1172），朱熹時年四十三，稿成《論孟精義》，此書初

〔註34〕宋・朱熹：《朱子大全・論語訓蒙口義序》，卷75，冊9（臺北：中華書局
出版，1983年《四部備要》景明胡氏刻本校勘本），頁7。

〔註35〕宋・朱熹：《晦庵先生朱文公文集正集・答許順之》，卷39，收入《欽定四
庫全書》（上海：上海古籍出版社，2002年），頁10。

〔註36〕宋・程顥、程頤撰，王孝魚點校：〈元豐己未呂予叔東見二先生語〉，《河南
程氏遺書》，卷2上〈二先生語二上〉，收入《二程集》（北京：中華書局，
1981年），頁16～17。

名《精義》，之後易名《集義》，稽覈原書序文有曰：

> 宋興百年，河洛之間有二程先生出，然後斯道之傳有繼。基於孔
> 子、孟氏之心，蓋異世而同符也。其所以發明二書之說，言雖近
> 而索之無窮，指雖遠而操之有要。所以興起斯文，開悟後學，可
> 謂至矣。間嘗搜輯條疏，以附本章之次。既又取夫學之有同於先
> 生者，與其有得於先生者，若橫渠張公、范氏、二呂氏、謝氏、
> 游氏、楊氏、侯氏、尹氏，凡九家之說所附益之，名曰《論孟精
> 義》。〔註37〕

此書兼註解《論語》和《孟子》，且兩書合併為一，內容仍以二程為主，惟
已見朱熹條陳自得。探敲「淺深疏密毫釐之間」及「非敢以為無少異於先
生」之語，即知朱熹關注於所謂「理一分殊」，尤特於始分歧之細微處，其
後作用則大殊焉，此即李侗提點之要。斯和撰作《要義》之時，心意顯有
區別，又與朱熹爾後治學、讀書皆壹本窮理致知、嚴謹不苟之取向，甚有
相關。從其推崇漢、魏諸儒考究之功，求契合往聖先賢之意，融綜時賢之
說，此時朱熹已轉向研治儒學為宗，亦為闡發孔孟核心思想之伊始。其方
法乃先「守本」與「融綜」，繼而求有「自得」以「開新」，對於「道統串
貫」之忖思則已浮現脈絡之徵。

（四）《論語略解》

《語類》有云：

> 某近來作《論語略解》，以《精義》太詳，說得沒緊要處多，似空
> 費工夫，故作此書。而今看待，若不看《精義》，只看《略解》，
> 總是不浹洽。〔註38〕

此條為黃榦所錄，惟年已不可考。《論語精義》成於朱熹年四十三，年五十
一時刊行《論語要義》，嗣後易名為《論語集義》。據此推論《論語略解》
應於《論語要義》重刊之前所作，而此書於前所未見，似為《論語集注》
之初稿。俟《論語集注》成書時，朱熹年已四十有八，殆其認為《論語略
解》部份辭義未臻週切，仍須與《論語精義》對看，始通經文義理。足見
朱熹勤奮精進，力求闡發經典大義之琢磨，嘗曰「看《論語》，就裏面詳細

〔註37〕 宋・朱熹：《朱子大全・論孟精義序》，卷75，冊9（臺北：中華書局，1983
　　　　 年《四部備要》景明胡氏刻本校勘本），頁10。
〔註38〕 〈論語一・論孟綱領〉，《朱子語類》，卷19，頁466。

處須要看得十分透澈，無一不盡。」〔註39〕是以聖人語雖淺近，然往復玩味，便曉其間寓理深廣。

（五）《論語集注》

淳熙四年丁酉（1177），朱熹年四十八，《論孟集注》成書。謂要義者，係參考所當及；而精義者，指其語精粹之意，兩者雖名同而意異，惟皆薈萃精華之說，從一依二程，而推及九家，徵引程門條說，仍屬多數。而《集注》則徵引師者李延平、劉白水，前人王介甫、蘇子瞻等諸說，凡三十餘家，訓詁多用《注疏》〔註40〕，音讀多採《釋文》〔註41〕，董仲舒、韓愈、濂溪、康節與橫渠等諸子說義與二程之見，庶幾等量齊觀，義理漸次寬宏，頗有「成一家言」之勢。觀其〈與張敬夫論癸巳論語說〉之「十世可知」點評嫻熟，有曰：

> 嘗究此章之指，惟古注馬氏得之。何晏雖取其說，而復亂以己意。以故後來諸家祖習其言，展轉謬誤，失之愈遠。至近世吳才老、胡致堂，始得其說，最為精當。吳說有《續解》、《考異》二書，而《考異》中此章之說為尤詳。願試一觀，或有取焉。大抵此二家說，其它好處亦多，不可以其後出而忽之也。〔註42〕

何晏《論語集解》雖歷代多有擷採，朱熹認為部分內容仍有譌誤，而吳才老、胡致堂者，雖非碩儒大家，然其說精當而採之。《語類》有云：「張子韶說：『沈富貴而安貧賤』極好。」朱熹雖稱張無垢是雜學者，如洪水猛獸，然其若有一說可取，亦取之。於此可知朱熹此一階段廣蒐博採且虛心從善，揀擇細密，關注於《集注》之薈萃。《語類》云：「前輩解之說，恐後學難曉，故《集注》盡攝其要。已說盡了，不須更去注腳外又添一段說話。只

〔註39〕〈論語一·論孟綱領〉，《朱子語類》，頁462。

〔註40〕《論語注疏》又稱《論語注疏解經》，乃十三經注疏之一，係三國魏何晏集解，北宋邢昺疏注疏，凡二十卷。此《注疏》多吸納北宋前人之注釋，保存諸多古注。

〔註41〕《經典釋文》共30卷，是解釋儒家經典文字音義之書，唐陸德明撰。以考證古音為主，兼辨訓義，引用《周易》、《尚書》、《毛詩》、《周禮》、《儀禮》、《禮記》、《春秋左傳》、《公羊傳》、《谷梁傳》、《孝經》、《論語》、《老子》、《莊子》、《爾雅》等十四部文獻，此文保存唐代前音訓較早之一部字典，為歷代學人推崇。

〔註42〕〈與張敬夫論癸巳論語說〉，《晦庵先生朱文公文集正集》，卷31，頁1228～1229。

把這簡熟看，自然曉得，莫枉費心去外面思量。」〔註43〕此即言明，《集注》旨在闡明《論語》本義，且已盡輯精要，無須「增字詁經」，或引申他說，以淡失本義。裨益後學者於治學工夫上多得效益。朱熹徵引諸家，不棄諸家本文，或無改原文而安於注；或增刪易改，或會而通之，可謂匯綜諸說，鎔鑄一家之言。是以朱熹之意在於讀《論語》宜先讀《集注》，再對照《精義》，則庶幾通達本義。殆《集注》釋之簡要，而《精義》說之詳細，學者須前曉梗概，後再細推究竟為是。

朱熹於慶元元年（1195），時年六十有六，《集注》成書十九載。自述「熹衰病……衰年老態，欲死之漸，亦不足怪也。」〔註44〕即使情狀如是，仍對先聖與天人之道尋思不輟，浸淫積累日久，體悟漸次深廣，義理釋說益加邃密。至先生易簀前仍對《集注》迭有筆削，於此堪見先生勤進匪懈之治學精神。晚年於〈論孟綱領〉記曰：

> 「某於《論孟》四十餘年理會。中間逐字秤等，不教偏些子。學
> 者將注處，宜子細看。」又曰：「解說聖賢之言，要義理相接去，
> 如水相接去，則水流不礙。」〔註45〕

《集義》乃理學諸儒闡發孔孟學說之精髓，《集注》為《集義》之擷萃。宋代理學，上承孔孟義理，融綜新開，折中求是，《集注》之功也。朱熹實為彙集自漢代以降經學與宋代理學之大成者，而《集注》是其著力最深，學術成就之結晶也。〔註46〕或有質疑朱熹乖違古訓，不明訓詁。〔註47〕然如若明瞭《論語》義理之深博與融貫《四書》，資以闡發經義，實非易事。故必往復推敲，反覆忖思，字句秤等，以串貫會通。而朱熹註經甚夥，諳通訓詁，考正周密，辭章典雅，解經猶行雲流水，歷時八百餘年，今再細覽體味之，仍為美善之作。

清儒毛奇齡、戴震等似未能體會朱熹繼承宋儒講論，廣蒐博採漢、唐諸賢之說，開展與回歸本旨思考之深意，僅拈書面表意而予糾彈批駁，欠

〔註43〕〈論語一・語孟綱領〉，《朱子語類》，頁392～393。
〔註44〕宋・朱熹：〈答孫敬甫〉，《晦庵先生朱文公文集》，卷63。收入《全宋文》，
　　　　第249冊，第5589卷。
〔註45〕〈論語一・論孟綱領〉，《朱子語類》，頁467。
〔註46〕《朱子新學案》，《錢賓四先生合集》，第4冊，頁227。
〔註47〕清・毛奇齡撰、張文彬等輯：《四書改錯》，卷2（嘉慶十六年（1811）金
　　　　孝柏學圃重刊本，無頁碼）。

缺理解一種不悖孔孟之核心義理而能別開新義，既活化儒學並能契合時代意義之思維，況別有用心或標新立異者乎？賓四先生贊曰：「蓋朱熹不僅集有宋理學之大成，經史文章之學，亦所兼備。誠所謂致廣大，盡精微，綜羅百代，匯納群流。孔子以下，殆無匹敵。」〔註48〕壯哉斯言，聖賢之思，平凡中有大智，時空推移乃見其功。茲將朱熹《集注》之撰作歷程區分為啟蒙、初創、改訂與自得等四個時期彙整表列，以呈現朱熹畢生研治《論語》等相關著作之經過與轉折（如表二）。

表二　朱熹《論語集注》撰作歷程

階　段	撰成書名／啟蒙	時間／年歲	附　記
第一階段 啟蒙時期	啟蒙	宋高宗紹興 12～15年 （西元1142～1145） 13～16歲	從父處聞得二程《論語說》義理。 嘗留心於禪學，其後師於李侗，乃棄禪歸儒。
第二階段 初創時期	《論語要義》	宋孝宗隆興元年 （西元1163） 34歲	《四書》學最早作品，先求古今儒說，再會合編輯之。嗣後獨取二程與其門人、友人數家之說。此為朱子獨尊二程，以求孔孟義理之第一階段。
	《論語訓蒙口義》	宋孝宗隆興元年 （西元1163） 34歲時	無傳本
第三階段 改訂時期	《論孟精義》	宋孝宗乾道8年 （西元1172年） 37歲	仍如《論語要義》，獨取二程及其門人、友人，凡九家之說。由《論語》擴及《孟子》，改《要義》為《精義》。 仍只採前人之說，不自立意。謂「二程門下諸家其深淺疏密毫釐之間，不能無少異於二程。」又云：「讀《論》、《孟》，不可便謂其所收諸家《精義》都不是了，須藉他做階梯尋去。」此為獨尊二程，以求孔孟義理之第二階段。

〔註48〕〈朱子之文學〉，《文集正集》，頁167。

		大抵上，仍從程門上窺孔孟。惟漸悟二程門人亦有偏失於二程講授要旨。		
	《論孟集義》原名《論孟要義》	宋神宗熙寧7年（西元1180年）43歲	增訂《論孟精義》而成。
第四階段自得時期	《論孟集注》	宋神宗熙寧4年（西元1177）48歲～71歲（易簣）	朱熹認為《精義》說得沒要緊處多，故約其精粹得本旨者為《集注》，又疏其去取之意為《或問》。至是朱熹始自出手眼，對二程門下諸家多所罷棄。此時為求孔孟義理之第三階段。※朱熹48歲《集注》書成後，屢有更易，讀《語類》，可窺尋一二。徵引諸家多達三十餘家，此是一大轉變。而所引二程說，亦多列在圈下，此是朱熹亦不認二程說為盡得孔孟之本旨與正義也。

資料來源：本文整理

第二節　朱熹對《論語》早期注解述評

　　理學，亦稱性道之學、性理之學，或心性義理之學。萌於北宋孫復、胡瑗、李覯、周敦頤、張載等；盛於南宋程灝、程頤，而集大成於朱熹，其後或稱理學為「新儒學」，即宋儒有別於漢儒治經之法，暨渠等頗有先秦儒窮經博通、闢新徑、發新義、不墨規於古疏舊注，而能并包經史子集於一之論道氣魄。理學家論辨主要對象與用意主在針對釋、老之分辨，以求發揚孔子大道與儒學正統。〔註49〕晦翁博覽群經，尚辭章、重史學，對諸儒治學解經多有評騭，其理學秉承程、張之法，而經學則躍繼北宋諸儒之風，而能揉合各長於一者，朱熹也。能明得此一分殊，方能進而論述朱熹所以為學及其用心與貢獻之所在。

　　朱熹生平著述，著力於解經者多，且重視解經態度與前置研考，多有

〔註49〕錢穆：〈朱子學提綱〉，《朱子新學案》，第1冊，頁18～19。

獨特闡發之見，如《論孟集注》、《學庸集注》、《詩集傳》與《易本義》等。
其平日治學，兼重前賢注疏與融綜開新，不喜僵化泥固。朱熹解經最所著
力者，當屬《論》、《孟》、《學》、《庸》四書。在四書之中，尤特偏重於《論
語》者為最大。〔註50〕論其解經釋義，多有精要發微，此為宋代之前儒多
所不究與未發者，亦為後世清儒多所未及及漠視者。此殆歸因於時代弊病
與談經者之態度使然，晦庵嘗言：

> 今之談經者往往有四者之病，曰：「本卑也抗之使高，本淺也而鑿
> 之使深，本近也而推之使遠，本明也而必使至於晦。此今日談經
> 之大患也。……今學者不會看文字，多先立私意，自主張己說。
> 只借聖人言語做起頭，便自把己意接說將去。病痛專在這上，不
> 可不戒。〔註51〕

朱熹指陳時之談經與學者本「卑、淺、近、明」而推之「高、深、遠、晦」
之病，聖人所載於書冊之義本是直白，而解經者使之繁複堂皇。若棄古疏
不道問學，或片斷取義，或先有私意，或罔顧文義，或溢於經意，則經典
本義遂漸淡失，以致眾口鑠金，豈是讀聖賢書，為聖賢事者之取徑與本意
乎？是故朱熹屢誡門人而曰：

> 讀書最忌以己見去說，但欲合己見，不知非本來意旨。須是且就
> 他說教分明。有不通處，卻以己意較量。且就本意會合，牽傍會
> 合，最學者之病。……學者只是依先儒註解，逐句逐字與我理會，
> 著實作將去，少問自見。最怕自立說籠罩，此為學者之大病。……
> 解說聖賢之言，要義理相接去，如水相接去，則水流不礙。不須
> 更去註腳外，又添一段說話。〔註52〕

此說甚明而有力。朱熹教人讀書宜以經書義理為宗，宜先將成見歸零，秉
持勿執虛心；再專注理會先儒古疏注解，以文從字順為要，隨文訓詁釋義，
宛如雲行水流無礙；爾後往復斟酌，若有扞格之處，則並比損益，期能審
度有得。今之學者動輒喜好標榜創發，圖成一家之言，謀求一己之利，然
積學不深厚，立說尚未周密，而汲汲於著作等身，此於解說聖賢之言，何
有益哉？再則仍須講究撰作體例，辭章宜力求精當，避免冗雜泥附。此乃

〔註50〕 《錢賓四先生合集》，第 5 冊，頁 571。
〔註51〕 《錢賓四先生合集》，第 4 冊，頁 257。
〔註52〕 〈朱子十四·訓門人五〉，《朱子語類》，卷 117，頁 2813～2837。

朱熹提點讀書之忌與教人解經之正法。晦庵先生對《論語》早期、時人與
自家解經方式、輕重亦有衡評，其曰：

> 自晉以來，解經者卻改變得不同。如王弼、郭象輩是也。漢儒解
> 經，依經演繹。晉人則不然，捨經而自作文。〔註53〕

> 某尋常解經，只依訓詁說字。某釋經，每下一字，直是稱等輕重，
> 方敢寫出。〔註54〕

> 解書須先還他成句，次還他文義。添無緊要字無妨，添重字不得。
> 今人所添者恰是重字。〔註55〕

> 傳、注為古注不作文，卻好看。只隨經句分說，不離經意最好，
> 疏亦然。今人解書，且圖要作文，又加辨說，百般生疑。故其文
> 雖可讀，而經意殊遠。〔註56〕

漢儒者篤守聖人規訓，解經恪遵音讀、訓詁、制度、名物之辨，蓋器全而
利事焉，或可彌於文義之間，以增益後學。解經依經釋義，注不成文、隨
經分說。避生歧異，扞格致疑。經典者乃聖人智慧精粹所在，後儒本經以
論經，忖思而有得，此漢儒之功矣。然自晉代王、郭之輩以陰陽五行、佛
學、老莊、玄學攀附義理，或攙入辨說，歧出漢儒解經前規，所釋之文
義殊遠經義。而宋代時人解經則偏喜博引嫁接，注經成文與添些重字，
再予冗繁演繹，辨析推論。斯文雖仍可讀，惟經義已醇醨異味，讀之不免
生疑。

　　朱熹自明解經宜先斷句讀，再解文義。訓字解經，僅按詁考所得申說本
義，一字一句下筆須「稱等輕重，方敢寫出」，縱有隨經分說，仍得不失經意。
由此得見朱熹解經之慎重其事，其字字珠璣之前必得先下大工夫始成。是以
說之，時人解經成文雖猶可讀之，惟其與經義已然有失。《語類》又云：

> 解經當取易曉底語句解難曉底，不當反取難曉底解易曉者。〔註57〕

> 「德不孤」，《易》所說與《論語》不同。德盛逮原者，《易》之說
> 也；善以類應者，《論語》之說也。各指所之，不可兼用也。如《論

〔註53〕〈易三・論後世易象〉，《朱子語類》，卷67，頁1733。
〔註54〕同上註，〈朱子二・小學〉，卷105，頁2602。
〔註55〕同上註，〈學五・讀書法下〉，卷11，頁215。
〔註56〕同上註，〈學五・讀書法下〉，卷11，頁217。
〔註57〕同上註，〈季氏篇〉，卷46，頁1244。

語》「德不孤，必有鄰」，引《易》「德不孤」來說，恐將《論語》
所說攪得沒理會。〔註58〕

此處說明解經之法，宜先以淺明之語句解說艱澀者之義理，而非先取難以
解易。此處朱熹以「德不孤」章為例，闡明不同經典對於同一章句之釋義，
應然各有特定指涉事物以清始末，不可取一書之說，類比他書之義。若然，
恐是未得其解而更加糾結不清。

朱熹嘗言理會文字應逐字逐句用心看去，一事畢再理一事，一書畢再
理一書。主在專致於一，脈絡相續，條理一貫，避免思緒脈絡堆疊混淆，
造成文義走失，衍生兀奇，有橫空出世之感。務須按部就班，使之秩序井
然，一氣呵成，此乃務實有效解經之法。朱熹對於秦、漢至唐、宋儒者治
經亦有所評騭。《論孟集義·序》有云：

> 自秦、漢以來，儒者類皆不足以與聞斯道之傳。其溺於卑近者，
> 既得其言而不得其意；其騖於高遠者，則又支離蹈駁，或乃并其
> 言而失之，學者益以病焉。宋興百年，河洛之間，有二程先生者
> 出，然後斯道之傳有繼。其於孔子、孟氏之心，蓋異世而同符也。
> 故其所以發明二書之說，言雖近而索之無窮，指雖遠而操之有
> 要，使夫讀者非徒可以得其言，而又可以得其意；非徒可以得其
> 意，而又可以并其所以進於此者而得之。其所以興起斯文，開悟
> 後學，可謂至矣。〔註59〕

《中庸集解·序》復曰：

> 漢之諸儒雖或掌誦，然既雜乎傳記之間而莫之貴，又莫有能明其
> 所傳之意者。至唐李翱，始知尊信其書，為之論說。然其所謂滅
> 情以復性者，又雜乎佛老而言之，則亦異於曾子、子思、孟子之
> 所傳矣。至于本朝，濂溪周夫子始得其所傳之要，以著于篇。河
> 南二程夫子又得其遺旨而發揮之，然後其學布于天下。〔註60〕

朱熹推崇秦、漢諸儒善於注經，謹注而不述，如馬融、鄭玄之儔。認為渠
等已然「得其言而不得其意，刻板過當，意思迫窄，議論偏頗」〔註61〕，
止於注經而無闡發義理，致孔門大義未得彰顯。而理學家向來輕薄漢儒固

〔註58〕〈易五·坤下〉，《朱子語類》，卷69，頁1791。
〔註59〕〈論孟集義·序〉，《朱子大全》，第7冊，卷75，頁3944。
〔註60〕〈中庸集解·序〉，《朱子大全》，第9冊，卷27。
〔註61〕〈答南軒〉，《晦庵先生朱文公文集正集》，第23冊，頁3093。

守經注之法，是故濂溪先生云：「孔、孟而後，漢儒止有傳經之學，性道微言之絕久矣。」〔註62〕朱熹附議周子此說，是以對漢唐儒有所微詞，觀其《中庸章句・序》對「儒家傳道」統緒中未列漢唐儒者殆此由也。認為迄於唐代李翱《復性書》出，主倡人性本善，透過精神修為，以達致滅情復性而臻於聖，孔門義理伊始萌發樞機。

　　覈查李氏治經，仍有摻雜佛、禪、道思想，不全孔門所傳。俟宋代濂溪、二程出，始稱獨得孔孟千載不傳之緒，設講筵以述道，開新義理而廣佈於世矣。朱熹評述古今注經得失，不以撰者名聲之輕重而去取，惟其說以浹洽為要。較之於清儒多尊漢疑宋，儒學為權柄之粉飾，學術為上位者所操持，益見朱熹衡評諸儒之心，可謂真切而公允。《語類》有曰：

> 漢儒注書，只注難曉處，不全注盡本文，其辭甚簡。祖宗以來，學者但守注疏。其後便論道。如二蘇直是要論道，但注疏如何棄得。〔註63〕

宋代二蘇與二程等理學家，多棄注疏而直要論道，藉解經而自做文章，堪稱此儔之典型。反觀漢儒注經僅止於難曉處，用辭言簡意賅。大體而言，漢、宋儒者注經風格可謂迥然不侔。理學家多棄注疏直要論道，而宋代理學家中能尚重注疏與闡發義經其者，殆無人出於熹之右者，是以朱熹注經釋文，世多譽其博約而善美。

　　朱熹輒歎時之學風，尚重科考致仕之術，鄙薄潛研注疏與讀書之風，荒棄經典義理，偏喜喧囂爭鳴，冀求顯名於世，此於恢弘孔門大義何有益哉。有謂：「淺深疏密，毫厘之間，學者所宜正心耳。」〔註64〕堪見朱熹頻頻忡忡於學風之不古。《語類》載記劉淳叟請益「漢儒何以溺心訓詁而不及理？」熹對曰：

> 漢初諸儒專治訓詁，如教人亦只言某字訓某字，令自尋義理而

〔註62〕　黃百家有云：「孔、孟而後，漢儒止有傳經之學，性道微言之絕久矣！元公崛起，二程嗣之，又復橫渠諸大儒輩出，聖學大昌，故安定、徂徠卓乎有儒者之矩範，然僅可謂有開之必先，若論闡發義理之精微，端數元公之破暗也。」濂溪乃後世公認，宋代肇創理學之始者。詳參氏著：〈濂溪學案上〉，《宋元學案》，卷11（臺北：世界書局出版，2016年），頁284。

〔註63〕　〈祖宗三・自國初至慶曆用人〉，《朱子語類》，卷129，頁3091。

〔註64〕　宋・朱熹：〈孝宗乾道八年壬辰（1172年）〉，《宋代四書編年》，卷1。收入周春健著：《宋元明清四書學編年》（臺北：萬卷樓，2012年），頁75。

已。至西漢末年，儒者漸有求得稍親者，終是不曾見全體。〔註65〕
漢初儒者僅專守句讀、訓詁、校勘等小學之教。義理須得綜覽群籍，自尋
取逕，由博返約，以會通而有得，此殆為漢儒守訓詁而不闡發義理之用心
所在。此「令自尋義理而已」〔註66〕，可說是朱熹治經自悟心法，頗有濂
溪「令尋顏子、仲尼樂處，所樂何事。」〔註67〕之教，理學家引而不發，
欲學者深思自得之。蓋儒學自孔子始，未設成聖蹊徑，故能傳之久遠而枝
繁葉茂，此處殊值玩味，亦見朱熹論道之聖賢氣象。聖人之言，不易之理，
後之儒者崇奉謹守之足矣，以待「五百年必有王者興，其間必有名世者。」
〔註68〕以敷教、闡發先聖之微言大義。

　　「全體」意指徹頭徹尾見得義理之謂。聖人去遠，經典抄傳摻雜，本
義漸淡，致後之學者，難窺聖人作經之意。治經者亦因其才情等次及熟讀
玩味而有殊異，漢儒經學家專治一經，不求通貫且過拘泥滯，終究難得聖
人之意。迄至董仲舒《三篇》言及「夫仁人者，正其誼不謀其利，明其道
不計其功。」〔註69〕方覺妥適親切。是以朱熹意謂須以己心照映孔孟之心，
將孔孟之心為己心，始能靈犀相通，自然得出經典中聖人之意。又於〈答
王子充問學〉有曰：

> 聖人教人只是個《論語》，漢、魏諸儒只是訓詁。《論語》須玩味，
> 今人讀書傷快，須是熟方得。……須從頭看，無粗無精，無淺無
> 深，且都玩味得熟，道理自然出。且如《論語》第一便教人學，
> 便孝弟求仁，便戒人巧言令色，便三省，也可謂甚切。……聖賢
> 言語，粗說細說，皆著理會交透徹。蓋道體至廣至大，故有說的
> 易處，說得難處，說得小處，若不盡見必定有窒礙處。若是謂只
> 「言忠信，行篤敬」便可，則漢、唐以來豈是無此等人？因甚道
> 統之傳卻不曾得？亦可見矣。〔註70〕

漢儒訓詁奉行注不成文規訓，其似有預留學者推揣體玩之意。魏代何晏作

〔註65〕〈戰國漢唐諸子〉，《朱子語類》，卷137，頁3228。
〔註66〕〈戰國漢唐諸子〉，《朱子語類》，卷137，頁3229。
〔註67〕元・脫脫：〈周敦頤傳〉，《宋史》，卷427，頁12712。
〔註68〕宋・朱熹：《孟子集注・公孫丑章句下篇》，《四書章句集注》（北京：中華
　　　　書局，2014年），頁252。
〔註69〕漢・董仲舒：《春秋繁露・對膠西王越大夫不得為仁》，收入《二程遺書》，
　　　　卷9、25（上海：上海古籍出版，2000年），頁108、324。
〔註70〕同上註，〈語類・論語一〉，卷19，頁462～463。

《論語集解》攙雜佛、道、儒玄談於一，說之寬高而後人效之。此條朱熹道出《論語》之特性與研治要訣，聖賢言語雖短潔直白，然寓理無盡。是以提點貴在熟讀、慢讀、冷讀與玩味、涵詠，以致融釋與會通，道理自然湧出。蓋聖賢之言微而邃，雖有粗細難易，然自日常人倫以至天道流行，皆理一也，此乃從《論語》體悟聖人之道者所不可不知。

朱熹治學深仰伊川先生「格物致知」之學，特重讀書宜思考。程子曰：「不深思則不能造其學，不深思而得者其得易失」〔註71〕，「聖人之所以至於為聖人，而吾之所以未至者、所以未得者，句句而求之，晝誦而味之，中夜而思之，平其心，易其氣，則聖人之意可見矣。」〔註72〕又曰：「凡看《論》、《孟》，且需熟讀玩味。須將聖人言語切己，不可只做一場話說。」〔註73〕此乃程門洛學治學精神與覃思熟慮，令人蕭然。殆至科考功令興，士子多以致仕為鵠，聖語本義束之高閣。時人讀書治經汲汲求於速達，泛泛止於表象，未能體現經典義理。故朱熹往復具申讀書與治學法門，摒除時風習氣以歸正途。〈答道夫問忠信〉有云：

> 問：「伊川謂『盡己之謂忠，以實之謂信，忠信內外也』。曰：「然。大抵字義到二程說得方釋然。如『忠信』二字，先儒何嘗說得到此。伊川《語解》有一處云：『一心之謂誠，盡心之謂忠，存於中之謂孚，見於事之謂信。』被他秤停得不多半個字，也不少半個字。」〔註74〕

〈答賀孫問忠恕一貫〉有曰：

> 忠恕一貫。聖人與天為一，渾然只有道理，自然應去，不待盡己方為忠，不待推己方為恕，不待安排、不待忖度、不待覰當。如水源滔滔流出，分而為支派，任其自然，不待布置入那溝，入這瀆。自孔子告曾子，曾子說下在此，千五百年無人曉得，待得二程先生出，方得明白。前前後後許多人說，今看來都一似說夢。要之，只是個「小德川流，大德敦化」意思。〔註75〕

〔註71〕〈伊川先生語十一〉，《二程遺書》，卷25（上海：上海古籍出版，2000年），頁134。
〔註72〕〈讀論語孟子法〉，《四書章句集注》，頁45。
〔註73〕同上註。
〔註74〕〈論語三・學而篇中〉，《朱子語類》，卷21，頁522。
〔註75〕同上註，〈論語九・里仁篇下〉，卷27，頁735～736。

朱熹對二程釋說「忠信」及「忠恕」義理論講，信然推崇並讚嘆如是。誠乃感於自身體悟與斟酌的再三而語出。畢生慕道於二程，學禁之後，絪合同道蒐輯《二程文集》，乾道四年（1168）編訂《程氏遺書》，乾道九年（1173）編成《程氏外書》，淳熙二年（1175）與呂祖謙（1137～1181）合編《近思錄》。朱熹形塑二程遙契「道統」不傳之緒，二程學術乃得昌盛。藉由統緒之論述，確立二程為北宋正宗儒學之闡發者，此為朱熹表彰之功，後世通稱「程朱」，以見洛學之相承脈絡。

　　此後朱熹學思有得而自有出手，檢閱《集注》釋義、援用體例已有闡發開新，而對程氏解經之說或有斟酌調修，宜須分辨。賓四先生評述朱熹云：「先則一意尊程，後乃有貶抑程門之意。此見朱熹十年中學問轉進一大關節。」〔註76〕治學解經容或取逕有別，惟去取之間，朱熹始終徘徊於二程思想之間，《集注》不乏援引二程義理，惟其然與非然者皆有詳辨之。經聚朱熹《集注》徵引二程之語，計明道先生四十一條，伊川先生一百二十三條，未詳者三十四條，兼取者九條，凡二百七條。於徵引諸家五百七十四條中，占三分之一餘，〔註77〕比重為最，可說朱熹濡染二程學思既深且鉅。《集注》殆已回歸經典本旨義理考察與自身體悟而鎔鑄新意所使然。《文集》有曰：

　　　問：「二程解《論語》『射不主皮，為力不同科，古之道也。』」

　　　曰：「此二說都就本文上添了字多，方得解，恐未穩。這處自是分明」〔註78〕

　　　問：「伊川解『犂牛之子』，可信否？」

　　　曰：「聖人必不肯對人子說人父不善。」〔註79〕

　　　問：「仲弓問仁，孔子告之以『出門如見大賓』云云，伊川只說作敬。」

　　　曰：「程子不是就經上說，是偶然摘此兩句，所以只說作敬。公今

〔註76〕《朱子新學案》，第4冊，頁210。
〔註77〕陳鐵生：《四書章句集注考源》，收入錢穆等撰《論孟論文集》（臺北：黎明文化出版，1982年），頁61。
〔註78〕〈論語七・八佾篇〉，《朱子語類》，卷25，頁662。
〔註79〕同上註，〈論語十三・雍也篇二〉，卷31，頁824。

不消得恁地看，但且就他這二句上看其氣象是如何。」〔註80〕

問：橫渠說「絕四之外，心可存處，必有事焉，聖不可知也。」

曰：「橫渠此說，又拽退孟子數重，自說得深，古聖賢無此等議論。若如此說，將使讀者終身理會不得，其流必有弊。」〔註81〕

二程講解《論語》側重「理說」，多間附己見且引申釋義，輒致經義高遠，檢覈《語類》朱熹糾彈二程處，約有數百條之多。而朱熹解經兼及經與注，必先求得本義，再據經推說，自謂無脫聖言之語，足見其解經邃密深沉。就解經而言，此乃朱熹與二程之分歧處。若論說義理，則多酌參二程之說。解經以義理為重，必先馨盡考據之功而後推論，是非曲直只是秤等，喜憎親疏無所罣礙，尤忌囫圇吞棗，偏離經典聖語。上述徵引數條大意如是。蓋聖賢之言，百世錘鍊，差之毫釐，謬以千里，不可不慎。朱熹〈學校貢舉私議〉列述時弊與救治之法，倡論治經莫若各立家法，且以注疏為主，其曰：

聖賢之言，有淵奧爾雅，不可以臆斷。其制度名物，行事本末，又非今日見聞所能及。故治經者必因先儒已成之說而推之。漢之諸儒，所以專門名家，各守師說，而不敢輕有變焉。但其守之太拘，不能精思明辨，以求真是，則為病耳。然以此之故，當時風氣終是淳厚。近年以來，習俗苟偷，學無宗主。注經者不復讀其經之本文，與夫先儒之傳注，以意扭捏，妄作主張。今欲正之，莫若討論諸經之說，各立家法，而皆以注疏為主。〔註82〕

覈之於史，西漢武帝置五經博士，各立家法以相傳授，經學至此昌明。〔註83〕漢時風氣淳厚，宋時標異喧囂，兩代長短互見。朱熹此議先述聖人釋詁義深而不能揣，制度、名物、行事多有佚聞而不可知，治經者務先考先儒成書之說以及之。漢設專家嚴守經注不輕變，然守之固卻有戕抑開新之失。宋人疑古好論，惟推之高玄卻有脫失聖言本義。故而倡議凡各家論經治經之要，皆應以注疏為本，以保全經意與匡正時弊。朱熹此議分析明

〔註80〕〈論語二十四・顏淵篇下〉，《朱子語類》，卷42，頁1134。

〔註81〕〈論語十八・子罕篇上〉，《朱子語類》，卷36，頁998。

〔註82〕〈學校貢舉私議〉，《晦庵先生朱文公文集正集》，卷69，頁3360。

〔註83〕清・皮錫瑞撰，周予同注：《經學歷史・經學昌明時代》（臺北：漢京文化出版，1983年），頁69～75。

透，對策中肯，說之甚切，尤見其尚重注疏以治學說經，積學日久，會通古今，始成一家之言。

〈學校貢舉私議〉確然得矯時學流弊。惟宋代自由學風盛行，此議殆止於倡而難以行。而各家立法治經，輒有「以己為貴」與「不易融通」之疵。其後《論孟集注》成書，朱熹與摯友南軒常因解經往復申辨，但無所芥蒂。鵝湖之辨，朱、陸各執己見，然對九淵之才學，仍極其欽許，嗣後再度盛邀九淵至白鹿洞書院登臺講學，復將講筵精粹立碑為誌。綜上可證朱熹辨析義理，周詳邃密，精當善美，自有繩墨；處世則心寬坦蕩。故此私議當為儒學之千秋大業，學術之求真精神，非矯情虛飾也。

〈與張敬夫論癸巳論語說〉凡九十九條，逐條意見申復。茲舉兩則說明，其一：

甲、孝弟也者，其為仁之本與

> 張云：「自孝弟而始，為人之道生而不窮，其愛雖有差等，而其心無溥矣。」朱子曰：「按有子之意、程子之說，正謂事親從兄、愛人利物，莫非為仁之道。但事親從兄者，本也；愛人利物者，末也。本利然後末有所從出，故孝弟立而為仁之道生也。今此所解，語意雖高，而不親切。」又曰：「此章仁字，正指愛之理而言。《易傳》所謂『偏言則一事』者是也。故程子於此，但言孝弟行於家，而後仁愛行於物，乃著實指事而言。其言雖近，而指則遠也。今以新吾不溥形容，所包雖廣，恐非本旨，殊覺意味之浮淺也。」〔註84〕

南軒（1133～1180）與朱熹為莫逆之交，受學於五峯先生，獨得其傳。其解經之法，朱熹評其未分本末先後而陳意高遠，學者下手處便難，對註解《論語》之旨趣，體悟與掌握似猶未洽。《論語》內容所涉皆為具體之人與事，孝弟乃仁之本也，始於事親從兄，進而愛人利物。所言不離人倫日常，讀之即感親切。南軒與朱熹亦師亦友，對《論語》解說迭有交流，〈仁說〉即為一例，南軒深知朱熹解經精當不苟，有謂「熹向所呈似仁說，其間不免尚有此意，方欲改之而未暇。」〔註85〕因與朱熹往復申義而有所刪修。檢

〔註84〕〈與張敬夫論癸巳論語說〉，《晦庵先生朱文公文集正集》，卷31，頁494。
〔註85〕曾棗莊、劉琳主編：《全宋文》，卷5486（上海：上海辭書出版社，2006年），頁125571。

竅朱熹《集注》「仁者，愛之理，心之德」﹝註 86﹞乃承程子之意，亦受訾議。
朱熹嘗評敬夫「見識卓然不可及，從游之久，反覆開益為多。」﹝註 87﹞但
仍語其有「學皆疏略，從高處去」﹝註 88﹞之病，而南軒於此始終不以為言，
兩人各抒己見，皆能兼容並包且教學相長。其二：

乙、無友不如己者

張云：不但取其如己者，又當友其勝己者。

朱論：經但言「無友不如己者」，以見友必勝己之意。今乃以如己、
　　　勝己分為二等，則失之矣。而其立言造意，又似欲高出聖
　　　言之上者，解中此類甚多，恐非小病也。﹝註 89﹞

朱熹解經皆言當體悟聖語而有所發。南軒此條解經，朱熹認為已有「立言
造意」與「欲高出聖言」之虞。又將「友」分作兩類，再藉經申說己意，
顯然已逾《論語》本義。熹對張氏解經，屢指其有抒發己意與陳意高遠之
疵。解經者倘不重此細微之處，日久經意殆已淡失無味，朱熹擔憂南軒與
「湘湖學派」此類釋文之法，謂之害經誤人猶未過也。蓋李師延平先生嘗
再三叮囑，特須留意人倫、日常與治學、解經，尤當留心於分殊處而辨之。
是故朱熹對前人及時賢解經之評騭如是。

　　綜上所述，朱熹推崇漢初諸儒注解《論語》之理念和方法。渠等多遵
循先儒之注為本，隨文解義，逐條釋文，說經簡明。而以穿鑿杜撰，摻雜
己見，悖離經典義理為忌。自晉代王、郭之後，揉合佛禪、玄學治經，漸
脫聖人本意。至宋代學者多重科考探求經義者寡，朱熹憂聖道不傳乃倡專
家治經，各立家法以注疏為宗。雖尊承二程理學，惟探討《論語》義理，
仍以穩當為先，可謂「真理先於吾師」也。其與張敬夫論說義理，各抒己
見而不以為杵。荊公與二蘇多為理學家所非，然苟有優處亦不網漏。是以
朱熹學思廣博寬宏，必先理會注疏，融鑄諸說而闡發新開，旨在恢弘孔孟
核心義理，以達善美之學。

﹝註 86﹞《論語集注·學而第一》，《四書章句集注》，卷 1，頁 48。
﹝註 87﹞宋·朱熹：〈答程允夫〉，《晦庵先生朱文公文集》，卷 41，收入《朱子全書》，
　　　　第 212 冊（上海：上海古籍·安徽出版社，2002 年），頁 1871。
﹝註 88﹞〈胡氏門人·張敬夫〉，《朱子語類》，卷 102，頁 2564。
﹝註 89﹞〈羅胡氏門人·張敬夫〉，《朱子語類》，卷 102，頁 2564～2566。

第三節 《論語集注》撰作要旨與體例

一、《論語集注》撰作要旨

　　唐代之前，太學必授《五經》，《論語》之價值不及《五經》。而《語》、《孟》、《學》、《庸》四書並重，始於北宋。朱熹撰作《語孟集注》，用心最著。其後門人編輯《語類》，皆先《四書》，後《五經》。宋代理學，注重《四書》勝於《五經》，殆朱熹研治與發展理學之功，嗣後元、明、清三代多承襲朱熹學風。《論語》既為四子書之一，係學者初學與學成回歸之處，顯見其經典之雋永與重要性。《集注》援引諸家善本，凡古注十五家，宋代時賢四十一家。〔註90〕可謂博覽匯綜而苦心孤詣。《語類》〈答陳淳〉有云：

> 看文字自理會一直路去，豈不知有千蹊萬徑，不如且只就一直路去，久久自然通透。如《精義》諸老先生說非不好，只是說得忒寬，易使人向別處去。某所以做簡《集注》，便要人且只恁地思量文義。曉得了只管玩味，便見聖人意思出來。〔註91〕

此序文含涉《論語》與《孟子》二書，合稱《論孟集注》，如《精義》便覺諸儒闡發義理特寬，不易把抓核心義理。朱熹此時仍本二程及程氏門人，兼及橫渠等九家義理，輯成《論孟精義》。惟其乃輾轉蒐集二程與諸家說義，然未必與二程或聖人本意契合。年三十四成《論語要義‧序》云：「獨取二程及其門人朋友數家之說。」年四十三作《論孟精義‧序》云：「既又取夫學之有同於先生者與其有得於先生者，若橫渠張公、若范氏、二呂氏、謝氏、游氏、楊氏、侯氏、尹氏等九家之說，以附益之，名曰《論孟精義》，以備觀省。」〔註92〕可知朱熹撰作《論語要義》階段，獨尊二程，門人為次，朋友再次，其後將橫渠與二程並舉。而撰作《論孟精義》時，則僅推崇二程；嗣後《論語要義》書成，乃有抑貶二程門人之語，此乃朱熹學思遞進之過程。

　　依據錢穆總覈《集注》徵引諸說，凡得三十餘家，實為博採廣搜，虛心求善。義理方面，徵引二程及程門仍占三分之二以上，實則未見獨尊二程之意。如濂溪、康節、橫渠，上世董仲舒、韓愈，亦皆稱「子」，同於二

〔註90〕《錢賓四先生合集》，第 4 冊，頁 287。
〔註91〕〈論語三‧學而篇中〉，《朱子語類》，卷 21，頁 514。
〔註92〕宋‧朱熹：《論孟精義‧序》，收入《全宋文》，卷 5619，頁 127417。

程。〔註93〕上述自朱熹撰作《論語要義》、《論語訓蒙口義》，迄至《論孟精義》等階段撰作，皆有作序以明其緣起和提要，從中得以窺見朱熹學術轉折歷程。此前各階段之探索與撰作，尚屬試煉融釋工夫，以積累爾後成就之功，惟博學而思辨之過程，以從容體悟聖人之道，裨益擘劃撰作《集注》之宏規。淳熙四年（1177），朱熹年四十有八，書成《論孟集注》。《年譜》有曰：

> 先生既編次《論孟集義》，又作《訓蒙口義》，既約其精粹得本旨者為《集注》。又疏其所以去取之意為《或問》。……其後《集注》刪改日益精密，而《或問》則不復釐正……然辨析毫釐，互有發明，亦學者所當熟味也。〔註94〕

《語類》又載：

> 程先生解經，理在解語內。某集注《論語》，只是發明其辭，使人玩味經文，理在經文內。〔註95〕

由上兩則引文可知，《論語集注》乃朱熹集《論孟集義》與《訓蒙口義》之精萃與撮要而成。為宋代理學家理解《論語》之代表作，書成後仍孜孜矻矻，筆削不輟。誠如其言「某《語孟集注》，添一字不得，減一字不能，公仔細看」〔註96〕。朱熹受二程理學浸染甚深，已從解經者自我論道脫胎，轉向研治訓詁、辭章、考據之學，復次據經申義，探尋經典本旨所在。然去聖日遠，眾說紛陳，惟透過此種解經之法，探求聖人之意、綰合而折中乃不二法門。《集注》乃集義之精髓。〔註97〕確然是朱熹千錘百鍊之結晶。前作《論語要義》、《論孟精義》，旨在匯聚諸家之說。《集注》則對先儒、宋儒、理學之會通而闡發者，其撰作要旨在於通過考據、訓詁，注解《論語》章句、制度、名物，博採各家釋說之長，糅合程朱理學精華。而其目的在於闢禪斥佛，辨析老道，闡揚孔子大道與儒學正統，並忖思與建構符契當代且融綜新開之儒學體系。〔註98〕

〔註93〕《錢賓四先生合集》，第 4 冊，頁 211。

〔註94〕清・王懋竑撰、何忠禮點校：《朱熹年譜》（北京：中華書局，1998 年），頁 76～77。

〔註95〕〈論語一・語孟綱領〉，《朱子語類》，卷 19，頁 463。

〔註96〕同上註，頁 467。

〔註97〕同上註，頁 465。

〔註98〕此處所言「符契當代融綜而新開之儒學體系」，係指宋儒多棄注疏，不重史學、不談政事治道、不辨儒釋、諸家各有所宗，以致理學家論道無所本，

二、《論語集注》撰作體例

朱熹研治儒學肇端於韋齋公引介和啟蒙，其後一生投注《四書》之思索，殫精竭慮，孜孜以求。釋文博約，說理善美。朱熹固然著重闡發經典義理，然必先訓考以為本，乃宋儒理學之特出者。嘗曰：「某所解《語》、《孟》和訓詁在下面，要人精粗本末，字字咀嚼過。」〔註99〕經覈《集注》雖已稿成，仍字斟句酌，筆削不已，除用心於「道統」構建與《四書》串貫外，尤尚重廣博綜匯與精益求精之治學嚴謹態度。而「《集注》乃集義之精髓。」〔註100〕就注經形制考察，「集義」體例，乃反映朱熹對《論語》之「注釋成見積累和發展的歷史意義。」〔註101〕此為朱熹專致於程門論道、聚諸老所論和自我體悟之理解而發。朱熹重視考據、訓詁與義理於《集注》，皆先從整體上關注與掌握經書義理之思想脈絡，其要在於「道理可通」，嘗言「孔孟往矣，口不能言。須以此心比孔孟之心，將孔孟之心作自己心。要須說時，孔孟點頭道是方得。」〔註102〕而訓考僅屬蹄筌之用，此見其解經每輒反覆潛玩，以求放心。是以理學家尚重說理圓融，不重繁瑣考證。如伊川先生云：「善學者要不為文字所拘，故文義解錯，而道理可通者不害。」〔註103〕宋儒此種解經風格，有利於經義開新，與薄義理重訓考之清儒，其間迴異其趣。清代程逢儀《四書大全・序》有云：

> 朱子之書，廣大悉備，其學無所不通，而一生經歷尤在《四書》。
> ……余嘗博考朱子之書，見近世所詆毀朱子者，朱子早已解之；
> 疑朱子者，朱子早已定之；辯駁朱子，自以為獨得之解者，朱子
> 早已窮其弊而唾棄之。未嘗見朱子之書，而肆其胸臆，攘臂叫囂，
> 以狃侮程、朱。如是而曰吾已明聖人之道矣，吾不信也。〔註104〕

孔孟大道有陷溺之虞，是以朱熹乃忖思和建構符契當代融綜而新闢之儒學體系。斯與晚近明、清兩代，乃至民國時期所謂「新儒學」之議有所不同。

〔註99〕宋・朱熹撰，黎靖德編：〈朱子十三・訓門人四〉，《朱子語類》，卷116（北京：中華書局，1986年），頁2799。

〔註100〕宋・朱熹：〈論語一・語孟綱領〉，《朱子語類》，卷19，頁465～464。

〔註101〕陸建猷：《四書集注與南宋四書學》（西安：陝西人民出版社，2002年），頁90。

〔註102〕〈論語一・語孟綱領〉，《朱子語類》，卷19，頁463～464。

〔註103〕宋・程顥、程頤撰，王孝魚點校：《河南程氏遺書・伊川先生七》，卷11，收入《二程集》（北京：中華書局，1981年），頁637～639。

〔註104〕〈四書大全・序〉，《四部備要》，頁687～688。

按覈朱熹撰作過程，邃密嚴謹，廣博融綜，研讀其《四書》著述，字義與辭章簡潔扼要，輕重適切，以「注」媲「經」，此見朱熹窮理致知，用功至深，程氏評述可謂適切中肯。陳榮捷（1901～1994）讚稱朱熹曰：「《四書章句集注》之完成意義深遠，使此後東亞知識份子，脫離《五經》權威地位之羈絆，直探孔孟基本義理之教，並引介合理之治學方法。」〔註105〕此後《四書》先於《五經》，列為科考功令。引起如此迴響之原因，則必須探析《集注》文本之撰作體例以得究竟。《集注》乃從匯合宋學而上溯漢學諸家之說，並於回歸經典尋思之過程，透過融釋與會通，留意經文結構，著重體系思考，以闡發經典義理。檢視其注解體例，凡所注釋多從篇章旨趣、體裁結構、文字讀音、徵引典故、字辭釋義、文意解說、補充文義與推說己見等不同面向取徑，以求融釋與會通。故凡有引發閱讀歧異之虞者，即於其間往復申明。朱熹注經每每對前儒見解再三推敲、印證經文、釐清疑義乃至闡發等，其中不乏融合考據、訓詁和義理，以契符經典之意。

　　援例於書之正文前應有〈序〉或「例言」，以體現撰者章節安排、行文架構與徵引釋義之目的。朱熹畢生研治《論語》，《集注》乃其精粹、結晶也。晦翁歿後，《集注》雖有序說而體例未明。縱有《或問》及《語類》參照，然其用意深微，或未逮修訂處，後之學者恐難通曉。如是而傳之久遠或以為瑕，猶成珠遺蒼海。由是朱熹之三子朱在（1169～1239）即補敘《集注》體例，以明先生撰作旨趣及釋義之法，有云：

> 《集注》於正文之下，止解說自訓文義，與聖經正意，如諸家之說，有切當明白者，即引用而不沒其姓名，如〈學而〉首章先尹氏而後程子，亦只是順正文解下來，非有高下去取也。章末用圈而列諸家之說者，或文外之意，而於正文有所發明不容略去，或通論一章之意，反覆其說，切要而不可不知也。〔註106〕

此處引文即明《集注》於該章句正文下，先行對字訓、文義、經典本義予以解說，舉凡有引起閱讀困難之處，皆詳予說明。徵引諸家之說而明白切當者則標識其名。其後於章句之下註解《論語》本文。又於每條註下加一圈，圈下之語和章句下之語乃有區別。置於圈下之語句，其形式有二：一是

〔註105〕　陳榮捷：《朱熹集新儒學之大成》，收入氏著：《朱學論集》（臺北：台灣學生書局，1982 年），頁 19。

〔註106〕　清・朱彝尊撰，翁方綱補正，羅振玉校記：《經義考・補正・校記》，卷217（北京：中國書店，2009 年），頁 5。

綜述全章大意；二是因其非屬《論語》本義，係為引申義或發揮義，雖未符合原義，然可資以思索文本原義者。圈下援引之說，或詁不同，或義有別，僅陳而不評，或適以相成，或供讀者審擇。倘有數說併陳，則前優於後；圈下偶有「愚按」或「愚謂」之語，乃朱熹對圈下語之總結與評述。

朱熹一生推崇二程，審視《集注》中二程之語，十之七八已置於圈下，顯見其已體悟《論語》原本旨趣所在，二程之說非盡合《論語》本義也，此乃朱熹研治《論語》之重要轉折處，能自信有得而融綜開新。惟二程之說就大處而言，仍不離闡發孔孟義理範疇，故以圈內外方式予以區隔，既推尊二程，兼得啟發學者之思，誠為明智之舉，亦為朱熹撰作《集注》創發體例之用心所在。綜觀朱熹以章末用圈標示，區分經文說解與據經推說，乃在於兼得訓詁和義理，先承前人之說而後闡發開新，《集注》因而開展有條理，提供更寬廣之發揮空間，而利於辨析章句與據經說義之注經模式。撰作既成，暢達經文旨趣，由是《集注》益臻周詳之詮釋體例已然成焉。

檢覈《集注》援引諸家典據，日人大槻信良《朱子四書集注典據考》將朱熹取諸古注者悉數盤點，並以「古」、「近」、「新」等字，標示朱熹解說徵引類別，撰成《〈從四書章句集註〉論朱子為學之態度》一文，以「學古」與「革新」兩種取向，分析朱熹注解情狀，統計結果：《集注》出自「經」、「史」、「子」、「集」，及漢唐諸儒古訓古義者，計達一千二百八十三次；援取宋儒之說，或出於己見者，計七百四十二次。足證朱熹《集注》兼具學古面、革新面，以及折衷並存之集大成特質。〔註107〕由是按比例言，可謂其徵引漢、唐諸儒古注解經之傳統與朱熹本人之註經主張無不契合。就回歸撰作體例探究，或援引古注、兼採新說；或合宋儒諸說、偶徵舊解；或兼而有之，已難涇渭分明。此間或有可議之處，惟撰作體例所使然，或說瑕不掩瑜亦無不可。《集注》中有稱名徵引者，凡五十六家。茲依時序列舉如下：

漢：司馬遷、董仲舒、鄭玄、馬融、服虔、孔安國、揚雄、趙岐等八家。

〔註107〕日·大槻信良：《朱子四書集註典據考》（臺北：台灣學生書局，1776年4月）。相關成果詳參大槻信良撰，黃俊傑譯：〈從四書集注章句論朱子為學之態度〉，發表於《大陸雜誌》卷六十期（1980年6月），頁273～287。

魏：何晏、王肅等兩家。

梁：皇侃一家。

唐：陸德明、趙伯循、韓愈、丁公著等四家。

宋：程顥、程頤（二程併為一家）、呂大臨、謝良佐、尹焞、楊時、胡寅、洪興祖、游酢、吳棫、張敬夫、范祖禹、李侗、周孚先、李郁、黃祖舜、蘇軾、張載、侯仲良、劉勉之、劉安世、晁說之、劉敞、邢昺、王安石、曾幾、靳裁之、歐陽修、孔文仲、蘇轍、王勉、林之奇、鄒浩、周敦頤、陳暘、何鎬、胡安國、徐度、潘興嗣、范浚、豐稷、呂希哲等四十一家。〔註108〕

上列服虔、皇侃為後人所考，朱注原作「或曰」。至於題稱，儒學先賢多稱「子」而不名，示之尊崇，如董仲舒、韓愈、周敦頤、張載、程顥與程頤等。「二程」朱熹不予分別，皆視為一家。〔註109〕徵引師友者，李侗稱「師」，劉勉之稱「劉聘君」，張栻稱「敬夫」，何鎬稱「叔京」。其他諸儒為示尊崇與區隔，司馬遷稱「太史公」、趙框稱「伯循」、歐陽脩稱「永叔」、劉安世稱「忠定公」、劉敞稱「侍讀」、呂希哲稱「侍講」。間接引錄，或是一言可採者，如揚雄、靳裁之、王勉、潘興嗣、范俊等，皆直書其名，其他各家則多稱其姓氏而不出其名。如「蘇氏」多指蘇軾，「胡氏」乃指胡寅，「孔氏」則指孔安國。

　　理解朱熹撰作《集注》筆削不輟，主在強化《四書》道統譜系線索、〔註110〕義理脈絡通貫，〔註111〕與回應北宋諸儒對孟子思考之總結。〔註112〕

〔註108〕以上統計詳見陳鐵凡：〈四書章句注考源〉，收入錢穆等撰：《論孟論文集》（臺北：黎明文化事業公司，1982年10月），頁58～59。以及陳逢源：〈四書章句集注書目輯考〉，《政大學報》第三期（2005年），頁147～180。

〔註109〕陳逢源：〈由分而合——朱熹四書章句集注徵引二程語錄分析〉，《儒學研究論叢》，第三輯（2010年12月），頁13～40。

〔註110〕道統二字，始見朱子《中庸章句序》，上承於韓愈《原道》，溯源於《孟子》。宋·王柏（1197～1274）於〈跋道統錄〉云：「『道統』之名不見於古，而起于近世，故朱子之序《中庸》，拳拳乎道統之不傳，所以憂患天下後世也深矣。」參見宋·王柏：〈跋道統錄〉，《魯齊集》，卷11，影印文淵閣《四庫全書》，第1186冊（臺北：台灣商務印書館，1986年），頁166。宋初太祖黃袍加身，政權合法性，引起諸多論述。繼「政統」之後，儒學「道統」則引發朱熹思考藉由聖聖相傳之譜系，樹立儒者典範，乃為繫儒學道統於不墜之關鍵。遂巧妙於堯、舜、禹、湯、文、武聖人繼承環節中，補

由是多引二程之說並曲意迴護，甚而筆削經典。遂引發後人質疑朱熹訓詁不明和乖違古訓，〔註113〕缺乏證據，〔註114〕別有殊心之諍。〔註115〕朱熹遍注群經，廣蒐訓詁且往復斟酌，並於《論語訓蒙口義・序》揭示「本之注疏，以通其訓詁，參之《釋文》，以正其音讀。」〔註116〕其著眼應在先博後綜與回歸經典本旨。朱熹注經之諍誦應歸屬學術領域之詰辨，容或討論與評說，惟宜公允評析為貴。

孔子之時，禮崩樂壞，世道黯然，澤述六經，集群聖之大成。漢初儒學興，本經於治道，故自兩漢以降，儒學已具王官治道與守經傳經等特質，各時代皆有繼承、包孕和新開，此理同然，未有違例。是以從經學思想史

入孔子、曾子、子思、孟子相傳系譜，以標示孔門儒學正統性。既形塑四書經典地位，亦確立宋、明以來儒學發展主軸，於是「朱熹」、「四書」、「道統」串貫成為價值一體之概念，可謂忖思深邃，論述甚豐。

〔註111〕 朱熹云：「《論語》、《孟子》都是《大學》中肉菜，先後深淺，參差互見。若不把《大學》做箇匡殼子，卒亦未易看得。」見宋・黎德靖編：《朱子語類》（臺北：文津出版社，1986年），卷19「《語》、《孟》綱領」，頁428。又云：「先看《大學》，次《語》、《孟》，次《中庸》。果然下工夫，句句字字，涵泳切己，看得透徹，一生受用不盡。……《論語》、《孟子》、《中庸》，待《大學》貫通浹洽，無可得後方看，乃佳。」參見宋・黎德靖編：《朱子語類》，卷14「《綱領》」（臺北：文津出版社，1986年），頁249～250。朱熹認為，四書有其學習順序，四書義理是串貫融通。

〔註112〕 北宋諸儒重視韓愈過於孟子，於王安石變法思潮中，卻逐漸轉向《孟子》為核心，二程以心性議題強化《孟子》價值，朱熹進孟子退韓愈殆是接受此一時代思潮總結。參見陳逢源：〈朱熹《孟子集注》對宋代孟子議題的吸納與反省〉，《紀念孔子誕辰2560周年國際學術研討會論文集》（之四）》（北京：國際儒學聯合會，2009年9月23～25日），頁1431～1460。

〔註113〕 毛奇齡撰，張文彬等輯：《四書改錯》，卷2（嘉慶十六年重刊本），頁13。

〔註114〕 清・戴震（1724～1777），於童子之齡，質疑朱子《大學》經「蓋孔子之言，而曾子述之」；傳「則曾子之意，而門人記之」之說，缺乏有效證據。戴震十歲從學，天資聰慧，見識敏卓，為乾嘉學派實事求是之學術精神代表。詳參洪榜：〈戴先生行狀〉、王昶：〈戴東原先生墓誌銘〉所載，張岱年主編：《戴震全書》（合肥：黃山書社，1995年），第7冊「附錄」，頁4、30。

〔註115〕 清・錢大昕（1728～1804）《十駕齋養新錄》云：「道統二字，始見於李元鋼《聖門事業圖》，其第一圖曰〈傳道正統〉，以明道、伊川承孟子，其書成於乾道壬辰，與朱文公同時。」言外之意似有否定「道統」與「朱熹」之關聯。詳見清・錢大昕：《十駕齋養新錄》，陳文和主編：《嘉定錢大昕全集》，冊7（南京：江蘇古籍出版社，1997年），卷18「道統」，頁492。

〔註116〕 宋・朱熹撰，陳俊民校編：〈論語訓蒙口義序〉，《朱子文集》，冊8，卷75（臺北：德富文教基金會，2000年），頁3763。

之脈絡而言，主流與非主流、道統與非道統、門戶與學派等之見，此起彼落且興衰交替。學術者固重求真探實，然尊重多元觀點，或容有思辨空間，懷豁然胸襟，從中求同存異，豈不美哉？孔孟示教旨趣明晰，啟於微言大義，尚重進學修業與體會自得，取逕不同心得自然殊異，貴在得其所要，又授學相傳，薪傳不斷，自是人才積累與展現豐富多樣性。〔註117〕誠是「萬殊一本，一本萬殊」〔註118〕，「天下同歸而殊塗」〔註119〕。朱熹嘗試以一種鎔鑄古今、訓詁與義理之法，綰合諸家於一之用心仍待闡發，如其言：「學雖殊轍，道則同歸。」〔註120〕是故吾人探究《集注》撰作要旨與體例之時應從多元視維予以理解，對其闡發孔孟義理之評析亦宜力求超然，以得真相。

第四節　《論語集注》注釋取向與特色

一、注釋取向

（一）文字音韻，釐清屬性

《集注》於解說經文之前必先釋其音讀，明其本義，以為註解經義之依據。凡古今文字校讎，新舊讀音差異，艱澀文字廓清，字句聲調標注等，輒加注解，裨益閱讀。《集注》標注文字音讀者，計三百八十五處，五百九

〔註117〕明·黃梨洲有曰：「大凡學有宗旨，是其人之得力處，亦是學者之入門處。天下之義理無窮，苟非定以一二字，如何約之使其在我。故講學而無宗旨，即有嘉言，亦是無厘頭之亂絲也。……學問之道，以各人自用得著者為真。……學者於其不同處，正宜著眼理會，所謂一本而萬殊也。」講學固須有宗旨，以自得有用為真，假以時日，則可積累人才及呈現學術內涵之豐富性。參見黃宗義：〈明儒學案·發凡〉，見《明儒學案》，收入黃宗義撰，沈善洪主編：《黃宗義全集》，第7冊，頁5～6。

〔註118〕朱熹有曰：「蓋至誠無息者，道之體也，萬殊之所以一本也；萬物各得其所者，道之用也，一本之所以萬殊也。以此觀之，一以貫之之實可見矣。」詳參《論語集注·里仁篇》，《四書章句集注》，卷2，頁72。

〔註119〕《易經·繫辭下》，《易》曰：「憧憧往來，朋從爾思。」子曰：「天下何思何慮？天下同歸而殊塗，一致而百慮。詳見黃忠天編著：《周易程傳註評》（高雄：復文圖書出版，2014年），頁589。

〔註120〕有曰：「周、程授受，萬理一源。曰邵曰張，爰及司馬。學雖殊轍，道則同歸，俾我後人，如夜復旦。」詳參宋·朱熹：《朱文公文集》，卷86，收入《朱子集》，卷86，頁4446。

十九字。〔註121〕凡古今字、本字與聲調標示，皆得周詳適切，如「后」與「後」、「倍」與「背」、「說」與「悅」、「辟」與「闢」、「女」與「汝」、「亡」與「無」等古今文字之異同。「樂」、「見」、「惡」、夫」、「好」、「知」、「與」等，因其音韻涉及辭性和語意，音韻改變，意義則異，甚而得賦予新意，且又關乎文章義理和吟詠誦讀之呈現，故而於此細節處多有著墨。

（二）校讎文字，力求精當

對文字校讎著力深切而邃密，殆有以下諸端。一是直接校正：如《論語・述而篇》「子曰：加我數年，五十以學《易》，可以無大過矣。」朱注云：「愚按：……『五十』做卒，五十字誤無疑也。」二是援引原典校正文本：三為引據前賢之說以充實。四是難以判定者，則采兩說併陳。其運用交叉比對以詰辨，果決判斷以去取，新舊並存以查考等方法，既勘正文本，亦立下校讎善法，足以垂範後世。而此與朱熹博覽群籍，遍注群經所積累之深厚學識與經驗有密切關聯性。

（三）名制解說，考究詳實

經文中所示之名物典制，古今有別，殆為學者治學之藩籬，而為解經之根本。《集注》所涉人物，必引介其姓名、事蹟，以供參研。如《論語・雍也第六》「子見南子，子路不悅。朱注云：「南子，為靈公之夫人，有淫行。」〔註122〕亦徵引他書旁證。如《論語・八佾第三》「子曰：賜也，爾愛其羊，我愛其禮。楊氏曰：『告朔，諸侯所以稟命於君親，禮之大者。魯不視朔矣，然羊存則告朔之名未泯，而其實因可舉。此夫子所以惜之也。』」〔註123〕或遺文逸事者，則採諸說並陳。《論語・八佾篇》「周有八士」。朱注云：「或曰『成王時人』，或曰『宣王時人』。蓋一母四乳而生八子也，然已不可考矣。」〔註124〕另有天文、輿地、器物、典制等皆有詳解說。如《論語・八佾第三》「子曰：『禘自既灌而往者，吾不欲觀之矣。』」朱注云：「趙伯循曰：『禘，王者之大祭也。王者既立始祖之廟，又推始祖所自出之帝，祀之於始祖之廟，而以始祖配之也。』朱熹曰：『灌者，方祭之始，用鬱鬯

〔註121〕陳逢源：《朱熹與四書章句集注》（臺北：里仁書局出版，2006年），頁199。

〔註122〕《論語・庸也篇》，《四書章句集注》，卷6，頁91。

〔註123〕同上註，《論語・八佾篇》，卷2，頁66。

〔註124〕同上註，《論語・微子篇》，卷9，頁188。

之酒灌地，以降神也。魯之君臣，當此之時，誠意未散，猶有可觀，自此以後，則浸以懈怠而無足觀矣。」〔註125〕考說至此，器物既明，經文旨趣已顯。比較朱、趙兩注，朱《注》益顯周密。漢、魏近於先秦，解說名物典制猶勝於後世，故《集注》多徵引魏何晏《集解》之名物訓詁。蓋儒家重視典制，禮制名器即是內蘊精神而具體有徵，透過如此引證與考究，演繹詳析，始能通曉經典之原旨本義。

（四）字義訓詁，講求妥適

朱子徵引「注疏」甚廣，對字義章句闡釋，綜括經史百家大師之撰作、注疏，以至音義小學之書，皆有取用，而其文義言簡意賅，撮舉其要如下：一是標明辭性：《論語・為政篇》「詩三百，一言以蔽之，曰『思無邪』。」朱注云：「言三百者，舉大數也。」〔註126〕。二是援引舊注：《論語・學而篇》「道千乘之國」，《集解》引包咸曰「道，治也。」〔註127〕朱子云：「道，治也。」〔註128〕三是微調古注：《論語・學而篇》「人不知而不慍」，「慍」，《集解》作「怒」〔註129〕，朱注云：「含怒意」〔註130〕釋義較為妥適。四是挹補前注：原意之外增補說明。五是徵時賢語：《論語・學而篇》「夫子溫、良、恭、儉、讓以得之」〔註131〕，伊川云：「溫、良、恭、儉、讓，盛德之光輝接於人者也。溫，和厚也。良，易直也。恭，莊敬也。儉，節制也。讓，德容如是，是以諸侯敬而信之。」〔註132〕朱注云：「溫，和厚也。良，易直也。恭，莊敬也。儉，節制也。讓，謙遜也。五者，夫子之盛德光輝接於人者也。」〔註133〕文意更貼切具體。六是創作新解：《論語・學而篇》「有朋自遠方來」，「朋」，《集解》引苞咸「同門曰朋。」〔註134〕朱注云：「同類也」〔註135〕兼容前注，釋義適切。七是闡發

〔註125〕《論語・八佾篇》，《四書章句集注》，卷2，頁64。
〔註126〕同上註，《論語・為政篇》，卷1，頁53。
〔註127〕魏・何晏撰，邢昺疏：《論語注疏・學而篇》，卷1（《十三經注疏》本，臺北：藝文印書館，1985年），頁49。
〔註128〕《論語・學而篇》，《四書章句集注》，卷1，頁49。
〔註129〕魏・何晏《論語集解》，邢昺《論語注疏》：〈學而篇〉，卷1，頁5。
〔註130〕《論語・學而篇》，《四書章句集注》，卷1，頁47。
〔註131〕同上註，頁51。
〔註132〕《朱子大全・論孟精義序》，第7冊，卷1上，頁48。
〔註133〕《論語・學而篇》，《四書章句集注》，卷1，頁51。
〔註134〕梁・皇侃：《論語集解義疏》（新北：廣文書局，1991年），頁6。

義理：《論語・學而篇》曰「就有道而正焉」，朱注云：「凡言道者，皆謂事務當然之理，人之所共有者也。」〔註136〕更具廣泛適用性。八是諸經訓詁互通：《論語・學而篇》「其為人之本矣」，朱注云：「仁者，愛之理，心之德也。」〔註137〕《孟子・梁惠王上》「亦有仁義而已矣」，朱注云：「仁者，愛之理，心之德也。」〔註138〕蓋朱熹認為「仁」為孔孟思想之核心所在，關注《四書》義理融通，由是引《孟子》以釋《論語》，俾使兩經義理串貫融通。

（五）注解文義，圓融貼切

朱熹解說文字、力求親切浹洽，由字辭而推章句旨趣，注疏文義，不囿形式，撮舉如下：一、直解文意：《論語，八佾篇》「夏禮吾能言之，杞不足徵也；殷禮吾能言之，宋不足徵也。文獻不足故也，足則吾能徵之矣。」〔註139〕朱注云：「言二代之禮，我能言之，而二國不足取以為證，以其文獻不足故也。文獻若足，則我能取之，以證君言矣。」〔註140〕朱《注》此處以時語直述經文。二、援例說經：《論語・里仁篇》「唯仁者能好人，能惡人。」〔註141〕朱注：「蓋無私心，然後好惡當於理，程子所謂『得其公正』是也。」〔註142〕此引程子之說解經。三、闡發旨趣：《論語・學而篇》「慎終追遠，民德歸厚矣」〔註143〕，朱注云：「蓋終者，人之所易忽也，而能謹之；遠者，人之所易忘也，而能追之：厚之道也。故以此自為，則己之德厚，下民化之，則其德亦歸於厚也。」〔註144〕四、按覈其事：《論語・為政篇》「子奚不為政？」〔註145〕朱注云：「定公初年，孔子不仕，故或人疑其不為政也。」〔註146〕以事實直陳。五、推論經意：《論語・顏淵

〔註135〕《學而第一》，《四書章句集注》，頁47。
〔註136〕同上註，《論語・學而篇》，卷1，頁52。
〔註137〕同上註，頁48。
〔註138〕同上註，〈梁惠王章句上〉，卷1，頁201。
〔註139〕同上註，《論語・八佾篇》，卷2，頁62。
〔註140〕同上註，《論語・八佾篇》，卷2，頁63。
〔註141〕同上註，《論語・里仁篇》，卷2，頁69。
〔註142〕同上註。
〔註143〕同上註，《論語・學而篇》，卷1，頁50。
〔註144〕同上註。
〔註145〕同上註，《論語・為政篇》，卷1，頁59。
〔註146〕同上註。

篇》「子路無宿諾」，朱注云：「記者因夫子之言而記此，以見子路之所以取信於人者，由其養之有素也。」〔註147〕此依據個人學驗而推之。六、提點留心：《論語，學而篇》「巧言令色，鮮矣仁！」〔註148〕，朱注云：「好其言，善其色，致飾於外，務以悅人，則人欲肆而本心之德亡矣。聖人辭不迫切，專言鮮，則絕無可知，學者所當深戒也。」〔註149〕朱熹以己之體悟誡學者莫陷溺於此。七、感慨深致：《論語・學而篇》「子貢曰：『夫子溫、良、恭、儉、讓以得之。』夫子之求之也，其諸異乎人之求之與？」〔註150〕朱注云：「言夫子未嘗求之，但其德容如是，故時君敬信，自以其政就而問之耳，非若他人必求之而後得也。聖人過化存神之妙，未易窺測，然即此而觀，則其德盛禮恭而不願乎外，亦可見矣。學者所當潛心而勉學也。」〔註151〕聖人德容如是，期能用心效學。八、補實他說：《論語・為政篇》「父母唯其疾之憂」〔註152〕，朱注云：「言父母愛子之心，無所不至，惟恐其有病疾，常以為憂也。人子體此，而以父母之心為心，則凡所以守其心者，自不容於不謹矣，豈不可以為孝乎？舊說，人子能使父母不以其陷於不義為憂，而獨以其疾為憂，乃可謂孝。亦通。」〔註153〕九、他經互證：《論語・陽貨篇》「鄉原，德之賊也。」〔註154〕朱注云：「夫子以其似德非德，而反亂乎德，故以為德之賊而深惡之。詳見《孟子》末篇。」〔註155〕辨之是非義利，引他經互證。十、增字詁經：《論語・陽貨篇》「性相近也，習相遠也。」〔註156〕朱注云：「此所謂性，兼氣質而言者也。氣質之性，固有美惡之不同矣。然以其初而言，則皆不甚相遠也。但習於善則善，習於惡則惡，於是始相遠耳。」〔註157〕以氣質說兼容性之善惡兩說，迴避爭議，圓融其說。朱熹當知夫子言止於性，未及性有善惡之別。此處顯見朱

〔註147〕《論語・顏淵篇》，《四書章句集注》，卷6，頁138。
〔註148〕同上註，《論語・學而篇》，卷1，頁48。
〔註149〕同上註。
〔註150〕同上註，頁51。
〔註151〕同上註。
〔註152〕同上註，《論語・為政篇》，卷1，頁55。
〔註153〕同上註。
〔註154〕同上註，《論語・陽貨篇》，卷9，頁180。
〔註155〕同上註。
〔註156〕同上註，《論語・陽貨篇》，卷9，頁176。
〔註157〕同上註，頁176～177。

熹增字申說經義,並縫合二程論述。

綜上所述,朱《注》解經說義,凡有綜融直說、援例、闡發、按覈、推測、提點、慨歎、補實、互證、增字、詁說等,或使用單法,或兼用兩法,或多法交互運用。屢有籀繹文義及體悟玩味而興發己意,藉由折中義理,融通經意,以臻闡經旨趣。朱《注》處處體現窮理致知、尊篤德行與推演經典意蘊,求諸博綜會通,乃程、朱理學一脈解經論道格調。惟朱熹解經不乏「引經互證」、「增字詁經」與曲意偏護二程。是故後世述朱闡朱,諍朱攻朱者有之,門戶壁壘高築,功過毀譽,未歸一是。

(六)注解文字,徵引佐證

朱熹注解章句,徵引與評析多有所本,其形式有:一、《四書》互證:撰作《四書章句集注》意在道統傳承,內容通貫。《論語・微子篇》「我則異於是,無可無不可。」〔註158〕朱注「《孟子》曰:『孔子可以仕則仕,可以止則止,可以久則久,可以速則速。』所謂無可無不可也。」〔註159〕二、典籍互證:《論語・里仁篇》「事父母幾諫。」〔註160〕朱注:「此章與《內則》之言相表裏。幾,微也。微諫,所謂『父母有過,下氣怡色,柔聲以諫』也。見志不從,又敬不違,所謂『諫若不入,起敬起孝,悅則復諫』也。勞而不怨,所謂『與其得罪於鄉、黨、州、閭,寧熟諫。父母怒不悅,而撻之流血,不敢疾怨,起敬起孝』也。」〔註161〕三、徵前賢語:《論語・學而篇》「學而時習之,不亦說乎?」〔註162〕朱注:「程子曰『習,重習也。時復思繹,浹洽於中,則說也。』又曰『學者,將以行之也。時習之,則所學者在我,故說。』」〔註163〕四、他說補充:《論語・泰伯篇》「舜有臣五人而天下治。」〔註164〕朱注云:「或曰:『《書・泰誓之辭。』……或曰:『亂本作亂,古治字也。』」〔註165〕朱熹認為說解經文、訓詁與義理須兼顧,依詁釋意,再據經申義,為不二法。此與不讀古疏,薄鄙義理,而直

〔註158〕《論語・微子篇》,《四書章句集注》,卷9,頁187。
〔註159〕同上註。
〔註160〕同上註,《論語・里仁篇》,卷2,頁73。
〔註161〕同上註。
〔註162〕同上註,《論語・學而篇》,卷1,頁47。
〔註163〕同上註。
〔註164〕同上註,《論語・泰伯篇》,卷4,頁107。
〔註165〕同上註。

要說經論道者，可謂大異其趣。

（七）據經說理，間附己見

朱熹引前賢之說或據經說理，時有興發自得而間附己見。然多以「愚謂」、「愚按」、「按」形式，區隔經文本義，或有提點要義、解說疑義及闡發評述之意。撮要說明如下：一、闡發經文深義：《論語・學而篇》「貧而無諂，富而無驕，如何？」〔註166〕朱注：「愚按：此章問答，其淺深高下，固不待辨說而明矣。然不切則蹉無所施，不琢則磨無所措。故學者雖不可安於小成，而不求造道之極致；亦不可騖於虛遠，而不察切己之實病也。」〔註167〕二、明示引據旨趣：《論語・顏淵篇》「司馬牛問仁。」〔註168〕朱注：「程子曰：『雖為司馬牛多言故及此，然聖人之言，亦止此為是。』愚謂牛之為人如此，若不告之以其病之所切，而泛以為仁之大槩語之，則以彼之躁，必不能深思以去其病，而終無自以入德矣。故其告之如此。蓋聖人之言，雖有高下大小之不同，然其切於學者之身，而皆為入德之要，則又初不異也。讀者其致思焉。」〔註169〕三、補充引據內容：《論語・子罕篇》「可與共學，未可與適道。」〔註170〕朱注：「程子曰『漢儒以反經合道為權，故有權變權術之論，皆非也。權只是經也。自漢以下，無人識權字。』愚按：先儒誤以此章連下文偏其反而為一章，故有反經合道之說。程子非之，是矣。然以孟子嫂溺援之以手之義推之，則權與經亦當有辨。」此處顯見朱熹與程子之歧異處。〔註171〕四、提示參證方向：《論語・陽貨篇》「予欲無言。」〔註172〕朱注：「學者多以言語觀聖人，而不察其天理流行之實，有不待言而著者。是以徒得其言，而不得其所以言，故夫子發此以警之。」〔註173〕五、提示疑義所在：《論語・鄉黨篇》「子路共之，三嗅而作。」〔註174〕朱注：「晁氏曰：『《石經》嗅作戛，謂雉鳴也。』劉聘君曰：『嗅，當作臭，古闃反。張兩翅也。見《爾雅》。』愚按：如後兩說，

〔註166〕《論語・學而篇》，《四書章句集注》，卷1，頁52。
〔註167〕同上註，頁53。
〔註168〕同上註，《論語・顏淵篇》，卷6，頁134。
〔註169〕同上註。
〔註170〕同上註，《論語・子罕篇》，卷5，頁116。
〔註171〕同上註。
〔註172〕同上註，《論語・陽貨篇》，卷9，頁181。
〔註173〕同上註。
〔註174〕同上註，《論語・鄉黨篇》，卷5，頁123。

則共字當為拱執之義。然此必有闕文,不可強為之說。姑記所聞,以俟知者。」〔註175〕朱熹辨正經典章句,邏輯甚密且考據周詳,並於進學修養強調聖人氣象、〔註176〕道統尊嚴與夫子之言,凡於此處每輒往復申明,提點學者當留心與其分殊之處。

(八)綜整旨趣,會而通之

朱熹注解經意用心甚篤,莫不反覆體玩、忖思聖人之意,透過親切自然語句,綜合全篇旨趣補綴經文。然亦有未徵引前人之見,僅為個人會通之說。撮摘如下:一、總結章旨:《論語‧述而篇》「志於道,據於德,依於仁,游於藝。」〔註177〕於注之後,申明旨趣。朱注:「此章言人之為學當如是也。蓋學莫先於立志,志道,則心存於正而不他;據德,則道得於心而不失;依仁,則德性常用而物欲不行;遊藝,則小物不遺而動息有養。學者於此,有以不失其先後之序、輕重之倫焉,則本末兼該,內外交養,日用之間,無少間隙,而涵泳從容,忽不自知其入於聖賢之域矣。」〔註178〕二、申義說明:《論語‧里仁篇》「君子無終食之間違仁,造次必於是,顛沛必於是。」〔註179〕朱熹申義:「言君子為仁,自富貴、貧賤、取舍之間,以至於終食、造次、顛沛之頃,無時無處而不用其力也。然取舍之分明,然後存養之功密;存養之功密,則其取舍之分益明矣。」〔註180〕三、評析其要:《論語‧憲問篇》「以德報怨,如何?」〔註181〕朱熹評曰:「或人之

〔註175〕《論語‧鄉黨篇》,《四書章句集注》,卷5,頁123。
〔註176〕宋‧朱熹於《四書章句集注》多處論及「聖賢氣象」,北宋周、張、二程
　　　　 屢述之。《論語‧公冶長篇》朱注云:「先觀二子之言,後觀聖人之言,分
　　　　 明天地氣象。凡看《論語》,非但欲理會文字,須要識得聖賢氣象。」朱
　　　　 子等理學家所宣示之「聖人氣象」,即是將彼等推崇之聖賢將其人格形象
　　　　 展示出來,做為人們仰慕和仿效的典型榜樣。「孔顏樂處」是一種內在精
　　　　 神境界之追求;「聖賢氣象」則是一種外在人格形象之表彰。「氣象」係指
　　　　 內在修養和精神世界之外在表現,音容笑貌、言談舉止等,所構成綜合性
　　　　 之人格形象。朱子有謂:「容貌辭氣,乃德之符。」故朱子甚重個人內在
　　　　 修為與天理渾然一體之修為。參見楊儒賓:〈變化氣質、養氣與觀聖賢氣
　　　　 象〉,《漢學研究》,第19卷,第1期〈2001年6月〉,頁103~136。
〔註177〕《論語‧述而篇》,《四書章句集注》,卷4,頁94。
〔註178〕同上註。
〔註179〕同上註,《論語‧里仁篇》,卷2,頁70。
〔註180〕同上註。
〔註181〕同上註,《論語‧憲問篇》,卷7,頁158。

言，可謂厚矣。然以聖人之言觀之，則見其出於有意之私，而怨德之報皆不得其平也。必如夫子之言，然後二者之報各得其所。然怨有不讐，而德無不報，則又未嘗不厚也。此章之言，明白簡約，而其指意曲折反復，如造化之簡易易知，而微妙無窮，學者所宜詳玩也。」〔註182〕總結全章旨趣，據經申說，評析章句要義，其間不離玩味再三、持養工夫與道德深化，多以聖人之心為度。

　　綜上所述，朱熹注解《論語》體例之取向。概分有二，其一於注解語意之後，融滲義理補實與闡發。其二在間附己見之時，對於章旨脈絡多有斟酌，審度其情而靈巧調整，雖於紛雜解經申義之中，仍可察晰其對經典闡釋之方向與層次，亦能窺知其嘗試建構經典、注解與聖人之意融釋合一之用心。朱《注》在形式上雖屬注疏體例，而內容上則會通訓詁與義理，繼承注疏然又不囿限其中，語意力求親切而不失精當。較之往昔將己意攀附於文義，又未能切合語意者，晦庵先生無愧為注經翹楚。於冗雜艱澀處，經朱熹梳理即簡約直明，以益學者研閱。透過訓詁、涵詠、思辨、會通，佐以親切之辭章語調表述，俾使經典文義暢達熨貼，聖人之意浮顯跳出。

　　朱熹嘗曰：「某解經，每下一字，直是稱等，方敢寫出。」〔註183〕又曰：「某解書，如訓詁一二字等處，多有不必解處，只是解書之法如此；亦要教人知得，看文字不可忽略。」〔註184〕此處洞見其注經，注重謹慎周詳，雖闡大義而不泥固。覈之《語類》即明其間思辨歷程。朱熹融通諸家作《集注》，從語意釋文推至義理探析，博綜取優且兼抒己見，儼然串貫四書體系。注經形式雖有承前，惟經調理和鎔鑄而益勝之，故多有出藍而勝藍之，朱《注》已然超乎群倫，精粹而巍峨。宋代趙順孫（1215～1276）贊曰：「朱子四書注釋，其意精密，其語簡嚴，渾然猶經也。」〔註185〕朱熹對經典詮釋之靈光與慧見已成注經典範（paradigm）孫氏評述確然允當。

二、《論語集注》注釋特色

　　北宋之前，注解《論語》而具有時代價值之表出者，殆有東漢何晏

〔註182〕《論語·憲問篇》，《四書章句集注》，卷7，頁158。
〔註183〕〈朱子二·論自注書〉，《朱子語類》，頁2602。
〔註184〕同上註。
〔註185〕宋·朱熹《集注》，宋·趙順孫：《四書纂疏·序》（臺北：文史哲出版社，1981年），頁9。

《論語集解》與梁皇侃《論語義疏》兩家。前者乃何晏對鄭玄注解《論語》另有新開，裒撮諸家善本，突破家法而有所闡發。雖集八家之說，仍以何晏對《易傳》及道家思想融滲於儒家經典為主軸，後世於此多有質疑。而梁皇侃《論語義疏》則具備漢學傳統之章句訓詁、名物制度解說，以義理發揮為勝。惟其注說融滲濃郁之老莊、釋家與玄學思想，此種藉經申說之義疏，殆已脫失經典本義。上述《論語》兩注姑不論其功過得失，皆呈現其注釋特色。之後南宋陳善《捫蝨新話》有云：「世傳王荊公嘗問張文定公曰：『孔子去世百年，生孟子亞聖，後繼無人，何也？』文定公曰：『江西馬大師、汾陽無業禪師、雪峰岩頭、丹霞雲門是也。』公暫聞，意不甚解，乃問曰：『何謂也？』文定曰：『儒門淡薄，收拾不住，皆歸釋氏耳。』荊公欣然嘆服。」〔註186〕於此得見《論語》於彼之時被嫁接轉說之情狀。蓋孔孟之學至漢末而衰瘁，迄唐宋佛、禪、道家興盛，每輒援引儒家經典以說義，以致聖言淡失，孔孟之道不明，儒者面對嚴峻形勢自然必須有所因應。而建構儒學正統，乃儒者當前要務，遂於多元並起之際，逐漸形成一條學術之路，於紛雜之中漸趨匯流，歸於純粹。此間關鍵之處，正是朱熹融通義理之經注志業。〔註187〕而一種思潮之萌發，必有相應之時代背景使然。明乎此，則可理解朱熹為弘揚儒學，承繼往聖絕學以撰作《集注》之忖思。茲將《集注》所展現之特色，論述歸納如下：

（一）富含形上思維

朱熹說解經文，對於形上意涵多所揣度與述論，將儒學道德修為，提升至天道性命層次。主張人性本善，乃天地宇宙之價值核心，上善道德具形上本源之義。個人誠敬與學養為進階成聖之本，下順本性上應於天，以達「天人合一」之境。朱熹為彰顯儒學之形上內涵，對《論語》文中之天、道、性、理、仁等之新詮釋成為闡發焦點所在。《論語・陽貨篇》「天何言哉？四時行焉，百物生焉，天何言哉？」〔註188〕，朱注：「四時行，百物生，莫非天理發見流行之實，不待言而可見。聖人一動一靜，莫非妙道精

〔註186〕宋・陳善撰：《捫蝨新話》（鄭州：上海師範大學古籍整理研究所編：《全宋筆記》，大象出版社，2012年），頁79～80。

〔註187〕陳逢源：《融鑄與進程：朱熹《四書章句集注》之歷史思維》（臺北：政大出版社，2013年），頁1。

〔註188〕《論語・陽貨篇》，《四書章句集注》，卷9，頁181。

義之發，亦天而已，豈待言而顯哉？」〔註189〕《論語・公冶長篇》「夫子之言性與天道，不可得而聞也。」〔註190〕朱注：「性者，人之所受之天理；天道，天理自然之本體，其實一理也。」〔註191〕「天理」為一切之源，人亦因其理而生焉，其間無不有契合之處。故述論「性即理」，即朱熹詮釋「人應於天」之要津。人物有別，理氣不同，仁、義、禮、智為人所獨有，人稟於天，有純屬性理之源，異於他類。理氣既別，理更具形上意涵。萬物相因相生，乃氣使然。《論語・陽貨篇》「性相近，習相遠也。」〔註192〕朱注：「此所謂性，兼氣質而言者也。氣質之性，固有美惡之不同矣。」〔註193〕《論語・公冶長篇》「孝弟也者，其仁之本與。」〔註194〕朱注：「仁者，愛之理，心之德也。所謂孝弟，乃是為仁之本，學者務此，則仁道自此而生也。」〔註195〕朱熹詮釋「仁」，說得深邃寬泛，已具形上思考，裨益匯通諸說。《論語・子張篇》「子夏之門人小子，當洒掃、應對、進退，則可矣。」〔註196〕朱注引程子語云：

> 「君子教人有序，先傳以小者近者，而後教以大者遠者。非先傳以近小，而後不教以遠大也。」又曰：「洒掃應對，便是形而上者，無理大小故也。故君子只是慎獨。」亦曰：「聖人之道，更無精粗。從洒掃應對，與精義入神，貫通只一理。雖洒掃應對，只看所以然如何。」復曰：「凡物有本末，不可分本末為兩段事。洒掃應對是其然，必有所以然。」再曰：「自洒掃應對上，便可到聖人事。」

於後按曰：

> 程子第一條，說此章文意，最為詳盡。其後四條，皆以明精粗本末。其分雖殊，而理則一。學者當循序而漸進，不可厭末而求本。蓋與第一條之意實相表裏。非謂末即是本，但學其末，而本便在此也。〔註197〕

〔註189〕《論語・陽貨篇》，《四書章句集注》，卷9，頁181。
〔註190〕同上註，《論語・公冶長篇》，卷3，頁79。
〔註191〕同上註。
〔註192〕同上註，《論語・陽貨篇》，卷9，頁176。
〔註193〕同上註，頁176～177。
〔註194〕同上註，《論語・學而篇》，卷1，頁48。
〔註195〕同上註。
〔註196〕同上註，《論語・子張篇》，卷10，頁191。
〔註197〕同上註。

理無大小，道無精粗。洒掃應對之事，亦有形上之功。理不再是玄虛高邈，而是實踐於日用間之「慎獨」修為，自微而顯，循序漸進，以致聖人之道。於所以然之中，體會「理一分殊」，又在「分殊」間而見「理一。」朱熹自述若是，所難者係在於分殊之要處，此一關鍵之思索體會，乃出於李侗提點，〔註198〕與二程學說之啟迪。《集注》成書之後屢有筆削，朱熹對《論語》義理之思索，實有迂迴遞進之歷程，〔註199〕有曰「聖人之道，更無精粗。從洒掃應對與精義入神，貫通只是一理」。

檢視朱熹撰作《集注》之際，確有揉融二程「精神入義」〔註200〕觀點，即是不明白選擇「存有學」中之「動態」或「靜態」立場，保留「適應不同存有學立場」之空間，採取一種容許模糊之態度，此源自於對「義理信仰」之宣稱，以作為其得以詮釋「明道」時，最終「上達」之途徑。朱熹將日用之事，引申而向聖人之道應合，旨在說明「理在一念」，由此分殊。故云「失之毫釐，謬之千里」，雖是形而上論述，仍須循序漸進，從自下學處落實，始能上達聖人之境。

（二）留心德行規範

修德為儒學核心，朱熹對於德性修為甚為尚重，故於此多有往復申明，以誨後學。《論語‧學而篇》「君子務本，本立而道生。」〔註201〕朱注：「言君子凡事專用力於根本，根本既立，則其道自生。若上文所謂孝弟，乃是為仁之本，學者務此，則仁道自此而生也。」〔註202〕經義如是，德行乃君子之本。復次援引程子之語，有曰：

〔註198〕錢穆歸納朱子從延平先生處獲得啟示有三：一是須於日用人生上融會貫通，二是須讀古聖精義，三為理一分殊。所難不在理一，而在其分殊處。參見氏著：《朱子新學案》（臺北：三民書局，1982年），第3冊，頁35。

〔註199〕記曰：「朱熹追憶昔日擔任同安主簿時，出外在道定驗公事，夜宿僧寺，對此章思索不已，不得其解，又聞子規聲切，遂不能寐。路上只管思量方思量透徹。」足見朱熹治學嚴謹，學思必求周密而會通。參見〈子張篇〉，《朱子語類》，第3冊，卷49，頁1282～1283。

〔註200〕程子云：「《六經》之言，在涵蓄中默識心通。（原註：經義為本。）」（見〈入關語錄〉，《河南程氏遺書》，卷15〈伊川先生語一〔原註：或云明道先生語〕〉，同前註，頁143）「精神入義」出於《周易‧繫辭傳》載曰：「精神入神，以致用也；利用安身，以崇德也。」參見朱熹：《周易本義》，〈周易繫辭下傳第六〉，頁140。

〔註201〕《論語‧學而篇》，《四書章句集注》，卷1，頁48。

〔註202〕同上註。

「孝弟，順德也，故不好犯上，豈復有逆理亂常之事。德有本，本立則其道充大。孝弟行於家，而後仁愛及於物，所謂親親而仁民也。故為仁以孝弟為本。論性，則以仁為孝弟之本。」或問：「孝弟為仁之本，此是由孝弟可以至仁否？」曰：「非也。謂行仁自孝弟始，孝弟是行仁之一事。謂之行仁之本則可，謂是仁之本則不可。蓋仁是性也，孝弟是用也，性中只有箇仁、義、禮、智四者而已，曷嘗有孝弟來。然仁主於愛，愛莫大於愛親，故曰孝弟也者，其為仁之本與！」〔註203〕

朱熹梳理孔孟經義，將仁、義、禮、智形構為人之四端，皆以仁為本。然仁與孝弟之間關係如何？朱熹引程子之語，頻頻申義，蓋仁為本，本立然後道生。《論語·里仁篇》「仁者安仁，知者利仁。」〔註204〕朱注：「惟仁者則安其仁而無適不然，知者則利於仁而不易所守，蓋雖深淺之不同，然皆非外物所能奪矣。」〔註205〕程子釋說此條曰「蓋仁是性也，孝弟是用也，性中只有箇仁、義、禮、智四者而已，曷嘗有孝弟來。」從《論語》言，仁、義、禮、智不離人之日常行誼，宋儒喜言「理」與「性」，此已添字申義逸出《論語》原旨。然朱熹何嘗不知程子此說之疵，稽覈《語類》有云：「『性中只有個仁、義、禮、智，何嘗有孝弟來？』說得甚險。自未知者觀之，其說亦異矣。然百行各有所屬，孝弟是屬於仁者也。」〔註206〕由是乃以「深淺不同」與「非外物所能奪」之語曲意調和。錢氏對此評述有曰：「朱子縱謂二程『說得甚險』，又謂『自未知者觀之，其說亦異。』仍一意堅守，絕無游移之意。」〔註207〕縱二程之說「甚險」，然朱熹仍刻意周全，推尊之情當可意會，而賓四先生對此細節應當有所覺察。朱熹於此章再引謝良佐之說，有云：

仁者心無內外遠近精粗之間，非有所存而自不亡，非有所理而自不亂，如目視而耳聽，手持而足行也。知者謂之有所見則可，謂之有所得則未可。有所存斯不亡，有所理斯不亂，未能無意也。

〔註203〕　《論語·學而篇》，《四書章句集注》，卷1，頁48。
〔註204〕　同上註，《論語·里仁篇》，卷2，頁69。
〔註205〕　同上註。
〔註206〕　《論語二·學而篇上》，《朱子語類》，卷20，頁502。
〔註207〕　〈從朱子《論語》注論程朱孔孟思想歧點〉，《錢賓四先生合集》，第4冊，頁276。

安仁則一，利仁則二。安仁者，非顏、閔以上，去聖人為不遠，
不知此味也。諸子雖有卓越之才，謂之見道不惑則可，然未免於
利之也。〔註208〕

夫子辨明仁之價值，高下有別，上為安仁，次而利仁。儒者處世須先明辨
義利，以誠敬修身、近義遠利為本，稟性如顏淵、閔子騫之儔，始能安於
貧而樂其道矣。《論語·學而篇》「巧言令色，鮮矣仁！」〔註209〕，朱注：
「好其言，善其色，致飾於外，務以悅人，則人欲肆而本心之德亡矣。聖
人辭不迫切，專言鮮，則絕無可知，學者所當深戒也。」〔註210〕朱熹認為
聖人憎惡鮮仁矯情者，欲肆而德亡，當為讀聖人書者引為至戒。《論語·里
仁篇》「人之過也，各於其黨。觀過，斯知仁矣。」〔註211〕朱注：「愚按：
此亦但言人雖有過，猶可即此而知其厚薄，非謂必俟其有過，而後賢否可
知也。」〔註212〕賢者心中有仁，是非曲折映照於心，非必有過而知其厚薄。
苟有過，其改亦有大小、深淺、快慢之別，甚有憚改者，故觀此即知其仁
之厚薄。仁為孔門義理之本，以「志於道」為最高學階，其間必通過「為
己之學」〔註213〕，並與事、物、人、己漸次遞進會通合一。是以朱熹提點
聖賢切要之言，學者須明辨與日省，始能不昧所從。

（三）強調聖賢氣象

聖賢係儒學之道統根源與薪傳精微所在，乃學者效習和實踐之典範。
氣象是認識個體展現道德性命之法，亦為入道初學必備之學。理學家涵養
論道多重陶養自然祥和之「聖賢氣象」，藉由描繪聖賢圖像，遵循嘉言懿行，
裨益士而賢，賢而聖，聖而天之進階。朱熹尤重之，殆於儒學式微於現實
環境下，「聖賢氣象」乃復振儒學與闡發義理時所須關注之議題。特於《近

〔註208〕《論語·里仁篇》，《四書章句集注》，卷2，頁69。
〔註209〕同上註，《論語·學而篇》，卷1，頁48。
〔註210〕同上註。
〔註211〕同上註，《論語·里仁篇》，卷2，頁71。
〔註212〕同上註。
〔註213〕子曰：「古之學者為己，今之學者為人。」意謂為學之目的在於充實自己，
成就自我的仁心德行修為，欲得之於己也。此即孔門所稱「古之學者」的
從學態度。「今之學者」每輒將學問當作求取名利主要工具，企望欲見知
於人也。兩者之間迴然不同。詳見《論語·憲問篇》，《四書章句集注》，
卷7，頁156。

思錄》提出〈聖賢氣象〉專卷述論四子之說，〔註214〕並賦予新義。透過注經闡釋，配合內在修為與外在美善舉止，以明聖賢形象，藉以效學涵養以成之，審閱《集注》屢有論析。如《論語‧里仁篇》「夫子之道，忠恕而已矣。」〔註215〕朱云：「夫子之一理渾然而泛應曲當，譬則天地之至誠無息，而萬物各得其所也。自此之外，固無餘法，而亦無待於推矣。」〔註216〕夫子言行體現於日用之間，待人忠誠之謂忠，推己及人之謂恕，萬物殊而理一也。《論語‧述而篇》「子溫而厲，威而不猛，恭而安。」〔註217〕朱云：「人之德性本無不備，而氣質所賦，顯有不偏，惟聖人全體渾然，陰陽合德，故其中和之氣見於容貌之間者如此。門人熟察而詳記之，可見其用心之密矣。抑非知足以知聖人而善言德行者不能也，故程子以為曾子之言。學者所宜反復而玩心也。」〔註218〕萬物之性出於天理，聖人溫善無惡，至誠無息，陰陽合德。天理之說出於明道先生，以釋說聖賢氣象之由出與理解聖人風範之所依憑，此殆自孔子以降，宋代前之諸儒所未嘗表述。

　　《論語‧述而篇》「述而不作，信而好古，竊比於我老彭。」〔註219〕朱注：「蓋不惟不敢當作者之聖，而亦不敢顯然自附於古之賢人，蓋其德愈盛而心愈下，不自知其辭之謙也。當然是時，作者略備，夫子蓋集羣聖之大成而折中之，其事雖述，而功則倍於作矣，此又不可不知也。」〔註220〕孔子集前聖先賢之大成而闡發之，彰顯天理之功，雖述而不作，惟其功倍矣。德愈盛而辭愈謙，乃聖賢氣象之徵。〔註221〕朱熹對於氣辭之推敲與掌

〔註214〕南宋淳熙二年（1175）四月，朱熹時年四十六，深感周敦頤、張載、二程之著述閎博而浩瀚，初學者不易把抓要義。遂邀呂祖謙晤於福建「寒泉精舍」，深究渠等著述，並商議合輯理學入門之書，《近思錄》由是生焉，語取《論語‧憲問篇》「子曰：『切問而近思』之意。」計十四卷，凡六二二條。作為學習上列四子學說及《六經》之階梯，匡正「薄近鶩高」之失。參見宋‧朱熹撰，劉守訓編釋：《近思錄‧聖賢氣象》（臺南：華文鼎文化出版，2016 年），頁 3～10、169～178。

〔註215〕《論語‧里仁篇》，《四書章句集注》，卷 2，頁 72。

〔註216〕同上註，頁 72～73。

〔註217〕同上註，《論語‧述而篇》，卷 4，頁 102。

〔註218〕同上註。

〔註219〕同上註，《論語‧述而篇》，卷 4，頁 93。

〔註220〕同上註。

〔註221〕錢穆援引朱熹言曰：「大抵某解經，只是順聖賢語意，看其血脈通貫處，為之解釋，不敢自以己意說道理」又曰：「解說聖賢之言，要義理相接去，如水相接去，則水流不礙。」此係辭氣由虛而實，以訓詁之法，獲見義理。

握，輒能恰如其分，如涵詠吟誦與舉止從容等，裨益分辨經義之歧異。《論語・公冶長篇》「顏淵、季路侍。子曰：盍各言爾志？」〔註222〕朱熹引程子語曰：「夫子安仁，顏淵不違仁，子路求仁。……至於夫子，則如天地之化工，付與萬物而己不勞焉，此聖人之所為也。……先觀二子之言，後觀聖人之言，分明天地氣象。凡看《論語》，非但欲理會文字，須要識得聖賢氣象。」〔註223〕《論語・學而篇》「夫子溫、良、恭、儉、讓以得之。」〔註224〕朱注引謝良佐曰：「學者觀於聖人威儀之間，亦可進德矣。若子貢亦可謂善觀聖人矣，亦可為善言德行矣。今去聖人千五百年，以此五者想見其形容，尚能使人興起，而況於親炙之者乎？」〔註225〕觀聖人威儀以進德，實體會於日常生活與效學濡染之間，惟去聖日久，對於「氣象」之揣臆，僅能意會不易言傳。故朱熹言探尋聖賢氣象之細節與內涵，尤以禮恭謙遜為要。《論語・為政篇》「吾十有五而志于學，三十而立，四十而不惑，五十而知天命，六十而耳順，七十而從心所欲，不逾矩。」〔註226〕朱注：「程子曰：『孔子生而知之也，言亦由學而至，所以勉進後人也。』又曰：『孔子自言其進德之序如此者，聖人未必然，但為學者立法，使之盈科而後進，成章而後達耳。』胡氏曰：『聖人之教亦多術，然其要使人不失其本心而已。欲得此心者，惟志乎聖人所示之學，循其序而進焉。至於一疵不存、萬理明盡之後，則其日用之間，本心瑩然，隨所意欲，莫非至理。』又曰：『聖人此言，一以世學者當優游涵泳，不可躐等；二以示學者當日就月將，不可半途而廢也。』愚謂聖人生知安行，固無積累之漸，然其心未嘗自謂已至此也。是其日用之間，必有獨覺其進而人不及知者。」〔註227〕由此可知，朱熹謂孔子雖生而為聖仍不失本心，強調「內聖」修為，日用之間勤奮精進，學而不厭，默而識之，始能積累有成。尤須講究禮恭謙遜，棄惡存善，學習聖賢進德與道學默化之功，以達內外修為和合為一之聖賢氣象。賓四先生對朱熹於此用心評曰：「聖賢氣象為有宋理學家一絕大新發

參見氏著：〈朱子論解經〉，第4冊，頁259～260。

〔註222〕《論語・公冶長篇》，《四書章句集注》，卷3，頁82。

〔註223〕同上註，頁82～83。

〔註224〕同上註，《論語・學而篇》，卷1，頁51。

〔註225〕同上註。

〔註226〕同上註，《論語・為政篇》，卷1，頁54。

〔註227〕同上註，頁54～55。

明。」〔註228〕晦翁先生於此多所著墨，其意悠永，其貌儼然。

（四）依經推說義理

漢、唐所撰注疏，以章句注解及名物典章訓詁為主，與西漢今文經學強調經世致用之學，旨趣殊異。朱熹《集注》輯錄前賢之見，義理乃其思索關注所在。試拈《集注》徵引前賢之說、闡釋經義或融滲個人玩味自得處俯拾皆是。而其闡發之際，個人自得益漸純厚，已然超乎訓詁與考據之傳統層次，何以致之？實為時代環境因素使然。魏、晉戰亂頻仍，人心慌浮。唐、宋之際，釋、道興盛，上自帝王，下至庶民，多崇信追求安頓內在身心之生命實踐，古賢注疏已非所重。經學研治繁瑣艱深，非鴻學碩儒不易通曉。而宋代疑古改經之風盛，是以多輕漢唐注疏而側重科令辭章，說經好高遠、喜橫論，與漢、唐治學之法迥異。〔註229〕朱熹答安定先生問解經如何？對曰：「尋常亦不滿於胡說，解經不使道理明白，卻說其中多使故事，大與做時文答策相似。」〔註230〕象山先生對《論語》抒發己見有曰：「《論語》中多有無頭柄之說話，如『知及之，仁不能守之』之類，不知所及，所守者何事；學苟知本，六經皆我註腳。」〔註231〕由上兩例徵引可知彼時文風如斯。

面臨前述之大環境氛圍與須採相應之對策，或主動反思，或被動調適，終而蘊發說經與論道糅合於一，經典義理經由博覽自得而折中之發展趨向。如《論語》等經典富含哲理性，普受廣泛而多元詮釋。朱熹既吸納

〔註228〕賓四先生曰：「孔子集大成，聖之時者。然後人學孔子，亦有後人之時，不能與孔子同。宋代理學家提出氣象二字，如天有陰晴晦明，氣象不同，而同為一天。要之，此等氣象則為天之氣象，乃可於不同中見同。人之具體行事各不同，果為聖賢，則其行事雖不同，而氣象則亦大體相同。學聖賢，非可依其時依其位學其行事，如知學其氣象，則庶可有入德之門，亦可期成德之方矣。然所謂聖賢氣象究何指，則不如陰晴晦明之易見易知。能依此目所言反之身，求之心，則亦近在一己身心之內，庶可俯仰而自得，亦可朝夕於斯而日進無疆矣。此為有宋理學家一絕大新發明。通天人，合內外，即小以見其大，即近以求其遠，難於言宣，而可以神會，此乃為學做人一條極高明而又極中庸之道路，有志聖學者絕當注意。詳參錢穆：《宋代理學三書隨札》（北京：新知三聯書店出版，2002 年），頁 152。

〔註229〕〈經學積衰時代〉，《經學歷史》，頁 274。

〔註230〕〈尚書一〉，《朱子語類》，頁 2025。

〔註231〕宋・陸象山撰，鍾哲點校：《陸九淵集》，卷 34（北京：中華書局出版，2008 年），頁 395。

周、張、二程與釋、老二家之長，萃取義理之要，使經典具有深邃且契符時代新義；另則揚棄傳統解經之法，置重點於義理探求與闡發，融鑄以成理學。〔註232〕由是說經義理化，匯綜開新，以彰顯《論語》微言大義。〔註233〕故其後乃萌發串貫四書義理之鴻作。綜觀朱熹注經特色，歸納其用心所在有三，說明如下。

甲、本注疏、逆聖語，開新經典義理

朱熹畢生注經不惙，論氣魄與堅毅，殆為宋代儒者學思無厭，誨人不倦之表率。對於《論語》義理探求與闡發，從匯集前賢群儒釋說、研採語體呈現形式，透過問答詰辨與口語直白表述，以求經典義理浹洽親切。藉由評騭漢唐善注疏，往復辨擇以旁通四書，又留心琢磨於訓詁，典制、名物、考據、辭章與善美論述之間，俾使經典義理鎔鑄開新。如此之秩序和鋪陳已然成為朱熹兼容擬古、折衷與創新之注經機制。蓋回歸原典而探求聖語之意，為其治學注經核心理念。雖如危木橋子，博雜耗時，然未能遍覽群籍，如何知人論世、〔註234〕溫故而知新，〔註235〕以體現聖人之心。仰慕聖道，繼承儒學道統，為朱熹畢生志業。雖去古日遠，聖人無語，道統溺陷，孟、荀之儒者乃汲汲立說以明道。惟推經述義須有所本，而不棄注疏，格物致知，以意逆志，乃可得之。〔註236〕此誠兩難之擇，倘未有博綜開新之卓識與儒者剛果決烈之情志者，焉能光昌孔門之學，弘揚孔孟之義。朱熹《中庸章句·序》有曰：

> 夫堯、舜、禹，天下之大聖也。……自是以來，聖聖相承：若成湯、文、武之為君，臯陶、伊、傅、周、召之為臣，既皆以此而接夫道統之傳。若吾夫子則雖不得其位，而所以繼往聖、開來學，其功反有賢於堯舜者。然當是時，見而知之者，惟顏氏、曾氏之

〔註232〕 葉國良、夏長樸、李隆獻著：《經學通論·宋代的經學》（臺北：大安出版社，2014年），頁657～659。

〔註233〕 同上註，〈唐宋的經學史〉，頁143～144。

〔註234〕 孟子曰：「以友天下之善士為未足，又尚論古之人。頌其詩，讀其書，不知其人，可乎？是以論其世也。是尚友也。」《孟子集注·萬章下篇》，《四書章句集注》，卷10，頁319。

〔註235〕 子曰：「溫故而知新，可以為師矣。」詳參《論語集注·為政篇》，卷1，《四書章句集注》，頁57。

〔註236〕 孟子曰：「故說《詩》者，不以文害辭，不以辭害志。以意逆志，是為得之。」《孟子集注·萬章上篇》，《四書章句集注》，卷9，頁311。

傳得其宗。及曾氏之再傳，而復得夫子之孫子思，則去聖遠而異端起矣。……自是而又再傳以得孟氏，為能推明是書，以承先聖之統，及其沒而遂失其傳焉。則吾道之所寄不越乎言語文字之間，而異端之說日新月盛，以至老佛之徒出，則彌近理而大亂真矣。〔註237〕

檢覈引文，得以窺見《集注》對諸說去取、釋義方式，迥殊於秦、漢以降重注疏守經之風。致聖道佚聞，不得其意，或支離言失。〔註238〕謹守注疏，未能切合時義，是以旁說佛、老相互浸潤，以致惡紫奪朱。朱熹孜孜恪恪，夙夜匪懈包孕新出，以興孔門學統。雖歷程艱厄，終能雲開天青。檢覈〈答劉季章書〉幾可體會朱熹於艱難之中，成就學術志業。宋理宗之後《四書章句集注》日盛，歷元、明迄清為官學，提綱扼要則以《論語》為宗。〔註239〕《集注》既攬《論語》精義，綜括孔門思想與學說，融匯畢生治學精粹。其後朱子學說流佈東瀛、歐美諸國，迄今方興未艾，成為影響人文學術研治與生命價值探索之孔學鴻儒。皮錫瑞評曰：「漢學至鄭君而集大成，於是鄭學行數百年。宋學至朱子而集大成，於是朱學流佈數百年。懿彼兩賢，師法百襈」。〔註240〕皮氏評述，適切合理，並無過飾。

乙、匡時風、辨釋老，闡揚孔門之學

朱熹年三十一，三訪業師李侗（1093～1163），〔註241〕得延平之啟轉治儒學，《語類》載曰：「李先生為人簡重，卻是不甚會說，只教看聖賢言

〔註237〕〈中庸章句・序〉，《四書章句集注》，頁14～15。

〔註238〕〈論孟集義・序〉，《朱子大全》，卷75，頁20。

〔註239〕錢穆針對如何掌握孔子之學有云：「其實論孔學，不當僅止於《四書》。即戰國、秦、漢以來兩千五百年，凡治孔學者，其言論行事，皆當和會融通，一以貫之，始足以發明孔學之全體真相。不當偏在《四書》，更不當偏在《論語》。惟提綱扼要則以《論語》為主，《孟子》、《大學》與《中庸》為副，始足以把握孔學之精要。」參見《文集正集》，第4冊，頁41。

〔註240〕〈經學積衰時代〉，《經學歷史》，頁281。

〔註241〕李侗，字愿中，南劍人，世稱延平先生，為程頤三傳弟子。從師楊時、羅從彥，得授《春秋》、《中庸》、《論語》、《孟子》。學成隱居山田，謝絕世故四十餘年。主張「理與心一」、「靜坐澄心，體認天理」之方法論。又器重朱熹，傳授朱熹「洛學」之要。自此朱熹既承襲二程「洛學」，綜括北宋各家思想，奠定朱學之基礎。嗣後朱熹於武夷山偕其門下，將李侗語錄輯成《延平問答》。參見宋・朱熹：《延平答問》，影印文淵閣《四庫全書》，第698冊（臺北：台灣商務印書館，1986年），頁671。

語。某遂將那禪來權倚閣起。意中道，禪亦自在，且將聖人書來讀。讀來讀去，日復一日，覺得聖賢言語漸漸有味。卻回頭看釋氏之說，漸漸破綻，罅漏百出。」〔註242〕熹嘗耽於釋、老，鑽研禪、道思想，嗣後以世致用觀點辨析其間歧異所在。而昔溺於釋老所學，日後竟成駁釋老之筌蹄。

考之於史，宋真宗（968～1022）、徽宗（1082～1135）二帝，先後手詔〈崇釋論〉〔註243〕與〈天下學校諸生添置內經等御筆手詔〉〔註244〕，由是皇權宣稱與科考功名推拉之下，孔門儒學猶如屋漏逢雨。蓋皇權難違，利祿現實，士大夫及時人探尋性靈寄託與處世圭臬，因流入釋、老者不可勝數，時風已然如此。而志於道之儒者應然積懣難紓，批駁釋老弘揚儒學乃為當務之急。面對唐、宋以降，政治、經濟、社會與學術嬗變之情勢，朱熹須得思考建構儒學道統之必要性。固因朱熹昔日曾鑽研釋、老，熟稔其旨，故能駁其玄虛空寂之說。朱熹徵引程子語曰：

> 程子曰：「以吾觀於釋氏，句句同，事事合。然以其本之不正，是以卒無一句一事之同。」正謂此爾。或問於胡文定公曰：『禪者以拈槌豎佛為妙用，如何？』公曰：「以此為用，用而不妙，須是動容周旋禮，方始是妙用處。」以此求之，楊氏之言，其得失可見矣。〔註245〕

佛、老兩氏所言義理，終須以「正心」、「誠意」方得妙用，此與儒家主張稍殊異見，而其高明處反見於儒學。程子謂釋氏「句句同，事事合」，惟辨之正則「卒無一句一事之同」，此殆指成聖與道體言。朱熹言：「至老佛之徒出，則彌近理而大亂真矣。」〔註246〕其間僅在一分殊。曩昔儒、釋、道三教義理已互採通義，隨著時代變遷而處於彼此消長之競逐狀態，迄五代

〔註242〕〈朱子一〉，《朱子語類》，頁2594。
〔註243〕宋真宗云：「釋氏戒律之書，與周、孔、荀、孟跡異而道同，大旨勸人之善，禁人之惡。」參見《全宋文》，宋·趙恆撰：〈崇釋論〉，《古今圖書集成·神異典》，卷72，頁144。
〔註244〕宋徽宗手詔曰：「由漢以來，析而異之，黃老之學遂與堯、舜、周、孔之道不同。……朕作而心之，就其本始，使黃帝、老子、堯、舜、周、孔之教偕行於今日。」此可謂上行下效，推波助瀾，影響人心深遠，可能造成宋初儒、釋、道三教經典義理相互攪雜融滲情形。參見宋·趙佶：〈天下學校諸生添置內經等御筆手詔政和八年八月二十一日〉，《宋大詔令集》，卷224。或參見《通鑑長篇記事本末》，《全宋文》，卷3601，頁289。
〔註245〕《孟子或問》，《朱子大全》，頁524～526。
〔註246〕宋·朱熹：《中庸章句·序》，《四書章句集注》，頁15。

至唐宋之際尤劇，此又關乎社稷興衰和儒學道統之絕續。朱熹深諳斯理，乃留心聖人平實之教，不離人倫日用之常，以正巧取時風。而其擯斥釋老，捍衛孔門儒學，必然歷經審視、盱衡、忖思與前瞻之歷程。晦庵先生從出入釋老，終而返儒，辨之書之，廣開講筵，述教孔門之學，是以「新儒學」〔註247〕由此光昌。

丙、注四書、通經義，建構儒學道統

朱熹從「回歸經文，說經義理化」之思考，傳承儒學須是道統與經典契合，此之關鍵即在經書義理化之串貫與論述。朱熹言「夫堯、舜、禹，天下之大聖也。……自是而又再傳以得孟氏，為能推明是書，以承先聖之統，及其沒而遂失傳焉。」道統承續，莫此為重，況失傳焉。是以道統思想體系，如何在儒家經典中得到內外在之聯繫和落實，似是朱熹在往復思考後所獲得之具體總結。《論》、《學》、《庸》、《孟》四書，即是道統傳承之瑰寶典籍，充滿儒家聖人智慧所在，儒學經典透過義理申說，把握核心思想，建構系統性思維，藉由《四書章句集注》之整體性、連貫性與形而上之詮釋，以融通義理而成儒學道統。

綜合上述，朱熹對漢、唐儒僅止注疏守經而無闡發義理感到美中不足，故而力主必依循古注與讀書窮理，會通自得而闡發義理，此則兼顧兩端治學方法與據經推說，開闢一條具體可行之治經紹經。北宋諸儒多認為儒家道統自孟子沒而失，至二程出方得孔孟秘傳。昔文定嘗云「儒門淡薄，收拾不住，皆歸釋氏耳。」〔註248〕此既是憂心也是無奈之語。嗣後或有「佛教實有功於中國甚大」〔註249〕之論，然如何分辨儒、釋、道之殊異，確然

〔註247〕賓四先生云：「下及宋儒，便使人易於聯想到理學，理學則後人稱為是一種新儒學。」參見錢穆：《朱子新學案‧朱子學提綱》，第 1 冊，頁 10。

〔註248〕宋‧陳善：〈儒門迭為盛衰〉，《捫虱新話》，卷 10（上海：上海書店，1990年據涵芬樓舊版影本）。

〔註249〕陳寅恪云：「佛教於性理之學（Metaphysics），讀有深造。足救中國缺失，而為常人所歡迎。唯其中之規律，多不合中國之風俗習慣，如祭祖、娶妻等，故昌黎等攻闢之。然闢之而另無以計其乏，則終難遏之，於是佛教大盛……故佛教實有功於中國甚大。……自得佛教之裨助，而中國之學問，立時增加元氣，而別開生面。宋儒若程〔頤、顥兄弟〕若朱〔熹〕，皆深通佛教者。」陳氏言此，乃現代學者回顧佛教對中國文化之影響，尤於唐、宋時期，儒、釋、道相互融滲消長。然而從北宋當代儒者而言，其深層憂慮，當可想見。詳參吳學昭：《吳宓與陳寅恪》（北京：清華大學出版社，1992 年），頁 10～11。

是北宋諸儒最重要而無法迴避之首要課題。宋代徽宗帝前，中央與地方官僚多不斥釋、老之教，且予諸多融通。庶民階層對渠等亦較具同情與諒解。另則禪宗興起，多有道士、禪師兼通儒學，彼此談禪論道，建立深厚情誼與融通義理，直接裨益叢林，是以釋、老益加昌盛。〔註250〕尤在宋真宗詔告天下「釋氏戒律之書與周、孔、荀、孟跡異而道同，大旨勸善禁惡」，暨徽宗宣諭「使黃、老、堯、舜、周、孔之教偕行今日。」等宣稱，對於此下儒、釋、道之發展投下巨大變數，而此與朱熹日後學思進路必有因果關係。由是在多元紛雜並起之際，返歸純粹之學術路徑。其關鍵之處正是朱熹融通義理之經注志業，是故朱熹以二程之後道統繼承者自任，講經及作注多引其說，合道統者即真理，不合乎道統者即非真理。換言之，能承繼道統者必有其絜矩，並寓含區別性與排他性之符號，對於認同孔孟大義之宋儒與非孔孟之徒者，須秉大是大非之原則，立場昭然地予以忠誠支持或嚴正批駁，以維護純正儒門學統。順此理推即可透析出朱熹晚年，對二程說未合處而有回護之深意所在。再則書作《太極圖說》、《通書》、《西銘》解義，推尋及會通二程心性涵養工夫，理解周敦頤、張載形上學、宇宙論之思維，再融入自得之讀書法，專注格物致知心法，以臻天人之道。於焉三家相銜，邐接孔孟道統，其意顯矣。昔孔子評管仲曰：「微管仲，吾其披髮左衽矣。」〔註251〕蓋孔子以為夷吾有守禮牧民之功。同理論之，倘無朱熹用心於儒學，辨其與釋、道之歧殊，今日吾人將於何處覓得孔學之真義乎？

〔註250〕黃啟江：《北宋佛教史論稿》（臺北：台灣商務印書館，1997年），頁372。
〔註251〕〈憲問篇〉，《四書章句集注》，卷7，頁154。

第五章 《論語集注》與《論語新解》之比較

第一節 撰作旨趣與體例

一、朱熹《論語集注》撰作旨趣

挨諸經史，歷朝興衰轉承，各有曲折和迥異。自唐代，儒學積衰，遂於兩漢與魏晉，曹操〈蒿里行〉、韓愈〈論佛骨表〉可窺其端倪。殆久歷兵燹，人若蜉蝣，安頓身心，自是人心祈求。釋家、道家之說，頗富出世情懷，摒外緣返歸於心，契符時人想望。何、王攄玄學注《論語》，為世所貴，士風相扇，廣布流傳。洙泗之風，庶幾墜焉。韓愈〈原道〉辨釋、老，然闢之深重，猶未得其要，釋、老益行愈熾。而退之師友，如裴度、柳宗元、李翱之儔盡皆陷溺。歐陽脩遂謀新徑，改弦易轍冀以勝之，〈本論〉有云：

> 佛法為中國患千餘歲，世之卓然不惑而有力者，莫不欲去之。已嘗去矣，而復大集，攻之暫破而愈堅，撲之未滅而愈熾，遂至於無可奈何。……堯、舜、三代之際，王政修明，禮義之教充於天下，於此之時，雖有佛無由而入。及三代衰，王政闕，禮義廢，後二百餘年而佛至乎中國。由是言之，佛所以為吾患者，乘其闕廢之時而來，此其受患之本也。……今佛之法，可謂奸且邪矣。蓋其為說，亦有可以惑人者。使世之君子，雖見其弊而不思救，

　　岂又善惑者歟？抑亦不得其救之之術也。救之，莫若修其本以勝

　　之。〔註1〕

永叔〈本論〉與〈集古錄〉為斥釋、老之作，其遣詞犀利甚於退之，言「佛

為中國大患」及「奸且邪」，千禧沉痼非旦夕可解，有惑而不辨、見弊不

救，或善惑者，惟攻之而彌堅，皆不得撥正之法。由是觀之，歐陽氏對於

佛禪如何東來，又何以漸被中土人士所喜，似未得其原由。尤為世之君子

「見其弊而不思救」，蓋士者，時之砥柱，不思闡揚聖人之學而至於此，著

實令人扼腕頓足，故採「修本以勝」。是時儒者闢佛禪常以「反天常，滅人

倫」為論，然信佛禪與否，擇去之間其關鍵似不在此，佛禪之能普及眾生，

正在其方寸間當下之感知。儒、釋、老之辨，破立之間似未得要領，是以

儒學積衰依舊。朱熹感於孟軻孳孳而汲汲闢佛斥道，廓清聖人之教，是以

有感而發，其曰：

　　聖人之道，必明其性而率之，凡修道之教，無不本於此，故雖功

　　用充塞天地，而為有出於性之外者。釋氏非不見性，及到作用處，

　　則曰無所不可為，故棄君背父無所不至者，由其性與用不相管也。

　　異端之害道，如釋氏者極矣。以身任道者，安得不辨之。如孟子

　　之辨楊、墨，正道不明而異端肆行，周孔之教將遂絕矣，譬如火

　　之焚將及身，任道君子豈可不拯救也。〔註2〕

朱熹剖陳聖人之道，必出於人性而使其明之，且以為表率。釋氏棄人倫、

悖本性、棄君背父，言之無所不可為，異端之害則莫此為甚。由是聖人之

教將絕，幸有「孟軻乃述唐、虞、三代之德，是以所如者不合。退而與萬

章之徒序《詩》、《書》，述仲尼之意。」〔註3〕此剛果決烈乃志於道之儒者

特有風範，間不容縷辨斥楊、墨異端，以扶危定傾。《文集》〈答許順之〉

朱熹對儒、釋之分殊有所申辯，有曰：

　　聖門之學，以求仁格物為先，所以發處自然見得是非可否，不差

　　毫髮。其工夫到與不到卻在人。今吾友見教，要使天下之人不知

〔註1〕宋・歐陽修：〈本論〉，《歐陽修全集》，卷17（北京：中華書局，2001年），
　　　　頁122。

〔註2〕錢穆：《朱子新學案》，第5冊（臺北：聯經出版事業公司，1992年），頁
　　　　257。

〔註3〕宋・朱熹：《孟子序說》，《四書章句集注》（北京：中華書局，2014年），頁
　　　　197。

有自家，方做得事。且道此一念從何而來？喚做本心，得否？喚
做天理，得否？真是私意上又起私意。縱使磨挫掩藏得全不發露，
似個沒氣底死人，亦只是計較厲害之私，與聖門求仁格物、順理
涵養氣象大故懸隔。信知儒、釋只此毫釐間，便是繆以千里處，
卻望吾友更深思之。〔註4〕

順之乃朱熹早期入門弟子，問學勤實。初亦陷入禪門，旋經啟之，自佛返
儒。蓋儒、釋之間，儒實而釋虛。儒重日用之間，藉格物致知、順理涵養
工夫以證道；釋氏渾然忘我，放空本心，盡皆為私，謂靜坐冥思可以悟道。
朱熹認為「求道」須從格物致知，順理涵養氣象起始，非如佛氏言放空即
可。此正其岐異之處，即「差若毫釐，繆以千里」〔註5〕是也。殆初心不同，
結果必然有別，是以不可不慎辨之。

北宋初年，諸儒側重闡孔揚儒，自外於釋老，旨在闡揚孔門與儒學正
統，如歐陽修、王安石、蘇轍等多疑經，以獨尋遺經為貴，緣以論道立
說，成一家之言，有先秦諸子齊鳴之勢。後固有逃禪入道，或融通有得，
或返儒治學者。甚或程門、象山解經論道不乏佛、禪、老之談。自濂溪、
橫渠、明道、伊川等四先生出，融釋經、史、子、集，匯合諸家所長共冶
於一爐，對義理恢弘開新，猶是振興儒學之源頭活水，甚受士林所重。因
其側重內在心性義理之學，是以名之為理學或道學。朱熹治經固有北宋諸
儒學風，屢有論述經義並抒自得。惟仍恪恪守漢、唐治經，尚注疏，參《釋
文》，注不成文之法。由訓考而本義，復據本義闡發義理。《論語訓蒙口義》
有曰：

本之注疏以通其訓詁，參之《釋文》以正其音讀，然後會之於諸
老先生之說，以發其精微。祖宗以來，學者但守注疏，其後便論
道，如二蘇直是要論道，但注疏如何棄得。〔註6〕

朱熹以自身經驗，勉勵學者讀書治經之要，須細讀、慢讀，由博而約，以

〔註4〕宋・朱熹：〈答許順之〉，《朱子文集》，卷39（臺北：德富文教基金會，2000
　　　年），頁1644。

〔註5〕《禮記・經解》云：「故禮之教化也微，其止邪也於未形，使人日徙善遠罪
　　　而不自知也，是以先王隆之也。《易》曰：「君子慎始，差若毫釐，繆以千
　　　里。此之謂也。」參見王文錦：《禮記譯解》（北京：中華書局出版，2016
　　　年），頁755。

〔註6〕宋・朱熹：〈論語訓蒙口義・序〉，《朱子大全》，卷75（臺北：中華書局出
　　　版，1983年《四部備要》景明胡氏刻本校勘本），頁3925。

達「心融神會，默與契合」，縱其間有抒發己見仍須有所宗，此殆讀書治學之心法，看似迂拙，確是篤實。時之士風輕薄注疏者多有所在，或語開前賢後接己見，或陳義寬泛無涯，或論述無所本，或翻空易奇，此皆為擅於治經者所不許。尤特蘇氏昆仲同登進士，馳騁文壇獨領風騷，學者與士大夫翕然從之。軾之思想以儒學為本，雜以佛、老頗有寬博自然之氣象。轍亦宗於儒，初為文激切，後沉靜簡潔，不惑年後即濡染佛理漸深。〔註7〕兩人文采炳煥，喜暢論抒懷。雖仕途侘傺屢遭詔毀申禁與構陷貶謫，〔註8〕而無遷臣窮慼之態。終是秀傑難掩，蘇文益勝，傳誦千古。〔註9〕惟其薄注疏而攙雜，雖論道高曠雄視，不免使孔學淡薄。

　　注經非是屬文。朱熹治經兼容前賢注疏與專家師說，掌握聖賢薪傳與經義無失，以不昧於經典義理。換言之，解經端視其對經典義理之闡發是否親切允當，或採擇守古、融綜、開新，皆有賴於治學積厚，迎照聖人之言，復以靈光慧見而為之，方得經典體要，朱熹注經亦復如是。然對於提升治經整體品質且能標本兼治之法，朱熹〈答曾景建〉有曰：

> 治經必專家法者，天下之理，固不外乎人之一心，然聖賢之言，有淵奧爾雅，不可臆斷者。其制度名物，行事本末，又非今日見聞所能及。故治經者必因先儒已成之說而推之。漢之諸儒，所以專門名家，各守師說，而不敢輕有變焉。但守之太拘，不能精思明辨以求真是，則為病耳。然以此之故，當時風俗終是淳厚。〔註10〕

於此可知，朱熹自始以會通融鑄前儒之學，為新儒學尋徑闢路。其研治經學，雖以漢、唐古注為主，然於北宋諸儒、理學家及南宋賢儒之說亦多有參采。其目的在於融貫古今，匯集眾流，採擷英華，以創新猷，至《論語

〔註7〕自云：「昔予年四十有二，始居高安，有一二衲僧游，聽其言知萬法皆空，惟有此心不生不滅；以此居富貴處貧賤，二十年於而心未嘗動。」顯見蘇轍潛研佛理篤深。詳參宋·蘇轍著，陳宏天、高秀芳點校：《蘇轍集》（北京：中華書局，1990 年），頁 1137。

〔註8〕記曰：「詔毀蘇軾、司馬光文集板，已後舉人習元祐學術者，以違詔論。」朝廷雖嘗禁蘇文，然禁之愈嚴而傳之愈多。詳參《長編·拾補》，卷 47，宣和五年七月己未條引《續宋編年資治通鑑》，頁 5577。

〔註9〕陸游：「建炎以來，尚蘇氏文章，學者翕然從之，而蜀氏尤盛；有語曰『蘇文熟，喫羊肉；蘇文生，吃菜羹。』」足見三蘇詩文之於當代之影響深鉅。詳參宋·陸游著，李劍雄點，劉德權校：《老學庵筆記》，卷 8（北京：中華書局，1979 年），頁 100。

〔註10〕〈答曾景建〉，《朱子文集》，卷 61，頁 2974。

集注》乃如是。理學家本重論道闡發，自立新意乃為之常，惟新說愈盛，競逐喧囂立異，不免有「以意扭捏，妄作主張」者，若此則離聖日遠，經義偏脫。朱熹了然於北宋之前先儒「滯固注疏，守經不發」，與理學家「鄙薄漢唐直要論道」之風，特將解經與論道予以區隔，並緊扣兩端之學，尤重讀書窮理和先儒注疏之間折中以求是。遂力倡「各守師說」與「各家立法」皆以注疏為宗，以發揮積累格致與精實博約之功，確乎經義無失。各家懍於家法薪傳與守經歸責使然，是以無敢輕變。朱熹倡議此法，深知「守之太拘」輒有「不能精思明辨以求真」之虞。故宜「因先儒已成之說而推之」始能有所闡發。

　　然而倘各家僅治一經而各守師說，不相並比參照以旁通他經，若何融綜諸經意旨，會通聖人之語，以成儒學體系？是以朱熹重視古疏，折中經學與理學，其意殆為聖人之語遍見各經，雖其述語譬喻有別，然其理一也。而各經實互為表裏，有體用之輔，宜融合相濟，恢宏闡述串貫，裨益新開義理，彰顯孔孟大義。朱熹復針對並世學者談經風尚日趨窳陋，慨然指陳談經「四病」之患，《語類》有曰：

> 今之談經者，往往有四病：本卑也而抗之使高，本淺也而鑿之使深，本近也而推之使遠，本明也而必使至於晦。此今日談經之大患也。〔註11〕

聖人言行即於日用常行之間，平實而可見。時人談經，摒實務而陳義高空，義理淺近卻說得邃密，窮力訓詁卻罔顧聖經本義，聖道本是直明卻偏說而成晦澀。士者雖有心仰望惟躊躇不前，乃肇於學者過於窮理多言且不及義。又門派分說，將聖人之道說之博雜，設之多階，推之深晦，使人若置身茫海，出入不得其門，故多流於釋、老，若此聖道何以傳興？《論語》章句短語所指涉具體之人事須用心玩味，以體悟寓含之微言大義。日久自然豁然自得，而此「自得」二字即理學家讀書治學往復燕閒涵詠，留意於日用之常。是故朱熹感歎時弊，屢誡門生勿蹈彼轍，並提出讀書之法以為對治。高弟黃榦〈文公朱先生行狀〉有曰：

> 其於讀書也，又必使之辨其音釋，正其章句，玩其辭，求其義。研精覃思，以究其所難知。平心易氣，以聽其所自得。然為己務

〔註11〕宋・朱熹撰，黃士毅編；徐時儀、楊艷彙校：《朱子語類・讀書四病》，卷11（上海：上海古籍出版社，2016年），頁217。

實，辨別義利，毋自欺，謹慎獨之戒，未嘗不三致意焉。蓋意欲
學者窮理反身而持之以敬也。〔註12〕

勉齋係朱熹之高徒與賢婿，朝夕隨侍承教，亦師亦父，對晦庵先生言行
與心思，知之甚詳。由其敘述業師、泰山讀書治學之態度及用心，尤感
切實。先生自小學之習而辭章、義理，莫不「研精覃思，究其所難知」探
求真義，謹慎「辨義利」與「毋自欺」而引以為戒，且「必三致意焉」
以確然其所悟之知是為真知，提點學者秉謹慎恭敬之心，窮理致知且反
躬自省。

　　朱熹為宋代兼重注疏與闡發經義之特出者，主張「窮理格物」與「讀
書明理」，其讀書甚重「循序漸進、精思熟慮」心法，此法看似憨拙，卻
是穩實為後世稱譽。子曰：「我非生而知之者，好古，敏以求之者也。」
〔註13〕好古則必讀經典注疏，不讀注疏，焉知聖人之心？僅靜坐冥思，何
以博文約禮、擇善而從乎？子路曰：「有民人焉，有社稷焉。何必讀書，然
後為學。」〔註14〕孔子斥其為「惡夫佞者」，由此顯見朱熹熟諳孔門學鑰與
蹊徑，一是藉讀書以博通，何曾不讀書而論學。人心與聖賢心本無二致，
聖賢之心見於書冊，我之讀書正是從中探得聖賢之心，此朱熹教人讀書之
緣由所在。亦契合孟子所云：「學問之道無他，求其放心而已矣。」〔註15〕
故朱熹於燕閒涵詠之際，反覆覃思，以誠敬心迎照聖人之心，冀望悟得真
知以臻聖人之境，進而闡建邅探孔門之道。朱熹徵楊時（1053～1135 年）
之語，以明《集注》旨趣。其曰：

《論語》之書，皆聖人微言，而其徒傳守之，以明斯道者也。故於
終篇具載堯、舜咨命之言，湯、武誓師之意，與夫施諸政事者，以
明聖學之所傳者，一於是而已，所以明二十篇之大旨也。〔註16〕

《語類》又曰：

某所以做箇《集注》，便要人只恁地思量，文義曉得了，只管玩

〔註12〕宋·黃榦：《勉齋集·文公朱先生行狀》，卷36（影印文淵閣《四庫全書》，
　　　　冊1168，臺北：臺灣商務印書館，1986 年），頁405。

〔註13〕宋·朱熹撰：《論語集注·述而篇》，卷 4，《四書章句集注》（北京：中華
　　　　書局，2014 年），頁98。

〔註14〕同上註，〈先進篇〉，卷6，頁130。

〔註15〕同上註，《孟子集注·告子章句上》，頁340。

〔註16〕同上註，〈堯曰篇〉，頁195。

味，便見聖人意思出來。〔註17〕

〈堯曰〉篇章，歷述堯、舜以降承天明道、惟精惟一之傳，聖人將之載入《論語》，迄朱熹得其啟，藉《論語集注》、《孟子集注》而有所發。後撰《中庸章句·序》以明道統，傳承一貫。然彼之時，聖學衰微，諸說蜂起，門戶之見日熾，何以從中弘揚聖道，以獲得聖言本義？誠非持聖賢之志，而能夙夜匪懈、殫精竭慮者，烏能綰合而復振之。蓋朱熹倡言格物致知，博學而約，冀求旨趣。由是《集注》意在闡明日常人倫之躬行實踐，重在於學為人之道，由下學而上達，由此窺見聖人之意，而《集注》之功盡在於斯。猶以手指月，既得月則手功罄。其用意於此，可謂宏瞻深慮，漸層實現，覈之《四書章句集注》無所誣也，彰顯「聖賢傳承」之意。慶元三年丁巳正旦，朱熹於藏書閣下東楹處信筆直書，有曰：

> 周敬王四十一年壬戌，孔子卒。至宋慶元三年丁巳，一千六百七十六年。〔註18〕

朱熹時年六十有八，自乙亥年慕聖返儒，迄晚年完竣四書體系，志道有成，匯集宋代理學大成，已然成一家之言。上溯一千六百七十六年迄朱熹此時，孔門之學復得闡發光昌。慶元元年（1195），朱熹六十六歲，上奏奸邪蔽主，主上應立皇極。翌年（1196）臘月，朝廷掀起「偽學」聲浪，沈繼祖書上奏罪朱熹並乞斬之，朱熹因落官罷祠，待罪於竹林精舍，是時仍撰作不輟，而門生惶恐。越二年，身心憂疲，百感交集，乃反思總結畢生榮辱得失，仰望孔聖先賢之際而無所愧也。回首來時路，風雨如晦，黃鐘毀棄，瓦釜雷鳴，於此之際猶能開闢一條蹊徑，直探孔孟之道，箇中艱苦，如寒天飲水。時年六秩晉八，已屆隨心所欲不逾矩之齡，憶昔個人沉浮際遇，與儒、釋、道之競逐何其相似，個人成敗何足論，儒學道統豈可淪。揆諸天理自在流行、世道人心趨向與上位權勢刻意操持，蓋有「宰相有權能割地，孤臣無力可回天」〔註19〕之慨歎，既罄盡闡述聖道之功，天命若此，如奈之何？南梁劉勰《文心雕龍·序志》有曰：「敷教聖旨，莫若注經。」〔註20〕

〔註17〕〈論語三〉，《朱子語類》，卷21，頁514。

〔註18〕同上註，卷104，頁2599。

〔註19〕清·丘逢甲有云：「宰相有權能割地，孤臣無力可回天；扁舟去作鴟夷子，回首河山意黯然。」詳見氏著：〈離台詩六首其一〉，《丘逢甲文集》（廣州：花城出版社，1994年），頁251～252。

〔註20〕劉勰云：「自人生以來，未有如夫子者也。敷教聖旨，莫若注經；而馬、鄭

朱熹注四書，明心境，建道統，意寓其中，以發孔門大義，有述道價值與立言之功，由是躊躇滿志踽踽獨行，雖千萬人吾往矣。子曰：「視其所以，觀其所由，察其所安。」以此度之，令人肅然。

朱熹設學，每日晨曦必先整肅儀容親自焚香祭聖。於同安、漳州任，屢以書文上告先聖。竹林精舍成，立道統聖賢像亦告先聖，昭昭然明志以弘儒。凡畢生志業切事必告先聖，此見朱熹對孔聖諸賢誠敬之心。〔註 21〕慨然有窮盡畢生心力，匯通周敦頤、張載、邵雍、二程等「北宋五子」〔註 22〕義理之學並縮合之，奠定理學丕基。於時代潮流中為儒學砥柱，思言如是，學教亦如是。朱熹之時，為儒學、理學、佛禪、道家思想融滲之際，乃效習孔聖羅綜百家言，為之折中以開新。或說朱熹深諳禪而疏於佛，〔註 23〕惟朱熹曾思學佛禪，後返歸於儒學，自是先求旁通，後歸於一。故能於破立之間，理一分殊。縱或有疏於佛，覈其說亦無所乖違。可謂畢生闡發儒學志業，任重道遠，忠恕勤敏不移。由是朱熹熔鑄理學體學，廣博深邃，其後昌盛四海。其影響已逾兩漢經學、魏晉玄學與南北朝、隋唐佛學。〔註 24〕此評符實合理並無夸飾。

二、錢穆《論語新解》撰作旨趣

賓四先生〈漫談《論語新解》〉述及撰作《新解》旨趣，有曰：

諸儒，弘之已精，就有深解，未足立家。唯文章之用，實經典枝條，五禮資之以成，六典因之致用，君臣所以炳煥，君國所以昭明，詳其本源，莫非經典。」注經之功次於經典，為經之羽翼，有立言不朽之功。詳見氏著：《文心雕龍・序志》（臺北：商周出版，2020 年），頁 685。

〔註 21〕陳榮捷：〈朱子之宗教實踐〉，《朱學論集》（臺北：台灣學生書局，1982 年），頁 181～204。

〔註 22〕有云：「理學……興起於北宋。主要代表人物有程灝、程頤，相與論學的有張載、邵雍，後人又溯及二程的本師周敦頤，合稱「北宋五子。」詳參宋・程灝、程頤著，王孝魚點校：《二程集・出版緣起》（北京：中華書局，1981 年），頁 1。

〔註 23〕錢穆有云：「蓋佛學之流行中國，禪學成為其最後歸宿，亦為當時最盛行之一宗，故朱子特所深究。其他佛書，朱子僅瀏覽及之。議論所到，不免粗疏，不求詳備。亦有揭發未精到，剖析未深入。」顯見錢穆研究朱子之學甚為深廣，本末精粗深淺，皆能逐條考究。因之亦知朱子所學並非盡皆廣博無際。詳參氏著：〈朱子論禪學拾零〉，第 3 冊，頁 621。

〔註 24〕宋・程灝、程頤著，王孝魚點校：《二程集・出版緣起》（北京：中華書局，1981 年），頁 1。

普通讀《論語》，總讀朱《注》。但朱子《集注》成書，距今已超過
七百餘年，有些我們應該用現時代的語言和觀念來為《論語》作新
解，好使人讀了親切有味，易於體會，此其一。清代漢學盛興，
校勘、訓詁、考據各方面，超越前代甚遠，朱《注》誤處經改正
的也不少，我們不應仍墨守朱《注》，此其二。各家改訂朱《注》，
亦復異說紛歧，我們應該折衷調和以歸一是，此其三。〔註25〕

賓四先生自述於一九五二年春末授課《論語》而始作《新解》，時沈燕謀旁
聽許久，即言錢先生講授內容與美國新出版之某氏《論語》異處甚多，穆
遂萌撰作《新解》之意。撰者剖析錢氏興起撰作之意殆是：時值白話文學
興盛，傳統古文經典已漸式微，以現代話語譯作闕如，而撰作具現代意義
之《新解》，使人讀來親切浹洽實有必要，此其一。中國甫自「維新運動」
迄「批孔揚秦」止，儒家經典泰半遭到漠視，或視之為時代進步之絆石，
此其二。縱有以當代語譯本刊出者，訛誤且偏失義理者多有所在，此其三。
清代校勘、訓詁、考據學盛，對朱《注》部分已有勘正須予調修，此其四。
從《集注》刊行至明、清兩季，門戶之見或流派衍遷日增，喧議競起，義
理之說猶如淄澠並泛，此其五。魏晉以降，儒、釋、道參雜融滲日甚，儒
學因而隱晦積衰，尤以佛學大昌影響最勝，〔註26〕此其六。綜上諸端，如
何折衷調和，歸於一是，乃儒學志士當仁不讓之責。

太史公云：「孔子布衣傳十餘世，學者宗之。自天子王侯，中國言六藝
者，折中於夫子，可謂至聖矣。」〔註27〕其下各代碩儒為經典撰注者，多
以「折中」為貴。如宋代理學昌盛時代，乃時代潮流匯聚使然，惟朱熹集
理學之大成，作《四書》以續道統。《集注》價值在於縮合眾說，闡微孔門
義理，薪傳儒學道統，因是聖學得以復興，蓋孔子之後不能無朱子，苟無
朱子出，儒學殆已沒溺佛、老。

〔註25〕錢穆：〈漫談《論語新解》〉，《錢賓四先生全集》，第4冊（臺北：聯經事業
　　　 出版社，1998年），頁95〜96。
〔註26〕其時江左偏安，擾攘不息，佛法流布，反而光大，蓋其因有三：一是天竺
　　　 大師來中土日多；二為中土信士，亦多西行求法；三則帝王朝士相率崇奉。
　　　 故於國事危岌之時，宣譯不絕，佛法復大昌明。參見臺靜農：《中國文學史》
　　　 （臺北：台大出版中心出版，2016年），頁336。
〔註27〕漢·司馬遷撰，南朝宋·裴駰集解、唐·司馬貞索隱，唐·張守節正義：《百
　　　 衲本史記·太史公序》下冊，卷130（北京：國家圖書館出版社，2014年），
　　　 頁660。

　　兩漢以下承繼孔孟傳統，自然經學即成儒學。〔註28〕宋代理學諸儒乃係儒學中之別出派，〔註29〕由是顧炎武乃謂「經學即理學」。〔註30〕朱子之學以綜匯之功而完成別出之大業，其功在於綜匯百家而折中之。今距朱熹逾八世紀，時代流變，政經環境、個人價值、語言變異、人我互動以及天人關係等皆已有所調修，錢氏歷經清末以迄民國，深究中國學術思想流衍，自能窺探其中堂奧。雖其自述「不應仍墨守朱《注》」，其意係指朱《注》經後學勘誤確然及內文說義有逾越孔門本義者，除此錢氏仍推崇《集注》之精善與用心。由是乃秉「士」之精神和期許，以《新解》詮釋《論語》，以契合時代意義。錢氏又曰：

> 朱《注》之所以為善言義理者，則其在凡遇《論語》所及實人實事，其中所涵義理，朱子最能闡發得細膩而熨貼。但朱子終是帶有宋代理學一番及濃厚的氣息。我不是說宋代理學無當於孔、孟原意；我之作《新解》，乃是要沖淡宋代理學氣息來直白作解，好讓不研究宋代理學的人也能直白瞭解《論語》；由此再研究到宋代理學，便可以迎刃而解，更易契悟。〔註31〕

理學家多僅引經典為起頭語，藉之抒發己論，似質聖人以作保，使人信為其言即聖人之意，此即經在理中也。錢穆認為理學乃宋儒匯綜諸說而別開之學術流派。北宋之後，說義日趨歧異，衍成門戶誦諍。當今之世，即便是融釋糾結、探尋孔門原旨，或光昌儒學，皆有待重返經典本義之必要性，一則避免《論語》本旨日久淡失致生疑義；二則縱有說之引申義、發揮義，壹是皆以《論語》本義為宗，本固而枝榮。本文前述，理學者論學能博大融綜者，非積學深厚而有成者不能意味深長，而喜孔學者亦未必能接納理學家論道之法，而築牆闢河以阻人行，況聖言人人得而聞誦，是故錢氏作

〔註28〕錢穆：《新亞遺鐸・中國儒學與文化傳統》（臺北：東大圖書版，2016年），頁364。

〔註29〕同上註，頁375。

〔註30〕亭林有云：「理學之名，自宋人始有之。古之所謂理學，經學也。非數十年不能通也。故曰君子之於春秋，沒身而已矣。今之所謂理學禪學也。不取之五經鑕而但資之語錄校諸帖括之文鑕而尤易也。」本文採錢穆先生主張「宋代理學諸儒乃係儒學中之別出派」之說。就中國經學史之遞嬗而言，可謂理學即儒學也。詳參清・顧炎武：《亭林詩文集》，卷3（臺北：中華書局，1982年三版），頁16。

〔註31〕〈漫談《論語新解》〉，《朱子新學案》，頁112。

《新解》先「沖淡理學氣息」讓人直解《論語》，而於此有得後再探究宋代理學，如此使人更易契悟。

此為錢氏畢生研治理學與實務教學之體會所在，即區分本末、先後、終始與體用之別，因應不同學類之需，皆得弘揚孔學，使《論語》為人人可讀之書。有謂：「物有本末，事有終始，知所先後，則近道矣。」〔註32〕是以錢氏《新解》直明孔門本義，繼而三談《新解》，復次辨析《集注》與《新解》之異同，若此不憚繁瑣，以窺見宋代理學形成之脈絡與大意。

綜合上述，朱熹《集注》與錢穆《新解》間具有密切之內在聯繫，綜歸有三：兩賢之作，雖有分辨儒學與理學異同所在，而終歸之於孔門儒學，此其一；錢穆推尊朱熹堅毅弘揚儒學之精神與人格，其稟於時代發展所趨，必以孔學為宗，有所思索、論述而轉進，朱熹之於《集注》如是，錢穆之於《新解》亦復如是，此其二；另藉由《集注》之開新與《新解》之返本，對於弘揚孔門之學皆能各得其要，實有功於孔門儒學，此其三。

第二節　注釋取向與特色

一、朱熹《集注》注釋取向與特色

從《集注》成而屢有更易，吾人殆知其然及所以然。徵引之際或有未按章抄錄，或註明出處似有違例，遂致後人難稽源出。凡注釋取向抉擇或創發，皆應能達致經典義理為理想。朱熹《集注》為裨益博綜諸說糅合於一，或尊前賢說，或安注腳，或遣辭安字，或各說並陳，或創發義理及徵引之法等，皆必先有深度思索和采擷更易之歷程。惟朱熹之時，纂作著述是否有通用體例資以援用？絀合後是否歸屬撰者創發之作？倘若矩矱未立，便不免使人無惑。《語類》有云：

> 前輩說解，恐後學難曉，故《集注》盡撮其要，已說盡了，不須更去注腳外又添一段說話。只把這箇熟看，自然曉得，莫枉費心去外面思量。
>
> 問：「《集注》引前輩之說，而增損改易本文，其意如何？」
>
> 曰：「其說有病，不欲更就下面安注腳。」

〔註32〕宋・朱熹：《四書章句集注・大學章句》（北京：中華書局，2012 年），頁 3。

又問：「解文義處，或用『者』字，或用『謂』字，或用『猶』字，或直言，其輕重之意如何？」

曰：「直言，直訓如此。猶者，猶是如此。者、謂，是恁地。」《集注》中有兩說相似而少意者，亦要相資。有說全別者，是未定也。

或問：「《集注》有兩存者，何者為長？」

曰：「使某見得長底時，豈復存其短底？只為是二說皆通，故并存之。然必有一說合得聖人之本意，但不可知爾。」復曰：「大率兩說，前一說勝。」〔註33〕

《朱子文集》卷七十四〈記解經篇〉亦云：

凡解釋文字，不可令注腳成文，成文則注與經各為一事，人唯看注而忘經。……竊謂須只似漢儒毛、孔之流，略釋訓詁名物及文義理致尤難明者。而其易明處，更不須貼句相續，乃為得體。蓋如此，則讀者看注，即知其非經外之文，卻須將注再就經上體會，自然思慮歸一，功力不分，而其玩索之味，亦益深長矣。〔註34〕

由上述對話之語意得以窺見朱熹注經態度，晦庵先生博覽古注、二程及當代諸儒之註解，逐條商榷與去取，初始便由《或問》詳述原由，後即更改不及而罷。然其所謂「撮其最要」，係指取材廣博和抉擇所需之意。略釋訓詁名物及文理晦澀則止，毋使成文。由博而約乃朱熹心力所在，覈其書確然經過撰作先期構思，漸次刪修整飭，冀義理前後呼應，尤於玩索之際而雋永無盡。《集注》與漢儒之訓詁、釋文與遣辭、安字仍有所別，主要在於朱熹關注經文語詞之暢達、文義注解之允洽、吟詠誦讀之韻致、聖人氣象之形塑，以及精神意涵之斟酌。勉齋曰：「先師之用意於《集注》一書，余嘗親睹之，一字未安，一語未順，覃思靜慮，更易不置。或一日二日而不已，夜坐或至三四更。」〔註35〕為求聖賢意，殫精竭慮，焚膏繼晷如斯，誠乃「天道酬勤」〔註36〕。由是之故《集注》訓詁、義理愈趨博約精善。

〔註33〕〈論語一‧論孟綱領〉，《朱子語類》，卷19，頁465～468。

〔註34〕〈記解經〉，《朱子文集》，頁3581。

〔註35〕鄭元肅錄，陳義和編《勉齋先生黃文肅年譜》收入吳洪澤、尹波主編《宋人年譜叢刊》，第11輯（成都：四川大學出版社，2003年），頁7197～7198。

〔註36〕《尚書》有曰：「王曰：『爾惟舊人，爾丕克遠省，爾知寧王若勤哉。天閟毖我成功所，……天亦惟用勤毖我民。』詳參漢‧孔安國傳，唐‧孔穎達正義：《尚書‧大誥第九》（上海：上海古籍出版，2015年），頁514。迄於

　　關於朱熹「增損改易本文」之云，未有一是之法，尤兩說迥然而並陳於注者，致門人不免生疑。答曰：「其說有病，不欲更就下面安注腳」或「使某見得長底時，豈復存其短底」等，此種回應為朱熹特有治經心法，容或去取而異文附存；或二說皆通則前說勝而并舉之。其說「不可知爾」，則預置客觀與彈性議論空間，或留待後學參酌與評說。此可稱為前瞻卓識，有助學術探索。朱熹注《論語》，非僅融通諸家之說，更是存疑傳信，以「合聖人本義」為準則，作為思考前人說法之基礎。〔註37〕心既存有聖人典型，其「有病」、「無病」或「長」、「短」，皆了然於方寸之間，此「君子有絜矩之道」〔註38〕是也。明乎此，即可理解朱《注》屢有更易，或往復思索，或鎔鑄新出，謂是朱熹畢生實證孔門義理之成果亦無不可。

　　《集注》既有援引前賢作注形式，亦有偏重個人之思索有得與驗證過程，既有融綜與新開乃成一家之言也。是以《集注》未必然詳列諸家，詁經說義，理在經內，偶有間附己見之樣態已然成形，凡《集注》所列皆出於撰者之自得。又力倡「注經一體」與「注忌成文」規範，避免主客不分，旁義摻雜。若此慎重經典原義再現之注解形式，似較傾向個人思索、驗證與展現申說義理之氣魄，而核心所在即在索求聖人之意。評述朱《注》之譽諍得失，如對鏡映照，是者是之，非者非之，兩造相持，交錯舛互。果若一味遵古疏循舊套，無感於時代推移之使命所在，則朱熹者，僅一儒也，焉能融綜諸說而包孕新出、集理學大成以昌隆孔門之道乎？是故《四庫全書》評述《集注》。有曰：

> 《論》、《孟》，融會諸家之說，故謂「集注」。猶何晏註《論語》，裒八家之說，稱《集解》也。惟晏註皆標其姓，朱子則或標或不標，例稍殊焉。……蓋考證之學，宋儒不及漢儒；義理之學，漢儒亦不及宋儒，言豈一端，要各有當。況鄭註之善者，如戒慎乎其所不睹四句，未嘗不採用其意，雖有其位一節，又未嘗不全襲其文，觀其去取，具有鑒裁，尤不必定執古義以相爭也。……讀其書者，要當於大義微言，求其根本。明以來攻朱子者，務摭其名物度數之疏，尊朱子者，又併此末節而回護之，是均門戶之見，

唐・韓愈咀嚼英華而出「天道酬勤」之語，意在勗勉學者勤奮不懈必得上天酬報。

〔註37〕陳逢源：《朱熹與四書章句集注》（臺北：里仁書局出版，2006年），頁189。

〔註38〕〈大學章句〉，《四書章句集注》，頁10。

烏識朱子著書之意乎？〔註39〕

或曰《四庫全書》編修者之措辭，以「例稍殊焉」予以弭隙。朱《注》不盡於徵引出處，更有改動經文，筆削《四書》古籍之舉，乖違之處，已非「不必定執」耳，凡慧識鴻儒莫不權衡於「大義微言，求其根本」，不囿限古義而折中之。嗣後不少諍朱疑朱者，如宋代陸象山、明代王陽明、清代毛奇齡、惠棟、戴震，劉寶楠等，鄙薄朱《注》。或有語出「宋儒之禍，甚於秦灰」〔註40〕，此恐非學術之論而有其源出。

聚之惠棟之語，意指不可空憑胸臆而得聖人義理，必求之訓考為是。而「宋儒」者，亦非必指朱熹也。推其意應然是不重前人注疏而直要論道者。前已詳述朱熹治學解經之用心，殆此與熹並無牽連。由斯亦明朱熹窮理致知之學旨。乾嘉學派以漢學為宗，如閻若璩、錢大昕、惠棟等肇啟漢宋之爭。審視其間，此與朱熹詮釋經典之取向似有因果。〔註41〕惟四庫館臣對此議論有所提點，基於大義微言，抑揚太過，固非所宜，是以採宏觀平正之說以彌歧見。紀昀等對朱《注》說之「乃是鎔鑄群言，非出私見，苟不詳考所出，固未可概目以師心。」〔註42〕乾嘉考證古典之學，半由「文網太密」所致，〔註43〕由是而轉向「尊漢抑宋」之風，始有「漢學」、「宋學」之名，最初見於《四庫全書提要》，其後《漢學師承記》、《宋學淵源錄》，於是門戶之見牢不可破，彼此攻訐，視同水火。〔註44〕紀昀盱衡朱《注》貢獻而謂之「觀其去取，具有鑒裁，尤不必定執古義以相爭」與「讀其書者，要當於大義微言，求其根本」，殆其似見朱熹闡發義理用心與門戶私見所然，其評尚稱平正客觀，檢審有度。

朱熹《集注》既非出於杜撰，在匯整前人注疏，刪修舊說之處，而未

〔註39〕清・紀昀編修：《論語集注》，10 卷提要，《四庫全書總目》（臺北：台灣商務印書館，1985 年），頁 721～722。

〔註40〕清・惠棟：《毛詩註疏》。詳見錢穆：《中國近三百年學術史》（臺北：商務印書出版，1968 年），頁 321。

〔註41〕明・王陽明舉《大學》古本與朱熹改本相抗，掀起學術論戰。又清・毛奇齡撰述《四書改錯》一書，以考據、訓詁之法檢聚朱本，批駁朱熹學術，以抵其隙失。參見陳逢源著：《毛西河四書學之研究》（臺北：政治大學中文學系博士論文，1996 年）。

〔註42〕《論語集注》，10 卷提要，《四庫全書總目》，頁 721～722。

〔註43〕清・梁啟超：《中國近三百年學術史》（臺北：里仁書局，1995 年），頁 40。

〔註44〕參見清・張舜徽：《四庫提要敘講疏・舊學輯存》（濟南：齊魯書社，1988 年），頁 1653。

詳述徵引與論評。對前人說經有異之處，亦未逐一廓清，縮合之舉亦似未臻完善。再者對於義理申說，或有超脫經典本義，惟此等疑慮確乎難以迴避。然朱熹泛濫諸家，損益其間，冀開儒學新機。而朱熹治經注經之學術領域，究是聖門千秋志業，抑或龐雜支離之學？先賢殷思深杳，於流派奔競之中盱衡調和，期得有成。譽之所在，謗之所依。詰人以短，以顯己長。驗之於史，歷歷不爽。此人之性、門戶所本然，況熹乎？援今證古或援今證古，倘不解時空背景，以公允客觀之心度之，終究難以理解其用心之所在。孟子曰：「聖之時者也」，〔註45〕引人深思。

　　賓四先生深研朱子學，撰《朱子新學案》對熹之所學及其治學精神特有體悟，其曰：

> 惟朱子，一面固最能創新義，一面又最能守傳統。其為注解，無論古今人書，皆務為句句而解，字字而求，此正是漢儒傳經章句訓詁工夫，只求發明書中之本義與真相，不容絲毫臆見測說之參雜。此正是經學上傳統工夫。明得前人本意，與發揮自己新意，事不相妨。故經學與理學，貴在相濟，不在獨申。合則兩美，分則兩損。朱子學之精神正在此處。其意實欲融貫古今，匯納羣流，採擷精華，釀製新實。〔註46〕

錢穆此番論述，提供吾人一種探索朱熹用心與融釋門戶、古今與新舊之扞格，而予發明、融貫與相濟之想像空間。意即不可或忘事件縱時性脈絡及橫斷性之相因關係，瞭解主觀與客觀互生結果，始能知其然與未然，循此邏輯演繹，以通曉意旨所在，進而尋求適切之對策，猶百川奔流於海，縱有橫梗而無礙其匯聚之功。錢氏之見真乃卓然超群。

　　理學形成背景為何？聖學不傳久矣，聖人之語幾經注疏，其本義猶存乎？漢宋之爭、門戶之見、釋老流行，使儒者躓踏，陷於釋、老競逐之中。如何追尋經典本義？光昌儒學？可行之法應似「博覽綜匯，折中求是」，此之「一是」，即《論語》原文本義。〔註47〕或問如何「折中」？果「折中」即得「一是」乎？此誠然是箇大哉問。除罄盡考據、義理與辭章工夫，佐之個人博學綜覽、涵詠自得，積累日月之功，於諸說紛雜中而理

〔註45〕〈孟子集注・萬章章句下〉，《四書章句集注》，頁320。
〔註46〕〈朱子學提綱〉，《朱子新學案》，第1冊，頁34～36。
〔註47〕〈漫談《論語新解》〉，《錢賓四先生全集》，頁115。

出一是，試問孰可道出箇中最能服眾且最貼近經典本義之法？「折中求是」常於一種特殊時代環境下得以凝聚最大之共識者，誠乃無法之法、不得不然之權宜機制。昔孔、孟之時，如是。朱熹之時，亦如是。當今之時，亦復如是。

二、錢穆《新解》注釋取向與特色

　　一九四九年（民國三十八年），錢穆因大陸赤禍避居香江即有意撰作《論語新解》，冀以《新解》使《論語》成為人人可讀之書。〈孔子誕辰勸人讀《論語》並及《論語》之讀法〉有曰：

> 余自來香港，即有意為《論語》作一《新解》，雖尊朱《注》而不專守朱《注》，遇異說勝朱《注》者，盡改以從。而亦欲仿朱《注》之力求簡明，力求能深入淺出，力求於義理、考據、辭章三方兼顧。〔註48〕

〈再勸讀《論語》並論讀法〉又曰：

> 孔子所開示者，乃屬一種通義，不受時限，通於古今，而義無不然。……我自認我著《新解》，也從「吃緊為人」處講。〔註49〕

〈漫談《論語新解》〉復曰：

> 我寫《新解》，雖說是義理、考據、辭章三方兼顧，主要自以解釋義理為重。雖說不墨守朱《注》，主要還是以朱《注》為重。我為《論語》作《新解》，只重在解釋《論語》原文之本義；引申義、發揮義、相通義，乃及其他問題，並非不重要，但不能攬入《新解》中。〔註50〕

〈談《論語新解》〉再曰：

> 我在《新解》中，亦有甚多考據，但都把此種考據來考定《論語》原文之本義。這是以考據定義理，與辭章定義同樣，只考定《論語》原文之本義。此與專一討論義理而忘卻先考究《論語》原文之本義者不同。朱子《集注》與我《新解》所不同處何在，主要當然要講義理方面。朱子有些處，且是很重要處，卻非講的

〔註48〕〈孔子誕辰勸人讀《論語》並及《論語》之讀法〉，《錢賓四先生全集》，頁67。
〔註49〕同上註，〈再勸讀《論語》並論讀法〉，頁77。
〔註50〕同上註，〈漫談《論語新解》〉，頁100。

孔子《論語》的原義。我遇此等處，未曾旁徵博引，加以辨難，只是置之不論，不再提及。此是注書體例應然。因此諸位讀我書，應與朱子《集注》對讀，纔可知我著此書時用心用力之所在。〔註51〕

上述四段徵引可知，錢穆撰寫《新解》主要在仿效朱《注》之簡明直白，並兼顧義理、考據、辭章之注釋取向。而錢氏強調雖尊朱《注》，卻不墨守朱《注》。比較兩者殊異，則以義理為勝。錢氏《新解》側重探求《論語》本義，此外引申義、發揮義、相通義與其他問題概不攬入。理學家講經論道，庶幾理在經外，理學家釋經每輒旁徵博引，巧妙嫁接以申己說，實屬自然，未可厚非，然此為錢氏《新解》所不取。簡言之，朱、錢兩賢作注皆重考據、辭章與義理，前兩項幾無分別，惟對義理之擇摘，則多有殊異，各有著眼，皆意在闡發孔門之學。晦庵於本義、引申義、發揮義與相通義兼而述之；而賓四則旨求原文本義。兩者之間可謂各有守發而相得益彰，並無違和。

錢穆尤特重視讀《論語》之法，認為應依孔子之思維脈絡誦讀，方得理解孔子思想。在研究方法上，不宜受限於西方哲學思維框架。《論語》為儒家思想精神之本源所在，而其義理主要在具體之人與事中顯現。是以探求《論語》義理，須「從吃緊為人處講」，緊扣於日用之間，孔門義理則盡在其中。換言之，聖人之語本是平實，始於正心、修身、齊家，終于治國、平天下。舉凡行住坐臥之間，應對進退之際，皆有臾不可離之古今通義。以此對應天理流行，皆是理一。由是孔門之學示之乎人於天地宇宙間合宜之言行規範，可議之，可行之，而無絲毫浮夸空論。錢氏認為宜循此進路以註解《論語》始是真精神。錢氏向來以理學家自持，既兼顧訓詁、考據與義理，尤重本義解釋，而「解釋」者，即設斷限於《論語》本義所在，此乃《新解》注釋取向之特色。錢氏〈漫談論語新解〉述及其對撰作《新解》之期許與想望境界，有曰：

我的《論語新解》，逐章、逐句、逐字都要解，任何一字一句都不敢放過。我作《新解》的用意，只在求能幫助讀者獲得些方便去瞭解《論語》本文，並不是要自創一說，或自成一家言。離開了《論語》原文，我的《新解》便更無少許剩餘的獨立價值可言，

〔註51〕 〈談《論語新解》〉，《錢賓四先生全集》，頁121～122。

那便是我的成功，那便是我作《新解》時所要到達的一個理想境界。〔註52〕

由此顯見錢穆撰作《新解》有其理念與擘劃，雖於該文自謙謂曰「總難免有浮辭刪削未盡之感，但總算是向此理想而努力。」〔註53〕並比朱熹之於《集注》，為臻精善與把捉意韻而筆削不已，俾使讀者通曉孔門義理。錢氏自明作此非是「自創一說，成一家言」，僅為《論語》之羽翼，發揚《論語》本義而已。如此忘我及立言之心，誠然胸臆廣博，不失鴻儒風範。兩賢皆將《論語》注定位為達致鵠的之器，其核心均在義理，並時有提點讀者尋思進路與聖人用心。

錢氏自述年十八始為人師時，即與《論語》結下不解之緣，此後絡續潛研前人相關著述。訖至抗戰兵燹硝煙之際，初萌並始撰《新解》，以廣流布。〔註54〕一九六〇年（民國四十九年）赴美講學耶魯，行篋中即攜有程樹德《論語集釋》一書，日夕繙誦。自此專心撰作，全書完稿再細改舊稿，積十載之念，始成初稿。〔註55〕自美歸國復陸續修訂三年，乃粗潰於定，後於香江付梓發行。賓四時年六十九，於世局紛亂輾轉流遷之中，罄五十年之功宿願始償。頗有陸放翁所詩：「古人學問無遺力，少壯工夫老始成；紙上得來終覺淺，絕知此事要躬行。」〔註56〕之欣然而歎。旋於一九六二年透過友人購得日本學者所注《論語》三種，錢氏有曰：

〔註52〕〈漫談論語新解〉，《錢賓四先生全集》，頁111。
〔註53〕同上註。
〔註54〕錢穆自謂初作《新解》，乃用純粹白話書寫，以利廣為流布。後因覺得使用純粹白話著述，對《論語》原義，難以表達其深義，後遂以白話之文言體改寫之，又行篋中攜有程樹德《集釋》一書，日夕繙誦。參見錢穆：〈新亞書院‧續三〉，《八十憶雙親‧師友雜憶》（臺北：東大圖書出版，2013年），頁299。
〔註55〕錢穆有云：「對於程氏《集釋》之博搜羣資，治經漢、宋兼參，考之未有偏失，多有參采之處。雖負笈耶魯講學，行篋中仍攜有程氏《論語集釋》，日夕誦讀。」程氏乃經學家、法學家，繼承清儒考據傳統，撰作《集釋》，詮釋《論語》特點和貢獻在於校勘經傳，注文甚詳而深廣；博採諸家，漢學為體；精研義理，宋學為參；潛心內典，儒佛融會。堪稱治學有成，對清末民初之國故整理貢獻卓著。詳參〈新亞書院‧續三〉，《八十憶雙親‧師友雜憶》，頁299。
〔註56〕宋‧陸游詩云：「古人學問無遺力，少壯工夫老始成。紙上得來終覺淺，絕知此事要躬行。」參見錢仲聯校注：《劍南詩稿校注‧冬夜讀書示子聿》，卷42（上海：上海古籍出版社，1985年），頁2630。

余《新解》初稿，已在耶魯完成，自得新居，重理前業。取《語
類》、《論語》各條逐一細玩，再定取捨。適楊聯陞自哈佛來，歸
途經日本，余囑其代購日本人著《論語》三種。……雖多本中國
舊說，從違抉擇各異。余又再玩三書，細審從違。如是再逾半年，
稿始定。〔註57〕

經覈此所謂購得三部《論語》注，一是伊藤仁齋（1627～1705）《論語古義》，
篤守程朱理學家言；二是荻生徂徠（1666～1728）《論語徵》，概同王船山
至毛奇齡與戴東原之論說，渠等意在批駁宋儒，力倡新義；三是安井息軒
（1799～1876）《論語集說》，其多濡染乾、嘉以降學風，講究實事求是，
著力訓詁考據，殆有重返漢唐注疏古風。此三部書恰能表出日本學者研治
《論語》之三階段。〔註58〕又稽覈《八十憶雙親・師友雜憶》一書文中記
載：錢穆在臺定居後，曾各兩度去遊日本與韓國。對照《百年家族－錢穆》
之附錄二〈錢穆家族大事年表〉得知，該行程應於一九六八年十月至一九
七一年之間，此行再得李退溪等四家全集，返臺外於雙溪素書樓，集中精
力往復精研審閱渠等立言之義理所在。其曰：

余之居外雙溪，曾兩度去日本，兩度去韓國。初次韓國之行，即
選擇李退溪、李栗谷、宋尤菴、韓南塘四家全集，歸來批閱。卷
帙之夥，甚感辛勤。籀四家立言大義……後亦納入余《學術思想
史論叢》。〔註59〕

唐、宋時期，韓、日兩國嚮慕中國文化，其留學中土學者及佛僧絡繹不絕，
渠等效習中國典章制度、佛禪、儒學與政經等文化，返國時輒攜回各式經
典善本，結合王官、經世之學推而廣之，流布深廣，為日、韓政治、經濟、
社會與學術等領域注入新思維，激盪朝野，影響甚鉅。由是觀之，東瀛學
風和中國學術可謂學出同源且聲息相通。

朱子之學自十三迄至十九世紀明治維新時期止，昌盛於日本，殆為國
是指導、社會體制與修身、齊家之本。上述李退溪（1501～1570）、李栗谷
（1536～1584）、宋尤菴（1607～1689）至韓南塘（1682～1751）等四家，
亦為朱子學闡揚於韓國時期之主要學官，其國風民情深受程朱理學浸染深

〔註57〕〈新亞書院・續四〉，《八十憶雙親・師友雜憶》，頁 324。
〔註58〕〈漫談《論語新解》〉，《錢賓四先生全集》，頁 102～103。
〔註59〕〈在臺定居〉，《八十憶雙親・師友雜憶》，頁 332。

篤。回顧歷史，中國經典善本毀損於天災人禍者多，尤以秦火與民初新文化運動與共產赤禍為劇。而韓、日對古籍經典保存，相對於中國而言較為嚴謹而完善，即使政事更迭、學派抑揚皆不毀聖賢之書，且屢有窮理鑽研者及出於藍而勝於藍之優作，此為中國所未迨者。如李退之《宋季元明理學通錄》所載朱門諸子言行，較之宋端儀《考亭淵源錄》益加周詳，其間撰述「朱門七弟子」乃他書所未錄者。另《朱子行狀輯注》比於黃榦（1152～1221）《朱子行狀》雖注不多卻略勝一籌，蓋中國無有為《朱子行狀》作注者。〔註60〕顯見錢氏日本、韓國之行，蒐羅上列諸集研閱，對朱子學在兩國發展背景探析，對其撰作《新解》與《朱子新學案》，應有一定程度之理解與啟思。

第三節　義理、辭章與考據

　　義理、辭章與考據係治經之法，訓詁、校勘為考據之學，得其妙用，義理乃彰。子曰「工欲善其事，必先利其器」〔註61〕是也。清儒戴震云：「訓詁明則古經明，古經明則賢人聖人之義理明，而我心之所同然者，乃因之而明。」〔註62〕是以治經、考據旨在求得經典本義，惟《論語》有字義而無法直解者多，必依解經者之學養而逕裁其要。校勘者，即讎正字句與義之譌誤；辭章者，為探究字義、句讀、章法之事，以「文從字順各識職」為要；義理者，乃文章撰作之本義所在。欲通義理貴從各章逐字逐句，在考據、訓詁、文理、辭章各方面去仔細推求。〔註63〕註解《論語》宜以探求原文本義為宗，捕得本義始能出「引申義」、「發揮義」與「相通義」。清代姚鼐（1731～1815）曰：「文章核心在於義理、考據、辭章三者之統一，不可偏廢。而三者之統一才是至高至美之境界。」〔註64〕錢穆云：「要研尋

〔註60〕 此謂《朱子行狀輯注》乃李退之所撰，可見韓國學者甚重朱子之學。參見韓・李滉撰：《退溪先生文集》，收入《韓國文集叢刊》，30 冊（首爾：景仁文化社，1990 年），頁 485。

〔註61〕 《論語集注・衛靈公篇》，《四書章句集注》，卷 8，頁 164。

〔註62〕 清・戴震：〈題惠定宇先生授經圖〉，收入《戴震文集》（臺北：大化書局，1978 年），頁 168。

〔註63〕 〈校慶日勸同學讀《論語》並及《論語》之讀法〉，《新亞遺鐸・中國儒學與文化傳統》，頁 475。

〔註64〕 清・姚鼐，字姬傳，安徽桐城人，世稱惜抱先生。清著名散文家，與方苞、

《論語》義理，不能不兼顧考據、辭章。」〔註65〕上述徵引皆強調義理、考據、辭章之理會於註解《論語》之切要。宋代前之儒者多沿襲此法研治《論語》。時至清季乾嘉樸學風靡杏壇，以考據辨正為勝，餘則無所馳騁，渠等專攻古史，卻荒於近世，喜尋殘篇，而滯於創垂。雖言「實事求是，無證不信」〔註66〕，實則「以復古為職志，對宋明理學之大反動。」〔註67〕故派閥生焉，涇渭分明，交相詰難，而了無止休。是以合三者之長善用之，成其功而去其害。此乃前事之師，他山之石也。清代段玉裁（1735～1815）《戴東原集‧序》有曰：

> 竊以謂義理、文章，未有不由考覈而得者。自古聖人制作之大，皆
> 精審乎天地民物之理，得其情實，綜其始終，舉其綱以俟其目，
> 與以利而防其弊，故能奠安萬世，雖有姦暴，不敢自外。〔註68〕

清代陳澧（1810～1882）亦言：

> 謂經學無關於世道，則經學甚輕。謂有關於世道，則世道衰亂如
> 此，講經學者不得辭其責矣。……其所訓釋、考據，又皆世人所
> 不能解。故經學之書汗牛充棟，而世人不聞經書義理，此世道所
> 以衰亂也。〔註69〕

段氏治學甚重考覈之學，以為義理所源出。考覈者，乃綜括全般學問，並徹勸學者勿浮空以論義理。聖人深得天理流行、民物本末之理，綜理綱要，揭櫫大義，從而創制聖典以安世濟民。是以聖人之言須詳加考覈而得其真

劉大櫆並稱「桐城三祖」。乾隆二十八年（1763）進士，任禮部主事、四庫全書纂修官等，年方四十，辭官南歸，先後講學於南京鍾山等地書院四十餘年。姚氏提出義理、考證、文章三者不可偏廢之主張。義理，指當時來自宋學之理學思想；考據，主要指來自漢學文章要有實據，避免空泛；辭章，指文章要注重結構、文字、音韻，以達雅潔之文學美。而三者之統一才是至高至美之境界。又云：「苟善用之，則皆足以相繼；苟不善用之，則或至於相害。」詳參氏著：〈復蔣松如書〉，《惜抱軒文集》，卷6（上海：上海古籍出版社，1992年），頁95～97。

〔註65〕《新亞遺鐸‧中國儒學與文化傳統》，頁473。
〔註66〕梁啟超：《清代學術概論》收入《中國近三百年學術史》（臺北：五南圖書出版，2013年），頁42～43。
〔註67〕同上註，頁11。
〔註68〕清‧段玉裁：《戴東原集‧序》，收入《戴震集》（上海：上海古籍出版社，2009年），頁451～452。
〔註69〕清‧陳澧：《陳蘭甫先生澧遺稿》，《嶺南學報》，第2卷第2期（1931年），頁182。

切，始能傳之久遠。東塾深感世道衰亂，乃肇於世人不解經典義理，故經學之書雖多而世人不得義理。歷代治經講學者，多藉引經以申己意，以致其訓釋考據，或艱澀，或偏脫，或未能符貼現實而失之親切，殆可歸因於講經者不知師道之重，怠惰趨附以致於斯，由是孟軻切切於闡發孔學微言大義，昌黎汲汲於作〈師說〉以廓清。漢初儒者尚重注疏守經暨經濟之學。其後讖緯及五行滲於經，今古文之辨起；迄宋代儒、釋、道偕行，諸子喧騰而門派立焉，俟北宋四子出而理學興，朱熹體現各家精華共冶一爐；迨清季學者鄙疑宋儒空泛，辨之精細而入訓考，籀繹冗繁而義理疏，不見己失反咎於人，豈無一葉障目之失？

回顧經學史，儒學興衰與國祚民心乃休戚與共。孔子微言乃亙古通義，以經典示諸於後，雖物換星移，惟賢者能藉治學之法、考據之學以通曉本義。朱熹云：「學者必因先達之言，先達聖人之意，因聖人之意，以達天地之理。」〔註70〕又云「經之有解，所以通經。經既通，自無事於解，借經以通乎理爾。」〔註71〕是以深諳訓詁，究於名物制度而知其所以然，將以明道也。此為戴震所云：「由訓詁而推求義理」、「執義理而後能考核」〔註72〕。而曾滌生又倡文章尚須兼重「經濟致用」之功，以補正桐城文派空疏、龐統之病。上述諸賢之言，皆對錢氏治學良有啟發。檢覈《語類》與《文集》等，知《集注》書成後屢有更易，凡四十年；而爬梳錢穆《全集》，自《論語文解》迄至《新解》付梓，計七十三載，如是筆削。朱、錢二儒皆甚重義理闡發，務求透過考據與辭章之法，演繹推敲，冀達折中求是之理想境界。二賢對此治學之要關注如是，渠等闡釋《論語》雖各有異同，而推其源僅是一分殊耳。茲就兩《注》義理、辭章與考據，說明如下。

一、《集注》之義理、辭章與考據

熹自少年時，即從父諄囑研習二程《論語說》，探求孔門秘傳。年十五六，曾留心於佛。年二十，讀二程門人謝上蔡（1050～1103）《論語說》。年二十四，拜師李侗，延平提點多讀儒家經典，關注於日用人倫之契合，

〔註70〕〈答石子重一〉，《朱子文集》，第4冊，卷42，頁1832。

〔註71〕〈學五〉，《朱子語類》，卷11，頁350。

〔註72〕清・章學誠：〈書朱陸篇後〉，收入葉瑛注：《文史通義校注》，卷3（北京：中華書局，1994年），頁275～277。

後彙集二程門人之說，上參二程《論語說》義理。年三十四，撰《論語要義》與《訓蒙口義》，時熹已匯綜《要義》，增涉訓詁與音讀。年四十三，漸得《論語》深義，刪《要義》成《精義》。其後體悟《精義》惟二程說宜恰，乃去取成《要義》，然此書已異於昔日同名之作。隨著朱熹對《論語》泛濫諸家有得，對二程及其門人解經已有審度，再修《要義》為《集義》，即匯集諸家說義之精粹。終於往復思辨之中，優擇《集義》精髓以成《集注》。此書可視為朱熹畢生研治《論語》積澱之英華所在，於此始自信逕闢直探孔孟義理之道，時熹年四十八。檢覈《或問》與《語類》等確然如是。

　　熹嘗自述，對《論語》「自三十歲便下功夫，而到今（時六十有七）改猶未了，不是草草看者，且歸子細……所以改削不已。」〔註73〕又云：「四十餘年理會，中間逐字稱等，不教偏些字。學者將注處，宜子細看。」〔註74〕並諄諄勸誡門生友人「凡看文字，須看古人下字意思如何。」〔註75〕是以如此涵詠體味，方得針砭時人說經之病與研提對治之法。晚年有謂「某《集注》如秤上稱來無異，不高些，不矮些。添一字不得，減一字不得。不多一個，不少一個。」〔註76〕日人大槻信良《朱子四書集註典據考》一文，指陳朱熹《集注》凡出經、史、子、集，與漢、唐諸儒古訓古義者，計一千二百八十三次，得出有「學古」、「革新」與「折衷」三類面向。〔註77〕《集注》在學古方面徵引共計三千五十二次，革新方面計一千一百六十次，學古約為革新之二點六倍。〔註78〕由此可知，《集注》兼顧「參采古注」、「時

〔註73〕朱子自幼即有志於學，嘗自云：「某自十四、五歲時，便覺這物事是好底物事，心便愛了。某不感自昧，實以銖累寸積而得之。」卷104，〈自論為學工夫〉，頁 2595，「李方子」條。朱子云：「某舊年思量義理未透，直是不能睡。初見子夏『先傳後卷』一章，凡三四夜，窮究到明，徹夜聞杜鵑聲。」可見朱子好學深思之情狀若此。參見〈語孟綱領〉，《朱子語類》，卷 19，頁 457，「王過」條。

〔註74〕〈論語一〉，《朱子語類》，卷 19，頁 460。

〔註75〕同上註，頁 461。

〔註76〕同上註，〈語孟綱領・王過條〉，頁 392。

〔註77〕日・大槻信良：《朱子四書集註典據考》（臺北：台灣學生書局，1776 年）一文所考。相關成果論述，參見大槻信良撰，黃俊傑譯：〈從《四書章句集註》論朱子為學的態度〉一文，發表於《大陸雜誌》，第 60 卷，第 6 期（1980年），頁 273～287。

〔註78〕黃俊傑：《歷史的探索》（臺北：水牛圖書出版，1990 年），頁 218。

賢諸說」與「自得開新」三個面向。或謂朱熹輕古注而重開新，惟依據上述計量證之，此說並非事實。是以毋寧謂之朱熹乃參采古注重於開新，而其開新者實又源出於對前人注疏之深研而有自得，似較允當。其治學弘道，窮理致知，博而返約，夙夜匪懈，故能融綜開新，自信如是。

（一）義理

漢武帝之時，採董仲舒「罷黜百家獨尊儒術」之策，儒家成為經學主流。歷魏、晉、唐迄北宋，謂孟子沒而聖學不傳，以致人心若蜉，釋老盛而儒學衰。繼而濂、洛、關、閩之學興，朱熹會通之。理學緣起於釋、老教義相衡，釋、老主張自方外修為悟道，而理學為心性義理之學須向內求。理學家主在分辨釋、老，並發揚孔孟之道與儒學道統，遂不免旁徵博引與辨正論述，以求圓通周密，由是說理論道乃成理學主要特色。明乎此一分殊，始知理學家治學及其用心。而史學、文學實非彼時多數理學家所重，雖有講筵說經，惟藉經以申己意者多有所在，至於經典本義如何，殆已非關注所在。

漢、唐儒學以經為宗，學術成就見於章句注疏為貴。宋儒治經不拘漢、唐規制，學風自由且多喜競相發論，彼闡發經典以融合佛、禪、老、儒義理而推之形上為勝。朱熹治經有北宋儒者氣象，創新義、發新論，多為時儒所未及，是以註解《論語》能善言義理者，晦庵實為翹楚。殆《集注》善言義理，非無著地處而橫空出世，必先訓考注疏而後為之。《論語》所含涉之實人實事對應中所寓含之義理，熹時時涵詠與體玩而有得，故其注經使人讀之親切有味。另亦屢誡道友、門生及纂修役者，務須尚重注疏。蓋注疏有通訓詁、詳文義、曉名物、補闕略之功，開卷即見注者觀點與卓識，善治經而闡發義理者莫不重於此。朱熹〈學校貢舉私議〉特陳尊家法與承師說之要，其曰：

> 近年以來，習俗苟偷，學無宗主。治經者不復讀其經之本文，與夫先儒之傳註，以意扭捏，妄作主張。今欲正之，莫若討論諸經之說，各立家法，而皆以注疏為主。〔註79〕

上述徵引可知時人學風若此。而謂「習俗苟偷，學無宗主」並非空穴來風。宋初文學襲承五代聲律對偶之習，詞氣浸敝，格局狹促。唐自武曌始以詩

〔註79〕〈學校貢舉私議〉，《朱子文集》，卷69，頁3360。

為進士科，非偶儷、變新之文無以晉身仕階。〔註80〕於是進士之科為全國干進者競趨之鵠的，〔註81〕蓋唐以功立國，道德之旨，自天子以至於學士大夫，置不講焉。〔註82〕日久「以意扭捏，妄作主張」遂習以為常。讀書既志於致仕，與明經治學已然無涉，聖賢之書束之高閣。自此社會不復重視明經，而讀書人之觀念與社會風氣，因之大為轉變。〔註83〕於科考至上文風氣下，欲其擅揚聖人經典則無異於升山採珠，而察於此有意謀圖革新者多有所在。故韓愈、柳宗元等有「文以載道」之論，歐陽修有自比「宋代韓愈」之志。渠等皆鐵錚錚骨鯁儒士，然逢其時仍不免權宜其中，懷「先求及第，再作良圖」之策。〔註84〕足見王權宣稱與利祿之推拉作用，於對

〔註80〕　〈選舉志〉云：「其天子自詔者曰制舉，所以待非常之才焉。」詩賦為試科之一，而推之太過又有病生。詳參宋・歐陽修、宋祈：《新唐書・選舉志》（臺北：鼎文出版，1979 年），頁 1171。是以唐・楊綰云：「從此積弊，浸轉成俗，幼能就學，皆誦當代之詩，長而博文，不越諸家之集，遞相黨與，用致虛聲。」參見《新唐書・楊綰傳》，頁 3431。唐・封演：《封氏聞見記》，卷 3〈制科〉按：「進士科，始於隋大業中，盛於貞觀、永徽之際，縉紳雖位極人臣，不由進者，終不為美。」足見以進士科取才被朝廷所倚重。而進士科之所以獨尊，乃因公卿將相多所從出。新科進士參加曲江宴會之際，亦是公卿重臣揀選東床之時。詳參唐・王定保：《唐摭言》，卷 1〈散序進士〉（北京：中華書局，1960 年），頁 101。上述徵引可知唐代學風若此。有言：「十年寒窗無人問，一舉成名天下知」、「書中自有黃金屋、書中自有顏如玉」、「功名富貴盡在於詩」等云云，猶是符契實際之妙喻，由是士子讀書皆營緣競逐於斯。是以流風浸淫之下，而能「越諸家之集」者，譬如鳳毛麟角。宋初沿襲五代、唐朝文風，迨蘇軾、二程、朱熹出，文風漸轉為博寬雄偉之聲色。

〔註81〕　陳寅恪：《唐代政治史述論稿》（臺北：臺灣商務印書館，1994 年），頁 21。

〔註82〕　明・王夫之：《讀通鑑論》，卷 22（臺北：中華書局，1966 年），頁 33。

〔註83〕　臺靜農：〈唐代士風與文學〉，《中國文學史》，頁 367。

〔註84〕　當時科舉之風，即應進士科之舉人，得先將其所作詩文投獻主司以自薦，雖說是憑作品以求知音，實則是營緣奔競之結習。即如自命身負周、孔道統的韓愈，獻書投文也是慣技。參閱臺靜農：〈唐代士風與文學〉，《中國文學史》，頁 369〜371。另〈記舊本韓文後〉云：「予亦方舉進士，以禮部詩賦為事。年十有七試於州，為有司所黜。因取韓氏之文復閱之，則喟然歎曰：『學者當至於是而止爾！』因怪時人之不道，而顧己亦未暇學，徒時時獨念於予心，以謂方從進士干祿以養親；苟得祿矣，當盡力於斯文，以償其素志。後七年，舉進士及第，官於洛陽，而尹師魯之徒皆在，遂相與作為古文。因出所藏《昌黎集》而補綴之，求人家所有舊本而校定之。其後天下學者亦漸趨於古，而韓文遂行於世。至於今蓋三十年矣，學者非韓不學也，可謂盛矣。」參見宋・歐陽修：《歐陽文忠公文集・記舊本韓文後》，卷 73（北京：中華書局，2001 年），頁 1057。

文風轉變、經學興衰間之因果關係，此就經學史觀言猶可留意。逮朱熹之時此風仍熾，是以感悟尤深，遂倡各家論經皆以注疏為本，此本乃經典本旨義理之謂。依此絜矩從而訓考、涵詠、玩味，索求自得，繼而推說闡發，以匡時風，確保經典能傳之久遠而無所失。

　　孔子集三代後二千五百年之大成，距今又二千五百年，經典翻印謄抄、經師授學，學者體悟，不免謬誤偏漏，況有心偽經者。由是治經當兼讀注，實為治經本法。從朱熹《集注》釋義，已明其將「論道」與「解經」分述之，兼容儒學與理學又不失明通之卓識。顥其治經歷程，重注疏而訓考，博覽融釋，萃取英華，以意逆志。宛轉遞進而一以貫之。

　　格物致知為孔門學思之法，而讀書乃通達義理之鑰，有本、法之分。朱熹不憚繁瑣屢申讀書乃求索義理良法，反身亦孜孜涵詠與思辨其中，堪為師之表率。檢諸《語類》、《文集》二百餘條載記藉讀書以體悟義理之說。〈行宮便殿奏劄二〉有曰：

> 為學之道，莫先於窮理。窮理之要，必在於讀書。讀書之法，莫貴於循序而致精。而精緻之本，則又在於居敬而持志，此不易之理也。天下之事莫不有理，有以窮之，則自君臣之大，以至事物之微，莫不知其所以然，與其所當然，而無纖芥之疑。〔註85〕

又於〈讀書之要〉揭櫫其讀書以自得，並毗勉學者而曰：

> 以《論》、《孟》二書言之，則先《論》而後《孟》，通一書而後及一書。擇其篇章文句首尾次第，亦各有序，不可亂也。量力所至，約其程課而謹守之，字求其訓，句索其旨。未得乎前，則不敢求其後。未通乎此，則不敢志乎彼。如是循序而漸進焉，則意定理明，而無疏易凌躐之患矣。是不惟讀書之法，是乃操心之要，尤始學者之不可不知也。……《論語》每一章不過數句，易以成誦。成誦之後，反復玩味於燕閒靜一之中也。……大抵觀書先須熟讀，使其言皆若出於吾之口，繼以精思，使其意皆若出於吾之心，然後可以有得爾。至於文義有疑，眾說紛錯，則亦虛心靜慮，勿遽取舍於其間。先使一說自為一說，而隨其意之所之，以驗其通塞，則其尤無義理者，不待觀於他說而先自屈矣。復以

〔註85〕　宋‧朱熹：〈甲寅行宮便殿奏札二〉，《晦庵先生朱文公集正集》，卷14，收入《欽定四庫全書》（上海：上海古籍出版社，2002年），頁204。

　　眾說互相詰難，而求其理之所安，以考其是非，則其似是而非者，亦將奪於公論而無以立矣。大抵徐行卻立，處靜觀動，如攻堅木，先其易者而後其節目。如解亂繩，有所不通，則姑置而後徐理之。〔註86〕

　　朱熹教人讀書，概括虛、平、專、恆、敬等五項心德，並須躬身踐履。所謂「操心之要」，即以殷憂啟聖，臨淵履薄之心，萌發德、慧、術、知之能，故孟軻曰「操心慮患，故能通達。」〔註87〕乍視鈍拙，實為智穩。初學者求知若渴，輒欲越牆抄捷，苟不知操心其間，專意致思，終究事倍功半。研覈「行遠必自邇，登高必自卑」〔註88〕、「知止而后有定，定而后能靜，靜而后能安，安而后能慮，慮而后能得。」〔註89〕及「博學、審問、慎思、明辨、篤行」〔註90〕，皆明進學之序階，學者必由是而學，「如攻堅木、如解亂繩」，始期其有得。朱熹以博學力行示教，實為「知其先後則近道」〔註91〕之實踐者。元代程端禮將〈朱子讀書法〉歸納為循序漸進、熟讀精思、虛心涵泳、切己體察、著緊用力與居敬持志等六條目示諸後學。〔註92〕朱熹言讀書之法務實如是，以探聖人語意。學者讀書治學，務須專致守恆，貯蓄窮理體悟，以成集翠成裘之功。紫陽夫子晚年賦詩有曰：「昨夜江邊春水生，蒙衝巨艦一毛輕。向來枉費推移力，此日中流自在行。」〔註93〕是以誠非讀書已通達明理，怎生如此氣象。

〔註86〕〈讀書之要〉，《朱子語類》，頁 3583～3584。

〔註87〕孟子云：「人之有德、慧、術、知者，恆存乎疢疾。獨孤臣孽子，其操心也危，其慮患也深，故達。」參見宋・朱熹：《孟子集注・盡心章句上》，《四書章句集注》，頁 361。

〔註88〕漢・戴聖：《禮記・中庸》。或參見《中庸章句》，《朱子大全》，頁 25。

〔註89〕《大學章句》，《四書章句集注》，頁 3。

〔註90〕同上註，《中庸章句》，頁 32。

〔註91〕同上註，《大學章句》，頁 3。

〔註92〕程端禮（1271～1345），元代儒學家。字敬叔，號畏齋，慶元府（今浙江鄞縣）人。頗具讀書天份，十五歲能誦《六經》，知曉大義，著述行文明白、純實，尊奉儒學為正統。研治朱子學，以朱熹「明體適用」之學為宗旨。著有《讀書分年日程》等書，黃百家譽之「本末不遺，工夫有序」。《元史・儒學傳》云：「（程端禮）著有《讀書工程》，國子監以頒示郡邑校官，為學者式。」參見（臺北：臺灣商務印書館，1966 年）《四部叢刊・續編》，卷 2，頁 16～17。

〔註93〕宋：朱熹：〈答許順之・活水亭觀書有感其二〉，收入《朱熹集》，卷 39（成都：四川教育出版社，1997 年），頁 1777。

中國儒學思想主在申論天人之道，明天理而應乎人。《論語》則以具體之人事應對，以符此義。《論語》為儒家思想本源所在，各篇章皆承載孔子思想之精粹及寓含之大義。以《論語》所述之「仁」為例，輒因人事不同而有不同表述，並無一是之論，由是關於含涉義理之探討便存有治經者所下工夫深淺與個人體悟自得之論述空間。換言之，《論語》本旨係以具體人事之互動為探討範疇，其間寓含人與人、人與天、個人與大我間之深刻義理，藉由微言對話而彰顯義理所在，由察微而巨觀，從個人修為上推天道，皆是理一。是以得因應不同時空情境之主客觀因素而賦予適切義理。殆因此由經典章句時有多解，而致其間義理有所殊焉。唐、宋之際，釋、老盛行而融滲於經學，闢佛斥道，固為必需，然韓愈、歐陽脩等辨之雖激卻依然盛行。再則各家門戶分明，各言其是。惟朱熹洞燭時風流變，忖度時勢，以理學之長鎔鑄各家，以量變而質變之策，於嚴峻時局中知其所入與出。首先透過訓考，推尋而申說義理，將《論語》中形而上之抽象概念，透過義理詮釋，建立一種易於使人理解而具像化之界說，以肇建孔門道統傳承脈絡。再則《論語》多有關鍵語彙、文章義理，古來皆無界說，悉憑經師自得論說，斯殆諸家喧囂爭鳴之源出所在，而師者乃負承先啟後、繼往開來之樞紐。是以師者治經講學必本注疏、尊家法，始能於篤守或闡發經典之際，不失本旨義理。此即昌黎所言：「師者，所以傳道、授業、解惑也。」之精髓也。

前述《論語》內容具形上概念處多有所在，如對於仁、禮、天、性、吾與點等釋義。朱熹於此處輒本諸理學家論道精神，與周、張、二程之說，雖其間見識稍殊，然幾番縫合仍續發渠等對義理之見。殆為求融綜，便須推之廣博，能廣博方能兼容，能兼容方得會通串貫義理。由是不免增字詁經、藉經申說、理在經外與以哲思釋經之疵。以致象山先生予以辨詰，揭開其後心學論證及諍朱闢朱之遺緒。

清儒研治《論語》疑斥朱《注》者，亦始於義理之辨。彼等見長於考據之學，冗繁演繹而疏義理，視宋儒空泛而批朱熹。此等儒者或缺宏觀格局，或陷門戶壁壘，或失之主觀，謂一切以訓考之具證為是。殊不知人文與數理科學之辨正方法終究有所不同，以己之是指他人之非於理不通，而道人之非亦不能證己之是，況別有用心者乎？類此兩豆塞耳不聞雷霆之聲者似猶未洽。言學術者，當有求真求實之精神，領域不同而強加並比亦有

不允，宜以相互尊重態度處之，自是學者進德修業之要。而言及考據與義理，若清儒此流者，未必優於朱《注》。對於上述批駁，朱熹應然自知。誠未窮研朱《注》真不知其用心所在，晦庵已不語，英華在人間。就經學、儒學與理學而言，其千秋功過事，尚留後人評。

（二）辭章

辭章者，探究字義、句法、章法等，即純文學觀點下之所謂辭章亦包括在內。〔註 94〕要以文從字順各識職，有欲求之此其躅。〔註 95〕辭章，須通得一句，始識此字之義訓。北宋自盧陵歐陽氏，臨川王氏，涷水司馬氏，南豐曾氏，眉州蘇氏父子兄弟等，一時群賢並起，經史文章之學震鑠古今。理學家多高談悟性論道為先，多疏於讀書扎底，致經史辭章遂漸燼熄，而朱熹力矯之。理學初興，獨二程以道學講筵而四方嚮附。宋室南渡後，朱子之學漸盛，經史辭章之學始興，絪合二程及諸家理學於一。朱熹推崇昌黎而學習韓文，輒有點評經史名家，論析詩文多有優作。實乃泛濫群籍，故尤通經史辭章之學。《論語》章句、字義，古來多存異說，以致魯魚帝虎。若要論個明白，則不能不從經典本義處探尋，合之則是，離之則非。清代桐城派推崇古文，始知「從一句辨識一字」之訣，然而渠等不重考據、辭章者多有所在，故其學術成就終有所圍。而《集注》兼得考據、辭章之長，釋說義理通達而善美。朱熹〈答張敬夫論仁說〉有曰：

> 伯逢又謂：「上蔡之意自有精神，得其精神，則天地之用皆我之用矣。」此說甚高甚妙。然既未嘗識其名義，又不論其實下工夫處，而驟語其精神，所以立意愈高，愈無根本可據之地也。所謂「天地用即我之用」，殆亦其傳聞想像如此爾，時未嘗到此地位也。〔註 96〕

〈答吳晦叔〉又曰：

> 大凡理會義理，需先剖析名義界分，各有歸者。然後於中自然有貫通處。……凡吾心之所得，必以考之聖賢之書，脫有一字之不

〔註94〕〈孔子誕辰勸人讀《論語》並及《論語》之讀法〉，《錢賓四先生全集》，第4 冊，頁 53。

〔註95〕唐・韓愈：〈南陽樊紹述墓誌銘〉，《韓昌黎全集》，卷 34（北京：中華書局，1994 年），頁 166。

〔註96〕〈答張敬夫論仁說〉，《晦庵先生朱文公集正集》，卷 32，頁 1245。

同，則更精思明辨，以益求至當之規。毋憚一時究索之勞，使小
惑苟解而大礙愈張也。〔註97〕

朱熹對於謝上蔡謂「心有知覺為仁」，較於張氏所云「天地之用即我之用」
同為高空，只見精神上義卻未明下達之處。雖說精神上義與人倫日常只是
理一，惟仍須有踐履之依據。聖人之意本只直白平實，故疑兩者有錯解名
義之失。名義者，事物立名之由與義理。名義正，殆無所偏。反之，其下
工夫必然歧誤，解經之失泰多此出。譬古時祭祀必備禮器，神鬼無所見，
欲禮無所失，故而藉鼎簠之器而推其情、通其理。備祀、儀軌、禮器，即
下達之處，藉以成全祭祀之禮者。朱熹有闡發經義雖多，然必先覈自得於
聖賢之書，覃思明辨而必三致志焉，無憚究索之勞。於小惑而不求甚解，
則遑論求得聖人之大義。

　　上述可知，朱熹解經必先辨正名義所在，繼而窮理致知，下學而上達。
觀其求真知之情，字字句句往復推求，以求至當，猶似餓虎撲食之勢，無
所遺也。學者治學亦當如是。《文續集》卷六〈答江隱君〉有曰：

　　區區之病，正坐執滯於文字言語之間，未能脫然有貫通處。其於
　　道體，固患夫若存若亡而未有約卓之見耳。但「精義」二字，聞
　　諸長者，所謂義者，宜而已矣。物之有宜有不宜，事之有可有不
　　可，所謂義也。精義者，精諸此而已矣。所謂精云者，猶曰察之
　　云爾。精之之至而入於神，則於事物所宜，毫釐委曲之間無所不
　　悉，有不可容言之妙矣。此所以致用而用無不利也。〔註98〕

朱熹此處所謂區區之病，乃指一字一韻，章句之法，名物之考也。雖小學
之功，如未訓詁顯明，義理必然滯礙無以詮釋。得精義先須曉其名分，正
其名而理自現。故曰「義者，宜也」，「精者，察也」。察之精而入於神之所
宜處，其理自出。朱熹治學殷勤，遇惑而不解，輒夙夜靜坐思索。晦庵昔
時差同安入山視察，嘗對伊川先生「洒掃應對便是形而上者，理無大小故
也。故君子只在謹獨。」〔註99〕存惑難解而徹夜苦思，冀求貫通義理。從

〔註97〕〈答吳晦叔〉，《晦庵先生朱文公集正集》，卷42，頁1821～1822。

〔註98〕宋・朱熹：〈答江隱君〉，《朱子大全》，卷6（臺北：中華書局出版，1983
　　　年《四部備要》景明胡氏刻本校勘本），頁4817。

〔註99〕伊川云：「灑掃應對，便是形而上者，理無大小故也。故君子只在謹獨。」
　　　詳參宋・程頤：〈答石子重〉，收入曾棗莊、劉琳等編輯：《全宋文》，第246
　　　冊，第5518卷，頁125973。

細微處著手，有疑即考，遇惑則辨，處處把抓。期以苟日新，日日新，以竟其功。

綜上所述，朱熹乃博學識廣，述作卷帙浩繁，尤力於治經。其著述英華以《四書章句集注》為貴，而以《論語集注》為萃，殆《論語》為孔學之啟、四書之根，初學與返歸之處。《集注》善言義理，語之切要。從程門匯二程，藉以追溯孔孟，終得會通而出，成一家之學。熹主倡博而反約以治學，主敬存誠以修身。認為經典本義先須訓考、辭章而得知，次無違於聖賢書，體翫涵詠加邃密，後能浹洽而雋永。熹不棄漢、唐儒者治經之法，罄盡訓考以釋義。二程講經「理在語內」，朱熹釋經「理在經內」。熹推尊二程為宗師，雖於釋經其間稍有殊焉，然基於尊師之意而多所彌縫，誠是「吾愛吾師亦愛真理」之兩全折中。而註解《論語》，多有涉及人文社會對應之殊處，時有縱已罄訓考，亦未必義理可明，此解經難處之所在。是以善解經者，其見識修為必得博識，藉此推尋、會通以上達之，熨貼之義理自現。積久則有存心妙用之功，熹治經殆如是矣。

（三）考據

訓詁、校勘，皆考據，旨在探求義理，即清儒戴震言「訓詁明而後義理明，考據明而後義理明。」〔註100〕熹自幼穎悟莊重。四歲，父指天示之曰：「天也。」熹問：「天之上為何物？」十二、三歲，問「絜矩」。〔註101〕可見朱熹年少時即有窮理致知之心，好訓詁、考據之學，殆為日後治學傳道、融綜諸家之本。

朱熹〈自論為學工夫〉有曰：

> 某舊日讀書，方其讀《論語》時，不知有《孟子》。方讀〈學而〉第一，不知有〈為政〉第二。今日看此一段，明日且更看此一段。看來看去，直待無可看，方換一段看。如此看久，自然洞貫，方為浹洽。……凡讀書到冷淡無味處，尤當著力推考。……此亦伊川所謂「今日格一件，明日又格一件，格得多後，自然有貫通處。」〔註102〕

〔註100〕清·戴震著，湯志鈞點校：《戴震集》（上海：上海古籍出版社，1980年），頁214。

〔註101〕陳榮捷：《朱子新探索》（臺北：台灣學生書局，1988年），頁62～67。

〔註102〕〈自論為學工夫〉，《朱子語類》，卷104，頁2586～2587。

此言為學工夫，須專注於一段章句，直到義理串貫浹洽，方可接續次章，為依考據治學之方。遇有不知所云處，則須借助考據解之。「讀書到無味處，尤當著力推考」一語，殊堪玩味與勝出處，即橫渠先生所言「於不疑處有疑方進矣」〔註 103〕之意。熹秉伊川先生「格物致知」讀書之法，治學持恆為貴，厚積心得學識，日久自然洞貫，以悟聖人之義。

《文集》〈答孫季和〉又曰：

> 讀書玩理外，考證又是一種工夫，所得無幾而費力不少。向來偶自好之，故是一病，然亦不可謂無助。……竊謂生於今世而讀古人之書，所以能別其真偽者，一則以其義理之所當否而知之，二則以其左驗之異同而質之，未有舍此兩途而能直以臆度懸斷之者也。〔註 104〕

朱熹探研考據，自嘲好之成病，雖一字一名之更易，輒能旁徵博引，參伍錯綜以明真相。雖言「成病」，實則考據窮理成習，雖工夫多而所得少，然卻道出未有捨推考而能臆斷其義理者。殆是用心於考據，其後乃精博明通，辨之絕妙，屢有拍案之作。歸因其能考證真偽在於義理當否，與其異同而交質之，持久則底蘊深厚，於斷取之間儼若匠石運斤。朱熹治學有成，博學精辨，主在其躬行格物致知之法、勤學精進而守恆所然。

理學家輕視文史、考據，以論道為首。惟朱熹能字字求，句句解，重傳統而出新義。讀書治經必先訓考，辨其真偽為先，得善本比校之始能期獲經典本義。如治摻譌雜本而不自知，既徒耗無功，思想紊亂、學術混淆與主張矛盾之失，故不可不慎。朱熹屢申讀書治經，必以正書、善本為貴，由博返約，增益義理之功。清儒重考據，睥睨宋儒，熹之考據成就，清儒亦多所不及。縈其考據犖犖者如《孝經刊誤》、《通書解》、《西銘解》、《四書章句集注》及《參同契考異》、《韓文考異》、《辯證》等皆為不刊優作，足堪垂範後世。

茲僅撮要《韓文考異》，以明朱熹治理訓詁、辭章、考據，進而推說義理之歷程。而朱熹對《集注》之用心亦復如是。

〔註 103〕宋・張載著，張錫琛點校：《經學理窟・義理》，收入《張載集》（北京：中華書局，2006 年），頁 275。

〔註 104〕〈答孫季和〉，《晦庵先生朱文公集正集》，卷 54，頁 2546。

（四）朱熹《韓文考異》

讀聖賢經典須佐之正本善注，資以獲得經典本旨。理想之解經，必兼顧義理、辭章與考據三者而得之。然而學者解經多各有取向，致一經多解多有所在。熹年六十八，成《韓文考異》（以下簡稱《考異》），距今已逾八百年，為傳習韓文者視如經典而爭相效學，幾無出其右者，朱熹推疑辨正，以博學果決、先見卓識與嚴謹訓考之法，以正韓文。北宋之時，韓文研究盛行，《韓集》彙輯補正蔚為風尚，如歐陽文公珍視如寶。其時翻鈔韓文版本漸繁，最早刻本為蘇溥所稱「益都所雕《昌黎先生集》」，歐陽脩稱之「蜀本」，方崧卿（1135～1194）〔註105〕稱之「三館本」。此外流通較廣者尚有祥符杭本、嘉祐蜀本、秘閣本，方崧卿合稱為「三本」。淳熙十六年（1189），方崧卿撰成《韓集舉正》，此殆為當時最有研究價值之《韓集》文本。慶元二年丙辰（1196），熹年六十六，因「偽學逆黨案」〔註106〕而罷職落祠，居家待罪，乃用心於此，歷時兩秋書成《考異》。

訓詁、辭章、校讎之學，非博學、精思而善體者不能辨。朱熹泛濫諸家、精研羣籍，兼通文、史、哲三學，字句章篇去取之間，皆能繩墨得宜。《考異》乃熹晚年綜合畢生學問歷識之體現，亦為梳理前人文獻、展現學術成果之作。《考異·序》有曰：

> 此《集》今世本多不同，惟近歲南安軍所刊方氏校定本，號為精善。別有《舉正》十卷，論其所以去取之意，又它本之所無也。
>
> 然其去取，多以祥符杭本，嘉祐蜀本，及李、謝所據館閣本為定。

〔註105〕方崧卿，南宋藏書家與校勘家。字季伸，莆田城關人。宋孝宗隆興元年（1163）進士。丞相葉顒以女婿之。歷知上饒縣，通判明州。淳熙十二年（1185）知南安軍。紹熙元年（1190）改知吉州，後轉廣西轉運判官，皆有政績。任官三十年，所得薪俸半為抄書。藏書達四萬卷，皆親自校對。嘗校正《韓昌黎文集》，成《韓集舉正》。2018 年 3 月 13 日，取自網址：華人百科〈方崧卿〉https://www.itsfun.com.tw。

〔註106〕有云：「慶元二年丙辰，朱熹彈劾權相魏侂冑不許，沈繼祖為監察御史，誣陷朱子十罪，奏斬朱熹未遂，落職朱熹罷祠，門人蔡元定貶道州。時涉案親友門人眾多，皆審問待罪中，人心惶亂。該案自朱熹六十六歲至七十一歲過世期間仍未解除。開禧三年丁卯（1207）侂冑伏誅。嘉定二年己巳（1209）朱熹詔諡曰文，世稱文公。」本案時稱「偽學逆黨案」，《宋元學案》則稱「晦翁學案」。參見明·黃宗羲撰，清·全祖望補：《宋元學案》（臺北：世界書局出版，2016 年），頁 841～905。宋·黃榦：《勉齋集》，卷 3，頁 41～42。

而尤尊館閣本，雖有謬誤，往往曲從。它雖善本，亦棄不錄。至
於《舉正》，則又例多而辭寡，覽者或頗不能曉知。故今輒因其書
更為校定。悉考眾本之同異，而一以文勢義理及它書之可證驗者
決之。苟是矣，則雖民間近出小本不敢違。有所未安，則雖官本、
古本、石本不敢信。又各詳其所以然者，以為《考異》十卷。庶
幾去取之未善者，覽者得以參伍而筆削焉。〔註107〕

朱熹另序自述《考異》旨趣，其曰：

南安韓文，出莆田方氏，近世號為佳本。余讀之，信然。然猶恨
其不盡載諸本異同，而多折衷於三本也。原三本之見信，杭、蜀
以舊，閣以官，其信之也則宜。然如歐陽公之言，韓文印本初未
必誤，多為校讐者妄改。觀其自言為兒童時，得蜀本韓文於隨州
李氏，計其歲月，當在天禧中年，且其書已故弊脫略，則其摹印
之日，與祥符杭本蓋未知其孰先孰後，而嘉祐蜀本又其子孫，明
矣。然而猶曰：三十年間聞人有善本者，必求而改正之。則固未
嘗必以舊本為是而悉從之也。至於秘閣官書，則亦民間所獻，掌
故令史所抄，而一時館職所校耳。其所傳者，豈真作者之手蕢？
而是正之者，豈盡劉向、揚雄之倫哉？讀者正當擇其文理意義之
善者而從之，不當但以地望形勢為重輕也。抑韓子之為文，雖以
力去陳言為務，而又必以文從字順各適其職為貴。讀者或未得此
權度，則其文理意義，正自有未易言者。是以予於此書，姑考諸
本之同異而兼存之，以待覽者之自擇。區區妄意，雖或竊有所疑，
而不敢偏有所廢也。〔註108〕

覈之《考異》，辨正有度，說理精闢。非博學鴻儒，實難辨正及此。校勘首
重善本。清張之洞（1837～1909）《輶軒語・語學篇》言：「善本，乃謂其
為前輩通人，用古刻數本，精校細勘，付槧不譌不闕之本也。」〔註109〕舊

〔註107〕〈韓文考異・序〉，《朱子新學案》，第 5 冊，頁 257。
〔註108〕朱熹《韓文考異》共 10 卷，除序文外，主文尚列舉諸本之失，逐條辨正，
綜括義理、辭章、考據而兼通一貫之，可謂是格物窮理精神之具體成果呈
現。參見《朱子新學案》，第 11 冊，頁 263～264。
〔註109〕清・張之洞《輶軒語・語學篇》有言：「善本非紙白板新之謂。謂其為前
輩通人，用古刻數本，精校細勘，付槧不譌不闕之本也。此有一簡易之法，
初學購書，但看其序是本朝重校刻，而密行細字，寫刻精工者，即佳。善
本之義有三：一是足本（無佚文）；二是精本（一精校，一精注），三是舊

本、官本未必是善本，雖異本多種，可供比對，固屬重要，尤貴於學驗豐碩者始能識斷之。清儒有謂：「漢學不必不非，宋版不必不誤」、「宋本亦多沿舊，無以勝今本」，此等校勘要義，朱熹昔已闡發。《考異》特重《韓集》辭章、文理之法，其言「擇其文理之善者而從之，不以地望形勢為重輕。」此乃治學考據者之初心本務。文理者，除文字與章句之意，亦以文從字順為貴。繼而衡諸原文撰者作文特色，如昌黎文勢有「務去陳言，奇崛險怪」之性，義辨於毫釐是非之間。又採「兼存同異諸本，以待覽者自擇。」此正說明考異者之理性與卓識，對於學術發展頗有助益。朱熹如此推理採擷，猶老吏斷案，令人拍案稱頌。

　　清代章學誠（1738～1801），孜孜於「史學義例，校讎心法」，對於晦庵先生考據之法甚表認可與肯定，〔註110〕而朱熹校勘書籍不下八十三種。〔註111〕賓四先生嘗言：「《韓文考異》之撰，為朱子生平從事校勘最大之成績，實開創出後來校勘學上無窮法門，堪稱超前絕後。」〔註112〕檢覈朱熹在校勘之體例、方法、文本、思想與文學評論等面向，多有獨特見解與貢獻。其考古論史，必先知其本末，盱衡實情，依循事理，隨事推敲，而思慮周密，發人所未發。朱熹對《考異》雖有勘正，然亦主張應將同異本兼附文後，留待後之學者得以從中探析、辨正與學習，此朱熹首發之舉，對後世學術研究影響深遠，殊值標出。朱熹治學對於校勘、訓詁、考據皆能字句秤等，從判定善本、訓詁溯源、文理通達、辨證推論，以至義理彰顯之治學程序，已然成為後世學者循治之圭臬。

　　綜上所述，朱熹撰作《集注》之緣起與歷程，甫年十四、五，出入釋、老，謁延平而返儒，歷一甲子雕琢磨難，始弘道有成。自是「尋尋覓覓孔

　　　　本（一舊刻，一舊鈔）。張氏之見解可謂細深，勘足至學者參採，參見張之洞，《輶軒語‧語學第二》之〈讀書通論‧讀書宜求善本〉，收入《書目類編》，第 93 冊（臺北：成文出版社，1978 年），頁 41649～41650。

〔註110〕根據錢鍾書：《談藝錄》之考證，章氏並非第一位提出「六經皆史」者。惟主張治經以考證史料和發揮義理相結合，將治經引向治史，反映其跳脫舊經學傳統束縛之學術趨向。論文注重內容，反對擬古和形式主義之傾向，批評戴震等人專於訓詁與考據，侈言批評史學之風。章氏之學說迄至清末始為學界所重視。詳見清‧章學誠撰，民國‧倉修良編注：〈答客問上〉，《文史通義新編新注》，內篇四（杭州：浙江古籍出版社，2008 年 12 月），頁 253。

〔註111〕趙燦鵬：《朱熹校書考》（J），《安徽史學》，2000 年第 1 期，頁 29。

〔註112〕《朱子新學案》，第 5 冊，頁 1750。

聖之道，孜孜恪恪義理之學。忍辱負重冀索真理，融釋諸家繼承道統。」邇翁詩云：「半畝方塘一鑑開，天光雲影共徘徊。問渠那得清如許，為有源頭活水來。」〔註113〕幾分禪意，乃畢生治學求道，窮理致知之歷程寫照。從遍尋通達孔門途徑，幾番迂迴前進，謹為任重道遠，雖有枝節歧路，仍是志篤意堅。注《論語》闡發孔孟思想，論述道統光昌儒學，頗有「千萬人吾往矣」之豪氣。誠齋先生詩曰：「萬山不許一溪奔，攔得溪聲日夜喧。到得前頭山腳盡，堂堂溪水出村前。」〔註114〕真乃映照晦庵先生真實際遇。賓四先生有曰：「自有朱子，而後孔子以下之儒學，乃重獲生機，發揮新義，直迄於今。」〔註115〕壯哉斯言，錢氏於世人諍朱誦朱之際，發微朱子之學，駁評合理符實。《大學》首章開宗明義：「大學之道，在明明德，在親民，在止於至善。」〔註116〕此一句契合朱熹畢生志業用心之所在，而「止於至善」乃其學術價值與遺澤後世之映照。

二、《新解》之義理、辭章與考據

（一）義理

　　錢穆自述撰作《新解》僅為註解《論語》之筌蹄。主張解經須義理、辭章與考據三者兼顧，務先善盡辭章、考據，始得義理，而此義理須符合現代意義且浹洽本義所在，由是念茲在茲忖思翫味而屢有更易。此與朱熹年四十八成《集注》，至易簀前仍孜孜勤奮，為探求經典本旨、闡發孔門大義而改猶未了，兩賢此間有同工之妙。惟錢穆《新解》旨求本義，不說引申義、發揮義與相通義，此為兩者之殊異處。〈漫談論語新解〉有曰：

> 所謂「一是」，即指《論語》之本義言。求《論語》本義，則主要
> 需用考據、訓詁工夫，否則儘說得義理高明，卻與《論語》本義
> 有背。然亦有時考據、訓詁無可用，非用自己識見不可，否則終
> 無以通《論語》本義。故讀《論語》，有易讀處，有難讀處，學者
> 貴能由易及難。但今為《論語》作解，則難處、易處全解了，此

〔註113〕〈觀書有感其一〉，《晦庵先生朱文公集正集》，（《四部叢刊》本）。

〔註114〕宋・楊萬里（1127～1206）：〈桂源鋪〉，《誠齋集》（摛藻堂四庫全書薈要本）。

〔註115〕錢穆：《朱子學提綱》（北京：三聯書店，2002年），頁1。

〔註116〕《大學章句》，《四書章句集注》，頁3。

則貴學者之善自研尋。〔註117〕

一是者，乃《論語》本義也。此錢氏治《論語》之宏願，縱有難度不易企及，亦可見其自信。而聖人日遠無語，注經者眾又屢發新義，其間不乏攙偽經書者，求得經典本義更為不易。即遍覽羣經亦難達致，然罄盡蹊徑以圖成，實為治學者所應然。於此錢氏提出主用考據、訓詁之法，以獲熨貼之經典本義。由是揭櫫《新解》係以釋說《論語》原文本義為重。餘引申義、發揮義、相通義，乃至其他議題，皆設限斷不予攬入。此撰旨對照朱《注》釋經，可謂大異其趣。惟注《論語》非是罄盡考據、訓詁之事難獲本義。經典本義雖簡明直白，仍須由博學返約、慎思明辨，下學而上達等進程始能會通。而會通者，融釋諸說，萌發心會，提升意境之謂。顯見治學須是步步踏實，句句忖思，持恆不退，始能有得。謂「今為《論語》作解，則難處、易處全解了。」雖是錢氏自信之語，然亦未盡如是。研讀《新解》仍應秉持求真求實之精神持平以論，並比前賢注疏而善自體悟，期以洞見義理所在。錢氏〈莊老通辨·自序〉有曰：

> 孔孟言仁，豈得專據字書為說？即遵古注，亦難愜當。……此必
> 於孔孟思想大體，求其會通，始可得當，而尋章摘句，專拈《論》、
> 《孟》有「仁」字處用心，謂能勝仁愉快乎？又況抱古注舊訓拘
> 墟之見，挾漢、宋門戶之私，則宜其所失之益遠矣。〔註118〕

此處已言錢氏註解《論語》之取徑大意。以釋「仁」為例，「專據書說」或「遵依古注」而守之泥固，況有「尋章摘句」、「門戶之私」之別有用心者，此賓四先生微詞於漢唐及清儒者。《論語》言「仁」必有具體之人與事，須依個案而闡述其意涵方為恰當。如皆字字訓詁而求解，即如南軒、阮仁者，抱古注舊訓，未曉變通者，或推之高玄，終不得其解。務從孔孟思想之大本源處著手推索以求會通。亦須摒除門戶而隨文進退，如此兩相羽翼，始能探得驪珠。

（二）辭章

〈論語文解卷上·名論〉有曰：

> 字與字相續而成句，句與句相續而成篇。文章之道，千端萬緒，
> 言其所由成，不外是字句相續而已。……文字有起、承、轉、

〔註117〕〈漫談《論語》新解〉，《錢賓四先生全集》，第4冊，頁115。
〔註118〕〈莊老通辨·自序〉，《錢賓四先生全集》，第11冊，頁5。

結。……故起、承為體，轉、結為用。四者神明而用之，則綴文
之道盡是矣。〔註119〕

錢氏年二十四（1908）任國小師，講授《論語》，其編纂教材乃參酌《馬氏
文通》之內容與體例，而成《論語文解》，此為錢氏研治《論語》始作。論
及國人治理文學，未重辭章者多，或謂能言之即可通曉，能書成句，仿習
古籍便可。比之西方治學尤重文法結構迥然不同。是以錢穆參據《馬氏文
通》，彙整而申說，側重於字義與章句相續之理，善用起、承、轉、合之序，
以成變化無窮之通順文章。彼嘗自云：「余之讀書，最先從韓、柳古文，唐
宋八家入門，隨即有合意於孔孟儒學，又涉及古今史籍。」〔註120〕是以錢
穆兼擅辭章之學，旋即鑽研儒學，泛濫諸家而見聞益廣，治學解經殊得箇
中旨趣。《八十憶雙親·師友雜憶》有曰：

余之自幼為學，最好唐宋古文，上自韓、歐，下迄姚、曾，寢饋
夢寐盡在是。其次則治乾嘉考據、訓詁，藉是以輔攻讀古書之用。
所謂辭章、考據、訓詁，余之能盡力者止是矣。〔註121〕

此為錢氏晚年自述之回憶錄，可謂乃其畢生治學之自我總評。經覈其所稱
幼年就讀果育學校時期，述及其啟蒙於華倩朔、華山、顧子重、紫翔等
師，由是而矢志於文史而顧、紫兩師對錢氏之影響尤深。顧師平日閒散無
拘，好吟誦韓、歐詩文，喜談《水滸》。自謂「余之正式知有學問，自顧師
『嗚呼』一語始。」〔註122〕紫師則講授朱熹《大學章句·序》與陽明《傳
習錄》，賓四有云「余此後由治文學轉入理學，極少存有文學與理學之門戶
分別。」〔註123〕又云「紫師最後選授曾滌生〈原才篇〉。開首即云：『風俗
之厚薄奚自乎？自乎一二人之心之所嚮而已。』」……此後余每治一項學問，

〔註119〕 《論語文解》，《錢賓四先生全集》，第2冊，頁1。
〔註120〕 〈私立鴻模學校語無錫縣立第四高等小學〉，《八十憶雙親·師友雜憶》，
　　　　　頁81。
〔註121〕 同上註，〈在臺定居〉，頁339。
〔註122〕 錢氏於該書回憶有云：「一日，某同學問，錢某近作一文，開首即用「嗚
　　　　　呼」二字，師倍加稱賞，問之何也？顧師曰：『汝何善忘，歐陽脩《新五
　　　　　代史》諸序論，不皆以嗚呼二字開始乎。』諸同學因向余揶揄言，汝作文
　　　　　乃能學歐陽脩。顧師曰：『汝等未輕作戲謔，此生他日有進，當能學韓愈。』
　　　　　於聽聞震撼，自此遂心存韓愈其人。入中學後，一意誦《韓集》。余之正
　　　　　式知有學問，自顧師此一語始」。參見李木妙：《國史大師：錢穆教授傳略》
　　　　　（臺北：揚智文化出版，1995年），頁39。
〔註123〕 〈果育學校〉，《八十憶雙親·師友雜憶》，頁41。

每喜從其歷史演變上著眼，而尋究其淵源宗旨所在，此亦受紫師啟之。」
〔註124〕是故錢氏治學必先探求古疏義理，罄盡辭章、考據、訓詁之學。又
喜讀魏、晉文章，陶潛詩集，此與其後撰作文章之風格形塑影響深遠。從
錢氏自述及研探《賓四先生全集》，得以窺見其精擅辭章之學，文從字順而
條理清晰，是故其國學造詣宏深堪為簡中魁首。

（三）考據

錢穆鑽研考據之學，如前所述「能盡力者止是矣」。覈其著述不乏考據
佳作，如《劉向歆父子年譜》、《孔子生年考》與《先秦諸子繫年》等，殆
為近代考據出藍之作。錢氏曩昔閱覽《墨子》，即察覺內容多有訛誤，遂逐
條列出而辨析之，嗣後彙編而成《讀墨閒解》。旋後偶讀清代孫詒讓（1848
～1908）《墨子閒詁》，讚歎於孫氏讀書廣博專精，其改錯必有考正，徵引
或旁摭眾家，皆擇善而從，乃自覺己學孤陋淺薄，即「始遊情於清代校勘、
考據之學求精進。」〔註125〕是以錢氏讀書治學皆逐句細讀，詳加考據，不
敢稍忽。嗣後屢有不刊之作，而孫氏此書啟發錢氏關注於考據之學尤為
關鍵。《八十憶雙親‧師友雜憶》有曰：

> 余之遊情於清代乾嘉以來，校勘、考據、訓詁學之藩籬，蓋自孫
> 氏此書始。惟清儒多自經學入，余則轉自子部入，此則其異也。
> 然余讀孫書至《墨經》一部分，又覺其所解釋有未盡愜意者。蓋
> 於前在水渠讀嚴譯《穆勒名學》，於此方面亦略有悟入。乃不禁又
> 奮筆從《讀墨閒解》改寫《墨經閒解》。〔註126〕

經覈一九三〇年，錢穆年三十六，復將《墨經閒解》編整，以《墨子》為

〔註124〕 錢穆認為曾國藩繼承桐城學派主張，益加發揚光大，渠認為經、史、子皆
為文學。曾氏文章已超乎姚鼐，可自成一派，錢氏對其治學態度與其《詩
鈔》、《家訓》甚為推崇。參見印永清：《百年家族——錢穆‧太湖舊族》
（新北：立緒文化，2002 年），頁 41～42。

〔註125〕 嚴耕望：《錢穆賓四先生與我》，收入氏著《怎樣學歷史：嚴耕望的治史三
書》（瀋陽：遼寧教育出版社，2006 年），頁 245。

〔註126〕 〈私立鴻模學校語無錫縣立第四高等小學〉，《八十憶雙親‧師友雜憶》，
頁 82。《穆勒名學》為 1902 年清‧嚴復譯作。譯自 John Stuart Mill（1086
～1873）《A System of Logic，ratiocinative and inductive》一書（中文譯名
《邏輯學體系》），述及與反映十九世紀後葉西方資產階級經驗主義思想之
邏輯著述代表之一，為英國經驗主義歸納邏輯的總結，旨在闡述思維與
推理之邏輯，此書對錢氏學術論述能力頗有增益。

名問世。此書乃錢氏致力於訓詁、校勘、考據而得之啟發，佐以研閱嚴復（1854～1921）譯作《穆勒名學》之悟，綜得其要而融鑄貫通之作。推考工夫須深廣，初似泛泛而索之，深則如霄壤之別，故須留心於分歧處，以清眉目。

　　光緒十七年（1891）康南海〈新學偽經考〉印行，斷言古文皆偽，引發學界譁然，惟當時無人駁之。迄一九三○年六月，錢氏撰成〈劉向歆父子年譜〉刊於《燕京學報》，一時震動北京杏壇，使我注六經、泛空臆斷與別有用心者懼。錢氏治學廣博，文、史兼備，由訓詁、考據以申辨，破立兼及，猶孟軻斥楊朱，恰切而無所遺，為學界所肯定，緣此望重士林。《莊老通辨・自序》有曰：

> 欲知聖人之心，必讀聖人之書；欲讀聖人之書，斯必於聖人書有所訓釋、考據。否則又何從由書以得其心？象山有言曰：「《六經》皆我註腳。」試問何以知《六經》之皆為我註腳乎？豈不仍須於《六經》有所訓釋考據。〔註127〕

此段所述乃藉象山「學苟知本，六經皆我註腳」〔註128〕與康有為「六經皆偽」之論，凸說訓考之不可輕，以逆聖人之心。特提「何以知《六經》皆為我註腳」之妙問，反詰象山類者「仍須於《六經》有所訓考」以對。朱、陸「鵝湖之會」，主在心學與理學之辨。錢氏針對象山與南海之辭嚴予駁斥，不窮聖人書焉知聖人心。顯見其說理順暢，思路周密，出入自然，於隱微處有所析辨，此與朱熹以訓詁及考據治學為貴，殆無所別。

　　象山自承其學乃得《孟子》之啟，嘗言「易簡工夫終久大，支離事業竟浮沉，欲知自下升高處，真偽是須辨只今。」〔註129〕其尤重「先立乎其大者，則其小者不能奪也。」〔註130〕，又云「見聞之際，必以心御之，然後不失其正。」〔註131〕力主必先「尊德行」後「道問學」，延續明道先生「天德自足」說，闡弘「心體圓滿」之義，以臻我之心契合聖人之心。自謂「六經皆我註腳」、「堯、舜以前讀何書來？」諷朱學為「支離」。熹則主

〔註127〕〈莊老通辨・自序〉，《錢賓四先生全集》，第 11 冊，頁 12。

〔註128〕宋・陸九淵：《陸象山全集》，卷 34，〈語錄上〉（臺北：中華書局，1966年），頁 395。

〔註129〕同上註，〈語錄上〉，卷 34，頁 427。

〔註130〕〈告子章句上〉，《四書章句集注》，頁 341～342。

〔註131〕〈答何叔京〉，《朱子大全》，卷 40，頁 1857。

張宜先「道問學」，次「尊德性」。熹承襲伊川先生「窮理致知」之學，日日格物，由博而約，積久自然豁朗貫通，如斯學序方能辨知何為大小？學從何起？並無偏脫孔子重學進德要旨，若視此為朱熹治學之優處亦無不可。蓋不知何為聖心，安知我心與聖心同，而欲達我心與聖心同，則須通過訓釋、考據，始為竅門，由是稱陸之「心即理」說為「空泛」。熹對曰：「上古未有文字之時，而中人以上固有不待讀書而自得者。但自聖賢有作，則道之載於經者詳矣，雖孔子之聖不能離是以為學也。」〔註132〕又云「舊學商量加邃密，新知培養轉深沉。只愁說到無言處，不信人間有古今。」〔註133〕再三申復訓釋、考據之必要，不讀書窮理實無以分辨大小，申說亦無所依憑，更易陷溺於佛禪。故二程甫歿，門人高第多流入禪門。此後朱、陸歧異未有調和，各執己見，懸而未定。嗣後陽明〈朱子晚年定論〉，自謂熹晚年「已大悟舊說之非而痛悔極艾」〔註134〕。覈考細推陽明之所以語出所謂「定論」，殆為錯置時序、考究欠詳、門戶魅影與別有用心

〔註132〕〈答陳明仲〉，《晦庵先生朱文公集正集》，卷43，頁1951。

〔註133〕〈和鵝湖寺陸子壽〉，《朱子文集》，卷4，頁10。

〔註134〕陽明曰：「洙泗之傳，至孟氏而息。千五百餘年，濂溪、明道始復追尋其緒，自後辨析日詳。然亦日就支離決裂，旋復湮晦。吾嘗深求其故，大抵皆世儒之多言，有以亂之。守仁早歲業舉，溺志詞章之習，既乃稍知從事正學，而苦於眾說之紛擾疲薾，茫無可入，因求諸老、釋，欣然有會於心，以為聖人之學在此矣。……獨於朱子之說有相牴牾，恆疚於心，切疑朱子之賢，而豈其於此尚有未察？及官留都，復取朱子之書而檢求之，然後知其晚歲故已大悟舊說之非，痛悔極艾，至以為自誑誑人之罪不可勝贖。……世之所傳《集注》、《或問》之類，乃其中年未定之說，自咎以為舊本之誤，思改正而未及。而其諸《語類》之屬，又其門人挾勝心以附己見，固於朱子平日之說猶有大相謬戾者。而世之學者，局於見聞，不過持循講習於此。其於悟後之論，幾乎其未有聞，則亦何怪乎予言之不信。而朱子之心無以自暴於後世也乎？予既自幸其說不繆於朱子，又喜朱子之先得我心之同然，且慨乎世之學者徒守朱子中年未定之說，而不復知求其晚歲既悟之論，競相呶呶，以亂正學。不自知其已入於異端，輒採錄而襃集之。私以示夫同志，庶幾無疑於吾說，而聖學之可冀矣。」陽明此論，援引《語錄》等書稿論說之，取材偏失、年序錯置，並摻雜情緒話語，是非曲折猶待公評。惟陽明僅撿擇片語拼湊個人想像，即謂之「晚年定論」，似在破朱立己，以昭信於其信徒之意。此種行徑既使往者無所辨，有失晚學敬賢厚德，亦非學術倫理所容也。其後明儒陳建撰作《學蔀通辨》批駁陽明此說，再掀門戶論爭。而晚近錢穆對於陽明之學更有精闢辯正剖析。詳參王陽明：〈朱子晚年定論〉，《陸象山全集·王陽明傳習錄》（臺北：世界書局，2010年），頁83～84。

所使然，若秉學術精神予以客觀評論則未有不可，倘片段曲意，謗人立己，陷往者於無法辨明之境，實欠缺學術倫理與厚道為人之情，亦失尊賢之士者風範。

孔孟以為人人皆具與天道相通之至善本性，佛禪、道家亦復如是。然日漸薰染私欲，遂失本性，是故須以「存養」工夫以復本性，惟各家對此「存養」輒有宗主，亦為分殊之處。孟子曰：「學問之道無他，求其放心而已矣。」〔註135〕後之學者對聖人之道取徑迥異，體悟不同，其結果必然有所差異。自孔孟以降，諸賢殷憂道之不傳，莫不折中求是，述載其說，以待後用。道常順時流衍，因此益顯其貴，是以孔子之道，迄今傳誦不息，蓋聖之時者也。〔註136〕此前賢之所以諄諄告誡，訓釋、考據不可棄之所由。朱、錢同表重視前賢所訓，是故今日吾人猶可觀瀾尋瀑，順藤索瓜，以得經典義理。果無前訓，道何以傳？程、朱倡議「道問學」，外求而窮理致知，以達天人合一之聖賢境界。然此求聖之道，則轉趨博雜高遠，猶如佛之涅槃，可望而難及。陸、王力主「尊德性」，內求心學，止乎一心，當下即是，謂人人皆可為聖賢。言之極簡，實則空泛，以儒學為皮，禪道為骨，流於玄虛。顯見果無前賢之訓釋、考據，無異郢書燕說，各言其是。大抵而言，朱、陸心學與理學之糾結，可歸因於對經典之取徑與理解不同、門戶私意，以及未得折中、會而通之等因素交疊而成。昔時如是，當今如是，未來亦復如是。

錢穆其後鑽研明、清中國學術思想，得知明儒與清儒於世道人心之觀點迥然不同，渠等有堅持儒者骨鯁而為所當為者，亦有屈服權利而甘為鷹犬者。經典訓考與義理詮釋，屢受刀鋸鼎鑊與富貴利達所操持。《中國近三百年學術史‧自序》有曰：

> 余治諸家書，猶多餘憾。……徐狷石所謂「遺民不世襲」，而諸老治學之風乃不得不變。繼之以潛邱、西河，此國亡不復後之所謂考據學也。復繼之以穆堂、謝山，此國亡不復後之所謂義理學也。彼其所以與晚明諸遺老異者，豈不在朝廷哉？豈不在朝廷之刀鋸

〔註135〕〈告子章句上〉，《四書章句集注》，卷11，頁340。

〔註136〕孟子曰：「伯夷，聖之清者也；伊尹，聖之任者也；柳下惠，聖之和者也；孔子，聖之時者也。孔子之謂集大成。集大成也者，金聲而玉振之也。金聲也者，始條理也；玉振之也者，終條理也。」參見〈萬章章句下〉，《四書章句集注》，卷10，頁320。

鼎鑊、富貴利達哉！〔註137〕

此乃錢氏撰作《中國近三百年學術史》總結之感歎語。明末遺老黃宗羲、顧炎武、王夫之等，多能承接宋儒學說，尤尚忠貞氣節，亡國之後矢志不事異族，遁世隱居，治學轉向文本訓詁與考據，專事考察與撰作。渠等淡泊名利，治學嚴謹，對經學義理尚無偏頗。迄清代雍、乾兩朝特重統御權謀，立顯君威，一統天下，儒學義理遂淪為帝王政出憑藉，以政權為核心，經義隨之起舞。乾隆帝專意駁難朱子之學，貶抑道統論述，裨益國家治理，意在破舊立新。復鄙視古經注疏，漠視漢唐以降積澱之經學義理，逕以「經義联注」為話語權柄，十足展現操弄經學之蠻勁。清儒閻若璩、毛奇齡等為求名利，不惜卑躬屈膝、標新立異。李紱、全祖望等輕薄義理，考據偏失，多為貪利畏死，攀援附會，諂媚迎合之流，以致考據、義理摻雜規訓，脫失經典本義。斯為明、清兩代考據、義理有顯著差異之緣由所在。

　　錢氏治學力求周全邃密，罄盡訓詁、考據，力求義理而不憚繁瑣。無懼赤禍，不為利誘，本乎學術良知，言所當言而骨髓決烈。揆諸近三百年學術衍流丕變，治經學者多偏向利祿罔論是非，所謂「遺民不世襲」之諷，似非妄斷之語。明末至清季之士者氣節頹廢至此令人慨歎，況有刻意訛誤經典本義而呶呶之風骨蕩然者。錢氏研治中國學術史考之甚詳，知其因果相生之理，乃於研治之際感觸如是，吾人觀之豈能不擲筆三歎哉！

（四）錢穆與《劉向歆父子年譜》

　　本文於前述及錢穆對《孔子生年考》、《先秦諸子繫年》之辨外，茲再列舉〈劉向歆父子年譜〉一文，以明錢氏對考據、辭章與義理之綜合運用，殆先有潛研窮究之功，終有自得之作。覼閱康有為《新學偽經考》有云：

　　　劉歆挾校書之權，偽撰古文，雜亂諸經。……鄭康成兼糅今古，盡亂家法，深入歆室。……國朝經學最盛，顧、閻、惠、戴、段、王，盛言漢學，天下風靡，然日盤旋許、鄭肘下而不自知。於是二千年皆為歆學。……諸儒用力雖勤，入部愈深，悖聖愈甚。……可謂之新學，不可謂之漢學，況足與論夫子之學哉！既無學識，思以求勝，則大其言曰：「欲知聖人之道，在通聖人之經；欲通聖人之經，在識諸經之字。」於是古音古義之學，爭出競奏。以求

此道，何異磨磚作鏡，蒸沙成飯？西漢之學，以〈禹貢〉行河，
以三百五篇諫，以〈洪範〉說災異，皆實可施行。自歆始尚訓詁，
以變異博士之學，段、王輩扇之，乃標樹漢學，聳動後生，沉溺
天下，相率於無用。可為太息！〔註138〕

康有為（1858～1927）早年偏好《周禮》，嘗言：「《王制》為後儒採定之制，
不盡合周制，不足據也。」〔註139〕惟從沈子豐處得《今古學考》讀之，後
於光緒十五年（1889）與廖平（1852～1932）見敘，康氏治學思想自此盡
棄古文經學說，而轉向鑽研今文經學。〔註140〕光緒十七年（1891）康氏初
始講學於廣州長興萬木草堂，時長素已有《新學偽經考》，同年二月書成《長
興學記》成，已龕見《偽經考》梗概，乃於是年七月刊出，其文要旨揭示
力反乾、嘉以降考據之學，重新詮釋經學，企圖另闢新徑。

經覈康氏〈偽經考序〉，光緒十七年（1891）四月稿成。康氏研考《史
記》、《河間獻王傳》及《魯共王傳》，均未載古文經，故而推斷東漢以降之
經學，皆偽自劉歆，意在助莽竄漢，無涉孔學。《偽經考》刊出後，朝野譁
然，清廷即以「惑世誣民」為由，三次降旨毀版。〔註141〕川人廖季平數次

〔註138〕清·康有為撰，章錫琛點校：《新學偽經考》（上海：古籍出版社，1956
年）。

〔註139〕清·康有為撰；姜義華，吳根樑編校：《康有為全集》，第1冊（上海：上
海古籍出版社，1987年），頁83～84。

〔註140〕1889年《廖季平年譜》記載：「到廣州居廣雅書院，張之洞重申風疾馬良
之誡。南海康有為從沈子豐得先生《今古學考》，引為知己。至是同黃季
度過廣雅相訪。時有為講學於廣州長興學舍，先生以《知聖篇》、《辟劉篇》
示之。別後馳書相戒，近萬餘言，斥為好名驚外，輕變前說，急當焚毀。
並要挾以改則削稿，否則入集。先生答以面談再決行止，後訪之城南安徽
會館。黃季度以病未至。兩心相協，談論移晷，於是康乃盡棄其學而學焉。」
此文乃廖氏提出二人面證之依據。詳見廖幼平編：《廖季平年譜》（成都：
巴蜀書社，1985年），頁45。

〔註141〕康氏《新學偽經考》主在論述：「始作偽，亂聖制者，自劉歆；布行偽經、
篡孔統者，成於鄭玄」，至於劉歆製造偽經之目的，意在襄助王莽篡奪政
權。」又云：「王莽以偽行篡漢國，劉歆以偽經篡孔學，二者同偽，二者
同篡。」故撰《新學偽經考》一書。書中又稱秦焚書並未厄及六經，漢朝
六經博士所讀孔門足本，並無殘缺。且孔子所書字體即秦漢時之篆書，根
本無今文、古文之目。旋後清廷以「惑世誣民」之由，於光緒二十年（1894）、
二十四年（1898）戊戌變法失敗及二十五年（1900）三次降旨毀版，以平
民怨。詳參清·康有為著，張錫琛點校，《新學偽經考》（上海：上海古籍
出版社，1956年）。

致書於康氏，揭發康氏《偽經考》乃剽竊其作，而長素則聽若罔聞。〔註142〕
迄民國六年（1917），康氏始於《偽經考後序》中，自述「是文乃其本人多
年自學自發與時人之疑，加以考據而自得」。廖氏喟然而曰「長素刊《長興
學記》，大有行教泰西之意，……長素或亦儒門之達摩，受命闡教者乎？」
〔註143〕梁啟超（1873～1929），曾為康氏入室弟子，研考古書辨偽，多有
自得，〔註144〕對《偽經考》成書多有參與和著墨，惟不盡以師說為然，其
對《偽經考》辨正、康氏治學態度及其個性皆有評述，其曰：

> 有為早年，酷好《周禮》，嘗貫穴之，著《政學通議》。後見廖平
> 所著書，乃盡棄舊說。……有為弟子陳千秋、梁啟超，並夙治考
> 證學。……《偽經考》之著，二人多所參與，亦時時病其師之武
> 斷，然卒莫能奪。實則此書大體皆精當，其可議處乃在小節。乃
> 至謂《史記》、《楚辭》經劉歆竄入者數十條，出土之鐘鼎彝器，
> 皆劉歆私鑄埋藏，以欺後世。此實為事理之萬不可通者，而有為
> 必力持之。……有為以好博好異之故，往往不惜抹殺證據，或曲
> 解證據，……此其所短也。〔註145〕

康氏雖高舉「尊孔」與「吾欲復興孔教」等語，然其意在推倒《六經》與
孔門儒學，又藉機力倡「國學無用，西學救國」之論，惟難掩其欲另立學

〔註142〕 晚清廖平對《王制》所作之研究最為廣泛，而《王制》之地位亦由廖平得
以確立。在其眾多著述中，以《今古學考》尤為重要，主要原因係廖平於
此書之中，明確地提出以禮制作為區分今、古文經學之主張：《王制》為
今學之祖，《周禮》為古學之主。從而使《王制》成為區分今、古文經學
之主要依據。參見清・廖平：《今古學考》（臺北：學海出版社，1985年）。
〔註143〕 廖幼平：《廖季平年譜》（成都：巴蜀書社，1985年），頁45。
〔註144〕 梁啟超於《古書真偽及其年代》一書，將明代胡應麟《四部正譌》所提出
之八種辨偽法，歸納為「就傳授統緒」和「就文義內容」兩種辨別系統。
參見梁啟超：《古書真偽及其年代》，收入《飲冰室文集》，第12冊（北京：
中華書局出版，2001年），頁1。
〔註145〕 《清代學術概論》首以《前清一代思想界之蛻變》篇名為主，刊載於《改
造》，第3卷第4、5期。後經梁啟超修訂，於1921年由上海商務印書館
出版單行本。日人渡邊秀方隨即於次年翻譯全書，由東京二西社出版。《清
代學術概論》甚為暢銷，故版本眾多。朱維錚於1985年對《中國近三百
年學術史》、《清代學術概論》進行校注，後由上海復旦大學出版合刊《梁
啟超論清學史二種》，此乃大陸地區學界常用版本。台灣地區則有徐少知
於朱維錚校注之基礎上進行校勘，1995年由臺北里仁書局出版《中國近
三百年學術史（附清代學術概論）》，本文即徵引用此一版本。

術宗派之思。渠雖有志而才疏，惟圖變法而急切功利，不窮究經典真相，只求汲汲達到目的，且罔顧學術倫理，斯為其病之癥結。此與荀子云：「隆禮樂而殺《詩》、《書》。」〔註 146〕此與摩西十戒傳說，何有異乎哉？康氏之說實無須強辯始能成立，然其好博好異，時有為達目的不惜抹殺或曲解證據之舉。個性偏執而剛愎自用，或蔑視不論，或先箭後靶。按梁氏所言，長素治學之法顯然已悖離學術倫理與科學精神顯矣。若廖季平、康長素改經刪經，以證己說，此與九淵「《六經》皆我註腳」〔註 147〕如出一轍。《兩漢經學今古文平議‧自序》對撰作宗旨，有曰：

> 本書宗旨，則端在徹藩籬而破壁壘，凡諸門戶，通為一家。經學上之問題，同時即為史學上之問題。自春秋以下，歷戰國，經秦迄漢，全據歷史紀載，就於史學立場，而為經學顯真是。……夫治經終不能不通史，即清儒主張今文經學，龔定菴、魏默深為先起大師，此兩人亦既就史論經矣。而康長素、廖季平，其所持論，益侵入歷史範圍。故旁通於史以治經，篳路藍縷啟山林者，其功績正當歸之晚清今文諸師。惟其先以經學上門戶之見自蔽，遂使流弊所及，甚至於顛倒史實而不顧。凡所不合於其所欲建立之門戶者，則胥以偽書偽說斥之。於是不僅羣經有偽，而諸史亦有偽。晚近世疑古辨偽之風，則胥自此起之。夫史書亦何嘗無偽？然非通識達見，先有以廣其心，沉其智，而又能以持平求是為志，而輕追時尚，肆於疑古辨偽，專以蹈隙發覆、標新立異為自表報襮之資，而又雜以門戶意氣之私，則又烏往而能定古書真偽之真乎？

> 本書之所用心，則不在乎排擊清儒說經之非，而重在乎發見古人學術之真相。亦惟真相顯，而後偽說可以息，浮辨可以止。誠使此書能於學術界有貢獻，則實不盡於為經學上之今古文問題持平論、作調人，而更要在其於古人之學術思想有其探原抉微、鈎沉闡晦之一得。讀吾書者，亦必先自破學術上一切門戶之成見，乃始有以體會於本書之所欲闡述也。〔註 148〕

〔註 146〕 清‧王先謙，王星賢等點校：《荀子集解‧儒效》，上冊（北京：中華書局出版，1988 年），頁 138。
〔註 147〕 〈語錄〉，《陸象山全集》，卷 36，頁 393。
〔註 148〕 〈兩漢經學今古文平議‧自序〉，《錢賓四先生全集》，第 8 冊，頁 1～7。

《兩漢經學今古文平議》收錄〈劉向歆父子年譜〉、〈兩漢博士家法考〉、〈孔子與春秋〉及〈周官著作時代考〉等四文。檢覈各篇內容，實以〈劉向歆父子年譜〉為主軸，其餘三篇皆為旁證之文。該書撰作之旨在於破除諸類門戶私心、標新立異、蹈隙與時尚而歪曲事實。並應於學術思想上持通達與持平之心，探析辨正於細微處，以彰顯學術真相和止息譌論。

曾滌生嘗曰：「風俗之厚薄，奚自乎一二人之心之所嚮而已。」〔註149〕譌誤流襲倘未即時澄清以正視聽，則有侵蝕人心之虞。反之，德高者提倡美德懿行，必是風吹草偃，是以少數人之言行對社會之風俗習慣形塑，實不容小覷。古來經書雖不無篡偽之作，惟「諸經皆偽」之論顯失公允與客觀。康氏云「歆徧偽諸經」、「二千年皆為歆學」等論調，誠有以偏概全，邏輯不通之失。康氏個性如是，又刻意偽善歪說，欲冀求康氏之流者還諸真相，無異緣木求魚。治經者應具有史學之基本學養，以史治經，藉史證經，或史經互證，此治經史通法，古來善治學者皆以此為矩矱。復必以持平求是，辨正通達，方得考據章法。錢穆持「儒士」志節，懷於時代使命不空言泛說，即以考據之長，就康氏偏頗之處析闢謬說。著書立言，以匡弘孔門儒學。

又於《劉向歆父子年譜自序》列舉《偽經考》不可通處，計二十八端。有曰：

> 主今文經學者，率謂《六經》傳自孔氏，歷秦火而不殘，西漢十四博士皆有師傳，道一風向，得聖人之旨。此三者，皆無以自堅其說。然治經學者猶必信今文，疑古文，則以古文爭立自劉歆，推行自王莽，莽、歆惟仁賤厭，謂歆偽諸經以媚莽助篡，人易信取，不復察也。南海康氏《新學偽經考》持其說最備，余詳按之皆虛。要而述之，其不可通者二十有八端。

劉向卒在成帝綏和元年，劉歆復領《五經》在二年，爭立古文經

〔註149〕清·曾國藩有云：「風俗之厚薄奚自乎？自乎一、二人之心之所嚮而已。……此一、二人者之心嚮義，則眾人與之赴義；一、二人者之心嚮利，則眾人與之赴利。眾人所趨，勢之所歸，雖有大力，莫之敢逆。……世教既衰，所謂一、二人者不盡在位，彼其心之所嚮，勢不能不騰為口說，而播為聲氣，而眾人者勢不能不聽命，而蒸為習尚，於是乎徒黨蔚起，而一時之人才出焉。」詳見氏著：〈原才〉，郭漢民等點校，《曾國藩全集》，第 14 冊（長沙：岳麓書社，2011 年），頁 137～138。

博士在哀帝建平元年，去向不踰二年，去其領校《五經》才數月。謂歆徧偽諸經，在向未死前乎？將向既卒後乎？向未死前，歆以徧偽諸經，向何弗知？不可通一也。

向死未二年，歆領校《五經》未數月，即能徧偽諸經，不可通二也。

謂歆徧偽諸經，非一時事，建平以下，迄於為莽國師，逐有所偽，隨偽隨佈，以欺天下，天下何易欺？不可通三也。

然則歆徧偽諸經，將一手偽之乎？將借羣手偽之乎？一手偽之，古者竹簡繁重，殺青非易，不能假手於人也。羣手偽之，何忠於偽者之多，絕不一洩其詐耶？不可通四也。

莽嘗徵天下通逸經、古記、小學諸生數千人記說庭中，謂此諸人盡歆預布以待徵，則此數千人者徧於國中四方，何無一人洩其詐？自此不二十年，光武中興，此數千人不能無一及於後，何當時未聞言歆之詐者？不可通五也。

與歆同校書者非一人。尹咸名父子，歆從受學，與歆父向先已同受校書之命，名位皆出歆上，何不能發歆之偽？班斿校書，亦與劉向同時，漢廷賜以祕書之副。歆為中秘，不能並班家書而偽之也。蘇竟與歆同校書，至東漢尚在，其人正士，無一言及歆偽，且深推敬。不可通六也。

揚雄校書天祿閣，即歆校書處，歆於諸經、史恣意妄竄，豈能盡減故簡，徧為更寫？偽跡之昭，雄何不見？不可通七也。

東漢諸儒，班固、崔駰、張衡、蔡邕之倫，並校書東觀，入睹中秘，目驗偽迹，轉滋深信。不可通八也。

桓譚、杜林與歆同時，皆通博洽聞之士，湛靜自守，無所希於世。下逮東漢，顯名朝廷，何所忌憚，於歆之徧偽諸經絕不一言，又相尊守？不可通九也。

稍前如師丹、公孫祿，稍後如范升，皆深抑古文諸經，皆與歆同世，然皆不言歆偽，特謂非先帝所立而已。何以捨其重而論其輕？不可通十也。

然則歆之徧偽諸經，當時知之者誰耶？而言之者又誰耶？且歆亦

何為而徧偽諸經哉？歆之爭立古文諸經，王莽方退職，絕無竄漢之象，謂歆偽諸經，將以助莽竄乎？不可通十一也。

謂歆偽經媚莽，特指《周官》為說。然《周官》後出，方爭立諸經時，《周官》不與。不可通十二也。

且莽據《周官》以立政，非歆據莽政造《周官》。謂歆以《周官》誤莽猶可，不得謂以《周官》媚莽也。不可通十三也。

考《周官》之見於漢廷政制，最先在平帝元始元年，前一年哀帝崩，莽拜大司馬，白歆為右曹太中大夫，相距不數月。其前兩人皆退居，不相聞。謂歆逆知哀帝之不壽，莽知且復用而方退職歟？抑歆為太中大夫後乃謀之歟？不可通十四也。

夫媚莽以助竄者，符命為首。符命源自災異，善言災異者，皆今文師也。次則周公居攝稱王，本諸《尚書》，亦今文說耳。歆欲媚莽助竄，不造符命，不言災異，不說今文《尚書》，顧偽為《周官》。《周官》乃莽得志後據以改制，非可借以助竄，則歆之偽《周官》，何謂者耶？其果將以誤莽耶？不可通十五也。

若歆自有專政改制之心，知莽好古，因偽為《周官》以肆其意，則井田見於《孟子》，分州見於《尚書》，爵位之等詳於《王制》、《公羊》，其他如郊祀天地、改易錢布之類，莽朝政制，元、成、哀、平以下，多已有言之者。此皆有本，何歆之不憚煩，必別偽一書以啟天下之疑耶？不可通十六也。

謂歆之偽《周官》，將以媚莽助竄，未見其然也。且歆偽《周官》以前，已先偽《左氏傳》、《毛詩》、《古文尚書》、《逸禮》諸經。《周官》所以媚莽，《左氏傳》諸經又何為哉？謂將以竄聖統，則歆既得意，為國師公，莽加尊信，而莽朝《六經》祭酒、講學大夫多出今文諸儒，此又何說？不可通十七也。

謂歆偽諸經以媚莽，其說既絀，乃謂將以竄聖統；因又謂古文、今文如冰炭之不相竝。然莽朝立制，《王制》、《周禮》兼舉；歆之議禮，亦折衷於今文。此不可通十八也。

師丹、公孫祿，下及東漢范升，諫立《左氏》諸經，並不為今古分家，又不言古文出歆偽。自西漢之季，以逮夫東漢之初，求所

謂今古文鴻溝之限，不可得也。是不可通十九也。

謂歆之偽諸經，將以竄聖統，又未見其然也。然則歆之徧偽諸經果何為也？且《左氏》既出歆偽，何以有陳欽為莽《左氏》師，別自名學，與歆各異，豈亦歆私自命之以掩世耳目者耶？不可通二十也。

《左氏》傳授遠有淵源，歆師翟方進；翟子義，為莽朝反虜逆賊；方進發塚，戮其屍骨。歆苟偽托，何為而托於此？不可通二十一也。

歆以前，其父向及他諸儒，奏記述造，引《左氏》者多矣。《左氏》自傳於世，盡為歆偽，不可通二十二也。

至《周官》果出何代？《左氏》、《國語》為一為二？此皆非一言可決，而何以遽知其皆為歆偽？不可通二十三也。

且當時媚莽助竄者眾矣，不獨一歆；歆又非其魁率。甄豐為莽校文書，六筦之議，蔽罪魯匡，此尤其彰者，何以謂偽經者之必歆？不可通二十四也。

蓋古文諸經，多有徵驗。謂《左氏》、《周官》偽，不得不謂他經盡偽。謂諸經皆偽，不得不謂偽經者乃歆。何者？歆在中秘，領校五經，非歆不得徧偽諸經也。則歆亦不幸焉爾！然《史》《漢》所載，可為古文徵驗者猶多，因謂《史記》多歆偽竄，《漢書》亦出歆手，輕據葛洪偽說，漢代史實，一切改觀。不可通二十五也。

且歆徧偽諸經，當有實例。謂今文五帝無少皞，歆古文有之；今文五帝前無三皇，歆古文有之；今文惟九州，無十二州，歆古文有之。如此類，所以為聖統者僅矣；歆何為必竄焉？不可通二十六也。

況五帝有少皞，與夫三皇、十二州之說，又斷斷不始於歆。因謂先秦舊籍籍此者，盡歆所偽。此又不可通二十七也。

必以今文一說為真，異於今文者皆歆說，皆偽；然今文自有十四博士已自相異。此益不可通二十八也。

如此而必謂歆偽諸經，果何說耶？此姑舉其可略論者，其他牽引

既廣，不能盡辨。余讀康氏書，深疾其牴牾，與為疏通證明，因
先編《劉向歆父子年譜》，著其實事。實事既列，虛說自消。元、
成、哀、平、新莽之際，學術風尚之趨變，政治法度之因革，奇
跡可以觀。凡近世經生紛紛為今古文分家，抑古文，甚斥歆、莽，
徧疑史實，皆可以反。循是而上溯之晚周先秦，知今古分家之不
實，十四博士之無根，《六籍》之不盡傳於孔門，而多殘餘秦火，
庶乎可以脫經學之藩籬，發古人之真態矣；而此書其嚆矢也。至
於整統舊史，歸而條貫，讀者自得之。中華民國十八年歲盡前一
日錢穆識。〔註150〕

錢穆時年三十三，任蘇州中學教席，撰作《先秦諸子繫年》，兼教「國學概
論」，熟知今古文之爭與漢宋門戶之見，即讀康氏《新學偽經考》而深疑之。
又章太炎主古文經學，認為劉歆可媲美孔子。時值西風東漸，破舊立新之
說，蔚為風潮。康氏以來，能辨正康氏之失者闃如。民初「新文化運動」
以還，學術界疑古之風再起，此實有推波助瀾之勢。嗣後打倒「孔家店」
以至中共「批孔揚秦」運動，此與康氏「尊孔揚孔」之撝說相因激盪，不
無關聯。錢氏憂心傳統國學之絕續，乃取考據治學之法，統整國故，條貫
理緒，撰作《劉向歆父子年譜》，舉康氏論說之疑凡二十八端，斥闢康、章
之說。嗣後應北京大學顧頡剛教授之邀，稿投《燕京學報》。此文既刊，北
京學術界為之震驚，讚歎錢氏學識廣博與骨骾志節，康氏論說因而偃息。
此舉催化與促進學術界反思國學之重要性、研治方法與喚起「士」時代使
命所在。三年後，錢氏即躋身北京大學教授之林。

　　綜上所述，自清季末葉至民國五十年代，東西方文化交會激盪，國是
頹廢，兵燹連年，以致中國學風萎靡，儒學衰微，學者治學欠缺嚴謹，多
襲前說多不求甚解，每輒眾口鑠金。再則未得考據、辭章與義理之治學方
法，終非正道。錢穆平日勤於治學，憑藉窮理致知之精神，始可於細微處
深研窮究，詳考論證，引按兼舉，以辨群疑，匡正時風。錢穆嘗言：「學術
之變而為意氣，為流俗；學術之積敝，其害極於人心之喪亡而失真。此已
非言辭之所能為力，所堪以挽此狂瀾於既倒矣。」〔註151〕偉哉斯言，錢氏
深具儒者風範，適逢時代風雲際會不計毀譽，雖千萬人吾往矣，此「捨我

〔註150〕《劉向歆父子年譜・自序》，《錢賓四先生全集》，第 8 冊，頁 1～179。
〔註151〕〈孔學與經史之學〉，《錢賓四先生全集》，第 4 冊，頁 259。

其誰」之氣魄，實有功於維繫中華文化與儒學思想之不墜。援引本例既顯賓四先生考據工夫與成就，亦由此豹窺其乃力倡文史兼治之必要與成就，為後世開闢研究蹊徑，無媿為杏壇之清流活水，後輩之楷模也。

第四節　《集注》與《新解》注釋之舉例比較

　　經學義理闡釋亦隨著時空推移而衍轉遞變，盱衡歷史為《論語》作注者，皆從既有學習所得及經驗積累之「認知」，以理解前人注疏，繼而透過注者本人所望以詮釋經典，此屬經學發展之特性。是故注解《論語》，庶幾不離原本注疏，或符契時代情境，從中考察與辨正，通過揚棄與內化歷程，以包孕而出新。而注者所創發新義之理念、方法，即決定此《注》之本質與特色。是以進行朱、錢兩《注》比較時，本文特著眼於其解說適切性與特色之呈現。茲列舉五例，以比較《集注》與《新解》之異同。

　　例一：

　　　　王孫賈問曰：「與其媚於奧，寧媚於竈，何謂也？」子曰：「不然，
　　　　獲罪於天，無所禱。」〔註152〕

　　朱《注》：

　　　　王孫賈，衛大夫。媚，親順也。室西南隅為奧。竈者，五祀之一，
　　　　夏所祭也。凡五祭祀，皆先設主而祭於其所，然後迎尸而祭於奧，
　　　　署如祭宗廟之儀。如祀竈，則設主於竈陘，祭畢，更設饌於奧以
　　　　迎尸也。故時俗之語，因以奧有常尊，而非祭之主；竈雖卑賤，
　　　　而當時用事。喻自結於君，不如阿附權臣也。賈，衛之權臣，故
　　　　以此諷孔子。天，即理也；其尊無對，非奧竈之可比也。逆理，
　　　　則獲罪於天矣，豈媚於奧竈所能禱而免乎？言但當順理，非特不
　　　　當媚竈，亦不可媚於奧也。

　　圈外注引謝氏語曰：

　　　　聖人之言，遜而不迫。使王孫賈而知此意，不為無益；使其不知，
　　　　亦非所以取禍。〔註153〕

〔註152〕〈八佾篇第十三〉，《四書章句集注》，卷2，頁65。
〔註153〕〈八佾篇第十三〉，《四書章句集注》，卷2，頁65。

《新解》：

【注釋】

王孫賈　衛大夫。

與其媚於奧，寧媚於竈　古有此語，賈引為問。奧，古人居室之西南隅，乃一家尊者所居。竈乃烹治食物之所。或說：古人祭竈，先於竈徑（應為陘之誤），即竈邊設主祭之。畢，又迎尸於奧，擺設食物再祭之。主以木為，古人謂神即棲於此上。尸以人為，祭時由一人扮所祭之神謂之尸。此章奧與竈實指一神，蓋謂媚君者，順於朝廷之上，不若逢迎於燕私之際。或謂奧竈當指人言，居奧者雖尊，不如竈下執爨者實掌其飲者，故謂媚奧不如媚竈。奧指謂君之親幸，竈指外朝用事者。或曰：王孫賈引此語問孔子，亦欲諷孔子使媚己。或曰：王孫賈或因孔子曾見南子，疑孔子欲因南子求仕，故引喻藉援於宮闈，不如求合於外朝。此乃賈代孔子謀，非欲孔子之媚於己。

獲罪於天，無所禱也　孔子意，謂但知依理行事，無意違理求媚。衛君本所不欲媚，何論於朝廷之上，抑燕私之際乎？抑又何論於近倖之與權臣乎？

【白話試譯】

王孫賈問：「俗話說的：『與其在奧處求媚，不如在竈求媚。』這是什麼意思呀？」先生說：「不是這樣的。若獲罪了上天，什麼去處也用不上你的禱告了。」〔註154〕

朱《注》此章言「媚」、「竈」釋之較詳，圈外徵引謝氏語，以出徵引處。《新解》則對「尸」訓考較細，釋義上說理甚明，惟所列兩種推說未具徵引所出，究是所論有據，抑或純屬己說？再則朱熹此注言「天即理也」〔註155〕一句，清儒大有訾議。蓋《論語》不曾說至「心」，僅就實人實事處論。嗣後孟子大力於「心」處發微，遂有求心之出。〔註156〕熹於此處創發「天即

〔註154〕錢穆：《論語新解‧八佾第十三》（臺北：東大圖書出版，2015 年），頁 71。
〔註155〕朱熹云：「天則就其自然者而言之，命者就其流行而賦於物者言之，性者就其全體而萬物所得以為生者言之，理則就其事事物物各有其則者言之。到得合而言之則天即理也，命即性也，性即理也。」詳見〈性情心意等名義〉，《中國近三百年學術史》，卷 5，第 1 冊，頁 94。
〔註156〕同上註，第 1 冊，頁 99。

理」說，以融通「天人皆屬一理」，猶騰空岔出，推之過高。錢穆此云：「若僅謂『天尊無對，逆天則獲罪於天矣，故但當順理。』云云，此亦無何不可。今必謂『天即理』，則當云獲罪於天即是逆理，或逆理即是獲罪於天。然而朱子亦似知其所不安，乃按一『則』字以取代『即是』，曰『逆理則獲罪於天矣。』」〔註157〕。推敲錢氏所言不無道理，縱熹如此調整，而「逆理則獲罪於天」，猶有『天』未必即是『理』之意味。」經覈朱熹註解《論語》他章有關「天」之釋義，亦非悉數得以「天即理」作解，如子曰「五十而知天命」〔註158〕；「子見南子，子路不說。夫子矢之曰：『予所否者，天厭之！天厭之！』」〔註159〕；「天之未喪斯文也」〔註160〕。另《孟子》「天之降才爾殊」〔註161〕與《中庸》「天命之謂性」〔註162〕等，仍有不相類處。故就此章整體而言，兩《注》皆盡訓考以說義，朱《注》語精義邃，《新解》直白簡明。惟朱熹「天即理」一說，顯有「增字詁經」、「據經申說」之疵，餘皆穩當精要；而《新解》釋義直明允洽，就經論經，無此偏失。

例二：

　　子在齊聞《韶》，三月不知肉味。曰：「不圖為樂之至於斯也！」
　　〔註163〕

朱《注》：

　　《史記》「三月」上有「學之」二字。不知肉味，蓋心一於是而不及他乎也。曰：不意舜之作樂至於如此之美，則有以極其情文之備，而不覺其歎息之深也，蓋非聖人不足以及此。

下引范氏語曰：

　　《韶》盡美又盡善，樂之無以加此也。故學之三月，不知肉味。而歎美之如此。誠之至，感之深也。

鉤稽《語類》〈答弟子石丈、陳淳〉有曰：

〔註157〕〈從朱子《論語》注論程朱孔孟思想歧點〉，《錢賓四先生全集》，第4冊，頁277～278。
〔註158〕〈為政篇〉，《四書章句集注》，頁54。
〔註159〕同上註，〈雍也篇〉，頁91。
〔註160〕同上註，〈子罕篇〉，頁110。
〔註161〕同上註，〈告子章句上〉，頁335。
〔註162〕同上註，〈中庸章句〉，頁17。
〔註163〕同上註，〈述而篇〉，頁96。

石丈問：「子在齊聞《韶》，何以有《韶》？」又引「三月」之證。

曰：「人說公子完帶來，亦有甚據。」；「不要理會『三月』字。須看《韶》是甚調，有使得人如此，孔子是如何聞之便恁地。須就順之德，孔子之心處看。」淳問：「伊川謂『三月不知肉味』為聖人不應凝滯於物。今添『學之』二字，則此意便無妨否？」

曰：「是」。〔註164〕

《新解》：

【注釋】

子在齊聞《韶》　《韶》，舜樂名。或說：陳，舜後。陳敬仲奔齊，齊亦遂有韶樂。

三月不知肉味　《史記》作「學之三月」，謂在學時不知肉味也。或說：當以「聞《韶》三月」為句。此三月中常聞《韶》樂，故不知肉味。

【研析】

今按：本章多曲解。一旦偶聞美樂，何至三月不知肉味？不知此乃聖人一種藝術心情也。孔子發憤忘食，樂以忘憂，此亦一種藝術心情也。藝術心情與道德心情交流合一，乃是聖人境界之高。讀者當先就本文直解之，再徐求其深義。不貴牽他說，逞曲解也。〔註165〕

【白話試譯】

先生在齊國，聽到了韶樂，三月來不知道肉味。他說：我想不到音樂之美有到如此境界的。

上述徵引得知，子在齊何以聞《韶》，孔子嘗折衷六經，兼任教席，故知之甚詳。對《史記》於「三月」之上載有「學之」二字，朱熹認為並無影響本章意旨。伊川先生經說此章，認為「三月不知肉味」，為聖人滯於物，故疑三月二字，乃「音」字之誤。朱熹認為疑之合理，惟可略而不提。朱熹指陳本章重點在於，為何孔子聞《韶》而感歎至深？蓋舜之作樂，情文兼備，至極之美，非聖人無以心專於一而同感共鳴。如論辭章之學，「學之」在「三

〔註164〕〈答弟子石丈、陳淳〉，《朱子語類》，卷34，頁926。

〔註165〕〈述而篇〉，《論語新解》，頁188。

月」之上，即可探知有關致使孔子「三月不知肉味」之緣由所在，究竟係僅「聽」《韶》音而已，或是聽而感受到《韶》音至美而「學習之」。又疑「三月」為「音」字之誤，此屬魯魚亥豕之謬，既是事涉考據與辭章之學，對於義理本旨探討亦不無影響，是以如何不辨？如語謂「無妨」、「順之德」、「孔子之心」等辭彙，殆為朱熹儒學與理學兼容並蓄之解經氣習所使然。

　　錢穆《新解》對「何至三月不知肉味？」提出「一旦偶聞美樂，何至三月不知肉味？一疑也；豈聖人亦不能正其心？二疑也；聖人之心應不凝滯於物，豈有三月常滯於樂之理，三疑也。」〔註166〕並自述此乃聖人之一種藝術心情與道德心情合一，闡說聖人最高境界，此處顯然亦是大哉問。錢氏所謂須「先就文平直解之，再深求其義」與「不貴牽他說，逞曲解也。」兩句提點，對照其譯句，即可明其所云尚同於撰作要旨，但說之則稍感偏高。上述「三疑之說」，似有偏脫其「喫緊為人」與「生活日用」為重之虞，亦稍存理學家論道氣息。故就此章而論，朱熹說之高，而錢穆之說尚平，按上述兩原則評之，錢氏之說較為貼近日用之常，惟仍有論道之餘韻。

　　例三：

　　　子曰：「加我數年，五十以學《易》，可以無大過矣。」〔註167〕
　　朱《注》：

　　　劉聘君見元城劉忠定公自言嘗讀他《論》。「加」作假，「五十」作卒。蓋加、假聲相近而誤讀，卒與五十字相似而誤分也。

　　　愚按：此章之言，《史記》作「假我數年，若是我於《易》則彬彬矣」。加正作假，而無五十字。蓋是時，孔子年已幾七十矣，五十字誤無疑也。學《易》，則明乎吉凶消長之理，進退存亡之道，故可以無大過。蓋聖人深見《易》道之無窮，而言此以教人，使知其不可不學，而又不可以易而學也。〔註168〕

朱《注》此章徵引劉聘君所見之他本《論語》，惟屬何本並未註明。以「加」作「假」，「五十」作「卒」，蓋其聲近、字似而致誤。細覈《史記》確然有「假我數年，若是我於《易》則彬彬矣。」〔註169〕之記述。加作假，惟無

〔註166〕　《論語新解·八佾第十三》，頁71。
〔註167〕　〈述而篇第七〉，《四書章句集注》，卷7，頁97。
〔註168〕　《論語集注·述而篇》，《四書章句集注》，卷4，頁98。
〔註169〕　〈孔子世家〉，《百衲本史記》，頁657。

五十字樣。朱熹應似依此推考認為孔子語出此句時「已幾七十矣」。蓋周敬王三十六年（前 484），孔子自衛反魯，時年六十有八，伊始整理經籍，以成六藝之際。熹申說伊川先生所云：「《易》有聖人之道」〔註170〕，是以知學《易》，則明乎吉凶消長之理，進退存亡之道，可以無大過。蓋朱熹博學綜匯，對濂溪《太極圖》及《通書》、橫渠《西銘》與伊川《易傳》，畢生潛心。年四十八，成《周易本義》。年五十七，成《易學啟蒙》。因而對《易》理頗有自得，故說之甚好。孔子懷抱理想，年三十三始周遊列國，迄年六十八而反魯，凡三十三年。歷盡艱險，深體世道人心，至晚年因學《易》而通其理，是以由衷喟歎。《史記》又載曰「孔子晚而喜《易》序」〔註171〕，殆據此說，故有「孔子年已幾七十矣」之語。而五十為卒之說，則認為未契符辭章語句、聲近與字似之誤，由是推定「五十」非「卒」字。由此可見，朱熹筆出此語已盡一番考正，此即以《史記》校勘《論語》。繼而論說何以必須學《易》、不可不學，而不可以易而學，始可以無大過之所以然。

《新解》：

《新解》此章句為「加我數年，五十以學，亦可以無大過矣。」
〔註172〕

〔註170〕 伊川有云：「易，變易也，隨時變易以從道也。其為書也，廣大悉備，將以順性命之理，通幽冥之故，盡事物之情，而示開物成務之道也。聖人之憂患後世，可謂至矣。去古雖遠，遺經尚存，然而前儒失意以傳言，後學誦言而忘味，自秦而下，蓋无傳矣。予生千載之後，悼斯文之湮晦，將俾後人沿流而求源，此所以作也。《易》有聖人之道四焉，以言者尚其辭，以動者尚其變，以制器者尚其象，以卜筮者尚其占。吉凶消長之理、進退存亡之道備於辭，推辭考掛可以知變，象與占在其中矣。君子居則觀其象而玩其辭，動則觀其變而玩其占；得於辭不達其意者有矣，未有不得於辭而能通其意者也。至微者，理也；至著者，象也。體用一源，顯微無間，觀會通以行其典禮，則辭无所不備，故善學者，求言必自近，易於近者，非知言者也。予所傳者，辭也，由辭得意，則有乎人焉。」由此可知，孔子晚年學《易》似對「天人之道」有所體悟，而推辭考掛即可窺知其變，故於《論語‧為政篇》有言「五十而知天命，六十而耳順，七十而從心所欲，不踰矩。」程頤著有《易傳》此亦得而推之，此殆朱熹何以言「必須學《易》、不可不學，而不可以易而學，可以無大過」之理也。詳見〈易傳序〉，《朱子大全》，頁 689。

〔註171〕 〈孔子世家〉，《百衲本史記》，頁 657。

〔註172〕 〈先進篇〉，《論語新解》，頁 191。

【注釋】

加我數年，五十以學 古者養老之禮以五十始，五十以前未老，尚可學，故曰四十、五十而無聞焉，斯亦不足畏也已。如孔子不知老之將至，如衛武公耄而好學，此非常例。加，或作假。孔子為（應為謂字之誤）此語，當在年未五十時。又孔子四十以後，陽貨欲強孔子仕，孔子拒之，因謂如能再假我數年，學至於五十，此後出仕，庶可無大過。或以五十作卒，今不從。

亦可以無大過矣 此亦字古文《論語》作易，指《周易》，連上句讀。然何以讀《易》始可無過，又何必五十始學《易》。孔子常以《詩》、《書》、《禮》、《樂》教，何以獨不以《易》教，此等皆當另作詳解。今從《魯論》作亦。〔註173〕

【白話試譯】

先生說：「再假我幾年，讓我學到五十歲，庶可不致有大過失了。」

《新解》此章乃特強調從《魯論》作「亦」而非「易」字解，質疑何以讀《易》始可無過？何必五十始學《易》？孔子常以《詩》、《書》、《禮》、《樂》、《春秋》教，惟何以獨不以《易》教，以啟讀者之思。本章章句應為「加我數年，五十以學，亦可以無大過矣。」錢氏認為依古時養老之禮，五十始可稱為老，年未五十不得稱之，猶尚可學。因而推論孔子語出此句，當在五十之前。又語「孔子不知老之將至」與「衛武公耄而好學，應屬特例」之云。再佐以魯定公五年，孔子年約四十七，時魯國大夫陽貨欲強孔子為仕，孔子對曰「如能再假我數年，學至於五十，此後出仕，庶可無大過。」為證。細覈《史記》載曰：「魯定公九年，陽貨奔齊，孔子始出仕，為魯中都宰。一年，四方皆則之。」〔註174〕孔子時年五十六，由大司寇行攝相事，僅三月政績斐然。錢氏因據此推定「孔子為此語，當在年未五十時」。錢氏針對朱熹本章「子曰：『加我數年，五十以學《易》，可以無大過矣。』」之立論依據加以考正，故而認為：「孔子學《易》、傳《易》，

〔註173〕同上註，頁191～192。

〔註174〕錢穆：〈孔子仕魯考〉，《先秦諸子繫年》（臺北：東大圖書出版，2014年），頁24～26；或錢穆：《論語新解・附孔子年表》（臺北：東大圖書出版，2015年），頁556。

皆不足信。」〔註175〕

　　縱觀此章朱、錢兩賢考正有別且章句歧異。朱熹採《張侯論》作「易」，錢穆從《魯論》作「亦」，可謂兩賢皆獨具慧眼，各有所本而闡發。然孔子自何時始學《易》，學術界迄今尚無定論。假設孔子真有《易》，朱熹推敲本章字句與文意精神，孔子學《易》似在年五十之後，蓋歷經世事滄桑而得以學《易》，推辭考卦即知萬物而道濟天下，了然「吉凶消長之理，進退存亡之道。」故有慨然之歎。而錢氏據何以推定本章句係陽貨強仕時，確為孔子之託辭？又「孔子與衛武公老而好學，此非常例。」一語亦似無輕重，關鍵應在於本章是否為孔子語出，果若為孔子所語，則當比「此非常例」一語更有理據和意義。是以就整體而言，本章朱、錢皆已盡訓詁、考據之法而說義，而錢穆之訓考、推理工夫，似略勝於熹，非但推翻熹此說，連《史記·孔子世家》所記有未盡可信處亦被標出。惟《論語》為孔子之弟子、再傳弟子所輯合之語錄且多有攙雜，自有難解而必有撰者審酌臆斷處。由此得以窺見兩賢何以諄諄囑咐，必先熟讀古人注疏，復以罄盡訓考能事，始能探求義理之真諦所在。

　　例四：

　　　　子曰：「從我於陳、蔡者，皆不及門也。德行：顏淵、閔子騫、冉
　　　　伯牛、仲弓。言語：宰我、子貢。政事：冉有、季路。文學：子
　　　　游、子夏。」〔註176〕

　　朱《注》：

　　　　弟子因孔子之言，記此十人，而并目其所長，分為四科。孔子教
　　　　人各因其材，於此可見。

此註揭示孔門四科乃視其資材設教，又因孔子言此而弟子附記顏淵等十人。審酌本章釋意，辭語平實，尚無違失。於圈外注引程子語曰：

　　　　四科，乃從夫子於陳、蔡者爾，門人之賢者固不止此。曾子傳道
　　　　而不與焉，故知十哲世俗之論也。

程子此語，細覈《先秦諸子繫年》，可知「十哲」中之子游、子夏似應未從孔子周遊於陳、蔡，且四科之教亦非僅止於從夫子遊於陳、蔡之際者，故

〔註175〕同上註，〈孔子五十學易辨〉，頁 18～19。
〔註176〕〈先進篇〉，《四書章句集注》，頁 124。

程子此說顯有未當。惟朱熹當知「十哲」為後人所附記且無所考，是以未予多言。僅於圈外引程子語，此舉兼有敘明「十哲」之說與源出，並區隔《論語》本義與非本義，或然與未必然之意。

《新解》：

【注釋】

從我於陳、蔡 孔子有陳、蔡之厄，其時相從者，皆孔門前輩弟子。

不及門 一說：孔子言，此時陳、蔡相從諸弟子，皆不在門。一說：及門謂及仕進之門，諸弟子相從於陳、蔡者，其時皆不出仕，故與陳、蔡諸大夫少交際而遇此厄，孟子所謂無上下之交也。從上章及下文細參，似前說為是。孔子有吾從先進之說，其時先進諸弟子都不在門，故孔子思之。孔子厄於陳、蔡，時年六十一，此章之歎，蓋在七十以後，相從於陳、蔡者，一時死散殆盡矣。

德行：顏淵、閔子騫、冉伯牛、仲弓 此下非孔子語，乃記者因孔子言而附記及之，以見孔門學風先後之異。若記孔子語，則諸弟子當稱名，不稱字。四科中前三科，皆屬先進弟子，惟第四科文學子游、子夏屬後進，亦不從在陳、蔡。或疑游、夏亦在相從陳、蔡之列，以年齡計之，決知其非。或以此下另為一章，則從我於陳、蔡兩句，全無意義可說，今不從。

言語：宰我、子貢 言語，指外交之辭令，此兩人皆擅於使命應對。

政事：冉有、季路 冉有理財，季路治軍，皆政事。

文學：子游、子夏 孔子言《詩》、《書》、《禮》、《樂》文章，皆與言與政事相通，本章文學特成一科，蓋所偏重，乃若與言語、政事兩科有異。子游、子夏於此最所擅長，不惟子貢、宰我、冉有、季路非其倫，即顏淵、閔子騫、冉伯牛、仲弓視之，殆亦有遜色，故游、夏得於三科之外特標文學一目。由此可見孔門晚年文勝之風。

錢穆於注中對於「前輩」、「不及門」、「後進」及「四科」皆先予以明確界

說，考正「子游、子夏乃孔門後進，未從孔子於陳、蔡」，而德行以下之語亦採信為記者所加，非孔子語。對照前後文意，亦非屬此下另為一章之續。繼而理推「從我於陳、蔡者，皆不及門」，應是孔子晚年憶及當時隨從其於陳、蔡歷險之前輩弟子，此時殆已或卒或散，故而感歎。足見錢氏於此考據工夫之深廣與用心之切。

【研析】

> 本章四科之分，見孔門之因材設教，始於文，達之於政事，蘊之為德行，先後有其階序，而以通才達德為成學之目標。四科首德行，非謂不長言語，不通政事，不博文學，而別有德行一目也。孔門所重，正在「用之則行，舍之則藏」，不務求祿利有表現，而遂特尊之曰德行。自德行言之，餘三科皆其分支，皆當隸於德行之下。孟子稱冉伯牛、閔子、顏淵「具體而微」，此三人皆在德行之科，可見德行之兼包下三科矣。文學亦當包前三科，因前三科必由文學入門也。孔門之教，始博文，終約禮。博文，即博求之於文學也。約禮，則實施之於政事，而上企德行之科矣。後世既各騖於專門，又多重文以為學，遂若德行之與文學，均為空虛不實，而與言語、政事分道揚鑣；由此遂失孔門教育人才之精意。即孔子及身，已有「我從先進」之歎，而《論語》編者亦附記此四科之分於孔子言先進、後進兩章之後。是知孔門弟子，雖因風會之變，才性之異，不能一一追先進弟子之所為；然於孔子教育精神大義所在，則故未忘失。後進弟子中如有子、曾子，亦庶乎德行之材，故尤為並輩及再傳弟子以下所推尊。本章所以不列者，顏、閔諸人已足為德行科之代表，有、曾皆後起晚進，故不復多及。〔註177〕

錢穆對於孔門四科之分、教育階序、目標與尚重之處，皆說之甚詳。孔子沒，孔門弟子仍賡續發揚孔門教育精神，淑世濟民。錢穆析論，見解卓識而語之精闢。

【白話試譯】

> 先生說：「以前從我在陳、蔡的，此刻都不在我門下了。」德行：
> 顏淵、閔子騫、冉伯牛、仲弓。言語：宰我、子貢。政事：冉有、

〔註177〕〈先進篇〉，《四書章句集注》，頁 294～296。

　　季路。文學：子游、子夏。

兩賢之於本章句註解，堪稱各有著墨。朱《注》言其梗概，四科依材設教。
圈外引程子語補充，以明孔門高徒何止十人之說，太史公云：「孔子以《詩》、
《書》、《禮》、《樂》教，弟子蓋三千焉，身通六藝者，七十有二人，如顏
濁鄒之徒，頗受業者甚眾。」〔註178〕顯見當時孔門文教興盛，受學者不絕
於途，「十哲」殆屬世俗之論。大體而言，朱《注》此章不失精簡美善，引
注俱全，此乃朱熹作註尚重意蘊內容把抓，惟此章注釋似非熹之闡發重點，
故點到則止。而錢穆註解此章，則充分展現其對《論語》相關研究之廣博
精擅，於似無疑處能發人所未發，娓娓道來，果斷精準，去取有據且論述
平實，此非有深厚之考據學養者實難達致。再則錢氏訓詁與辭章尤勝，義
理闡發幾至美善圓融，此實為賓四先生多年鑽研孔子與《論語》所累積而
成之經典佳作。故就此章整體而言，錢穆較朱熹稍勝一籌。

　　例五：

　　子路、曾晳、冉有、公西華、侍坐。子曰：「以吾一日長乎爾，毋
　　吾以也。居則曰『不吾知也』如或知爾，則何以哉？子路率爾而
　　對曰：「千乘之國，攝乎大國之間，加之以師旅，因之以饑饉，由
　　也為之，比及三年，可使有勇，且知方也。」夫子哂之。「求！爾
　　如何？」對曰：「方六七十，如五六十，求也為之，比之三年，
　　可使足民。如其禮樂，以俟君子」。「赤！爾如何？」對曰：「非
　　曰能之，願學焉。宗廟之事，如會同，端章甫，願為小相焉」。
　　「點！爾如何？」鼓瑟希，鏗爾，舍瑟而作。對曰：「異乎三子者
　　之撰。」子曰：「何傷乎？亦各言爾志也。」曰：「莫春者，春
　　服既成。冠者五六人，童子六七人，浴乎沂，風乎舞雩，詠而
　　歸。」夫子喟然歎曰：「吾與點也！」三子者出，曾晳曰：「夫三
　　子者之言如何？」子曰：「亦各言其志也已矣。」曰：「夫子何
　　哂由也？」曰：「為國以禮，其言不讓，是故哂之。」「唯求則
　　非邦也與？」「安見方六七十，如五六十而非邦也者？」「唯赤則
　　非邦也與？」「宗廟會同，非諸侯而何？赤也為之小，孰能為之
　　大？」〔註179〕

〔註178〕〈孔子世家〉，《百衲本史記》，卷47，頁657。
〔註179〕〈先進篇〉，《四書章句集注》，卷6，頁131～132。

《集注》：

> 曾點之學，蓋有以見夫人欲盡處，天理流行，隨處充滿，無少欠闕，故其動靜之際，從容如此。而言其志，則又不過即其所居之位，樂其日用之常，初無舍己為人之意。而其胸次悠然，直與天地萬物上下同流，各得其所之妙，隱然自見於言外。視三子之規規於事為末者，其氣象不侔矣。故夫子嘆息而深許之。而門人記其本末獨加詳焉，蓋亦有以識此矣。

於圈外注引程子曰：

> 「古之學者，優柔厭飫，有先後之序。如子路、冉有、公西赤言志如此，夫子許之亦以此自是事實。後之學者好高，如人游心千里之外，然自身卻只在此。」又曰：「孔子與點，蓋與聖人之志同，便是堯、舜氣象也。誠異三子者之撰，特行有不掩焉耳，其所謂狂也。子路等所見者小，子路只為不達為國以禮道理，是以哂之。若達，卻便是這氣象也。」再曰：「三子皆欲得國而治之，故夫子不取。曾點，狂者也，未必能為聖人之事，而能知夫子之志。故曰浴乎沂，風乎舞雩，詠而歸，言樂而得其所也。孔子之志，在於老者安之，朋友信之，少者懷之，使萬物莫不遂其性。曾點知之，故孔子喟然嘆曰：『吾與點也。』曰：『曾點、漆雕開，已見大意。』」

《新解》：

【注釋】

> **曾皙**　名點，曾參父。
>
> **以吾一日之長乎爾，毋吾以也**　爾即汝。孔子言，我雖年長於爾輩，然勿以我長而難言。
>
> **則何以哉**　以，用義。言如有知爾者，則何用以自見。
>
> **率爾以對**　率，輕率義。或說率字當作卒，急猝義。
>
> **攝乎大國之間**　攝，迫蹙義，猶言夾在大國之間。
>
> **且知方也**　方，義方。即猶言義。
>
> **夫子哂之**　哂，微笑。孔子既喜子路之才與志，而猶欲引而進之，故微笑以見意。

求爾如何 孔子呼其名而問。下赤爾、點爾同。

如五六十 如，猶與義。言方六七十里與方五六十里之小國。

宗廟之事，如會同 宗廟之事，指祭祀。諸侯時見曰會，眾見曰同。

端章甫 端，玄端，衣名。章甫，冠名。當時之禮服。

願為小相 相，相禮者。

鼓瑟希，鏗爾 希，瑟聲希落。蓋是間歇鼓之，故孔子與二子語，瑟聲不為喧擾，三子之語亦一一入耳，聖容微哂，明見無遺。鏗，以手推瑟而起，其音鏗然。

異乎三子者之撰 撰，當作僎，讀為詮，猶言善。曾點謂所言不能如三人之善。孔子曰：「何傷」，猶云無害。或曰撰即僎述，陳說義。

莫春者 莫字亦作暮。暮春，三月近末，時氣方暖。

春服既成 春服，單夾衣。

浴乎沂 夏曆三月，北方未可入水而浴。或說近沂有溫泉。或說浴，盥濯義，就水邊洗頭面兩手。或說浴，乃沿字之誤，謂沿乎沂水而閒遊。今從浴字第二解。

風乎舞雩 舞雩，祭天禱雨之處，其處有壇有樹。風者，迎風當涼也。一說：風當讀放，蓋謂沿乎沂水而放乎舞雩，成興所至。今從上解。

吾與點也 與，贊同義。言吾贊同點之所言。蓋三人皆以仕進為心，而道消世亂，所志未必能遂。曾皙乃孔門之狂士，無意用世，孔子驟聞其言，有契於其平日飲水曲肱之樂，重有感於浮海居夷之思，故不覺慨然興歎也。然孔子故抱行道救世之志者，豈以忘世自樂，真欲與許巢伍哉？然則孔子之歎，所感深矣，誠學者所當細玩。

曾皙後 曾皙自知所答非正，而孔子贊與之，故獨留續有所問。夫子何哂由也，孔子聞子路言而笑，故曾皙特以為問。孔子答，非笑子路之志，笑子路之直言不讓耳。

唯求則非邦也與　此句有兩解。一說：乃曾皙再問，孔子再答。蓋曾皙雖已知孔子深許子路確有治國之才，而未知對冉求、公西華兩人亦許之否，故再問也。一說：乃孔子自為問答，孔子續申其笑子路者，非笑其所志，否則冉求、公西華同是有志邦國，何獨不笑。今從前說。

赤也為之小，孰能為之大　此美子華之謙，而所以笑子路之意益見，聖語之妙有如此。今觀孔子之深許三人，益知孔子之歎，所感深矣。〔註180〕

【研析】

本章吾與點也之歎，甚為宋、明儒所樂道，甚有謂曾點便是堯、舜氣象者。此實身染禪味。朱注《論語》亦采其說，然此後《語類》所載，為說已不同。後世傳聞有朱子晚年深悔未能改注此節，留為後學病根之說，讀朱《注》者不可不知。

【白話試譯】

子路、曾皙、冉有、公西華四人在先生處侍坐。先生說：「我是長了你們幾天，但你們莫把此在意。平常總說沒人知道得自己，若是有人知道你們了，該怎辦呀？」子路連忙答道：「儻使有一個千乘之國夾在大國之間，外面軍事戰爭不斷壓迫著，內部又接連年歲荒歉，讓由去管理，只要三年，可使民眾有勇，並懂得道義。」先生向他微笑。又問：「求！你怎樣？」冉有對道：「六七十方里或五六十方里的地，使求去管理，只要三年，可使人民衣食豐足。至於禮樂教化，那得待君子來設施了。」先生又問：「赤！你怎樣呢？」公西華對道：「我不敢說我能了，只是願意學習罷。宗廟裡的事，以及諸侯相會見，披著玄端衣，戴著章甫帽，我希望能在那裡面當一個小小的相禮者。」先生問：「點！你怎樣呀？」曾皙正在鼓瑟，瑟聲稀落，聽先生叫他，鏗的一響，捨了瑟而站起，對道：「我不能像他們三人所說的那樣好呀！」先生說：「有什麼關係呢？只是各言己志而已。」曾皙說：「遇到暮春三月的天氣，新縫的單夾衣上了身，約著五六個成年人、六七個童子，結隊往

沂水邊，盥洗面手，一路吟風披涼，直到舞雩臺下，歌詠一番，然後取道回家。」話猶未了，先生喟然歎道：「我贊成點呀！」子路等三人退了，曾皙留在後面，問先生道：「他們三人說得怎樣呀！」先生說：「這也只是各言己志而已。」曾皙說：「先生為何要笑由呢？」先生說：「有志為國，當知有禮，他言語不讓，故我笑了他。」曾皙說：「只是求不算有志為國嗎？」先生說：「哪裡有六七十方里、五六十方里土地還不是一個國的呢？」曾皙又問：「那麼赤不是有志為國嗎？」先生說：「說到宗廟祭祀和諸侯會見，還不是諸侯之事，是什麼？像赤這樣的人，還只去當小相，誰去當大相呀！」

　　檢覈《語類》論及此章計有五十餘條。自北宋邵雍、周敦頤以降，諸儒皆重聖賢氣象，「吾與點」之歎，乃宋儒熱衷探討之議題。此章中朱熹述及「人欲盡處，天理流行」與「其胸次悠然，直與天地萬物上下同流，各得其所之妙，隱然自見於言外。」引程子言及「堯舜氣象」及「曾點、漆雕開，已見大意。」等語，有禪、道意味，然已脫經本義。一則《論語》未有論及人欲、天理、與天地萬物上下同流、堯舜氣象，末尾冒出曾點、漆雕開，已見大意之語，似指性與天道即在曾點、漆雕開上顯見，猶如伊川所謂「體用一源，顯微無間」，與陸、王「心學」觀點似有相類。南宋學者黃震反對此說，並摘舉陳述，錢穆深表認同，故於《新解》試譯此章時，特參酌黃震之見解為基調論說。孔子見世道不行，門人雖有意出仕，亦未必能施展抱負，感慨於己有志難伸，見曾點能棄世俗名利而怡然自得，為孔子所欽羨，是以感同身受而歎之。綜上不難析出《新解》此章解說，仍承襲程、朱與宋儒黃東發之理學餘風，惟高空論道氣息漸泯，轉向結合人之日常情趣方面闡發。再則兩賢皆有據經揣推義理與自我圓說之處，朱熹闡發無礙，如於大道馳騁，從容悠然，引而不發。錢穆則罄盡訓考能事，詳述有關事項，提點讀者留意，弭消佛禪與聖賢氣象之味。

　　然孔子果真為此而歎乎？朱《注》以理學解經，儒學、理學相互融滲，多有藉經論道，理學特性本是如此，實無可厚非。錢穆雖多承前說，惟留有伏筆使讀者能體會玩味而有自得餘地，覈之朱《注》，亦多見此法。本章頗有創發想像空間，古來即眾說紛紜。關鍵在於孔子之歎所為何來？在「孔

子見南子」章，朱熹考諸《史記》，論及孔子不得不見南子之理。周遊列國，意在尋得施展抱負之機云云。今若以同理推論，三位弟子有出仕之機，孔子似宜對以：「吾與三子也。」而曾點，狂士也，〔註 181〕無意讀經，行徑乖違，蓋因語出「浴乎沂，風乎舞雩，詠而歸」，孔子即曰：「吾與點也。」此說當否？《集注》及《新解》皆曰：解《論語》當喫緊為人，留心生活日用之間，把握具體之人和事云云。若然，此章卻道出不符上述原則之語，故撰者亦難以苟同兩《注》如是釋說。蓋孔門教育理念在於「有教無類」、「因材施教」，四子各言其志，理應教之、啟之，而兩《注》對曾點之釋說似無理序。《論語・公冶長》有載「宰予晝寢。子曰：『朽木不可雕也，糞土之牆不可杇也！於予與何誅？』。」〔註 182〕此見孔子亦有情緒之發，聖人非似龕內供奉神佛，無欲無感，如如不動，任由天理自在流行。後世之人是否將孔子人格過於理想化？聖人亦是人，人皆有喜惡愛欲，不離日用之間。孔子對「宰予晝寢」即予嚴斥，而對曾點猶有過之行徑，卻道出「吾與點也！」兩事對照，似有不洽。

　　倘若讀《論語》如朱、錢兩賢所述，應「吃緊為人」、「不離生活倫常日用之間」等原則，多予涵詠、體玩。若然，殆可釋義為：曾點有狂士行徑，孔子必然理解當下如何維持一種和諧氛圍，蓋狂士更需要施以同理、包容與尊重之心，以得其信任而益於教。此說不亦符合「聖之時者也」、「有教無類」與「因材施教」之旨趣乎？殆為師既久，即知學生習性及師生和諧互動之道。聖人之意本是直白，何須訴之空高玄妙且摻雜旁說，既偏脫《論語》本義，亦使人疑惑叢生，豈是聖人博通精思而書理於經之本義哉？

　　再覈朱熹對「吾與點」義理詮釋，《集注》成書至熹晚年之體悟似有殊焉。《集注》猶稱曾點如有「聖賢氣象」，至晚年則轉言「狂怪、無禮」，如謂「曾點言志，當時夫子只是見他說幾句隨性話，令人快意，所以與之。其實細密工夫卻多欠闕，便似莊、列。如季武子死，倚門而歌，打曾參仆

〔註 181〕孟子云：「如琴張、曾晳、牧皮者，孔子之所謂狂矣。」其下注云「季武子死，曾晳倚其門而歌……。」又云：「何以謂之狂也？」於其注下圈處引程子曰「曾晳言志，而夫子與之。蓋與聖人之志同，便是堯舜氣象也，特行有不掩耳，此所謂狂也。」詳見〈盡心章句下〉，《四書章句集注》，卷 14，頁 383。

〔註 182〕〈公冶長篇〉，《四書章句集注》，卷 3，頁 78。

地，皆有些狂怪。」〔註183〕又謂「學者須是如曾子作工夫，點自是一種天資，不可學也。」〔註184〕顯見朱熹對此條有體玩轉折之處，宜詳研細辨，始知其所以之所以然。《語類》記載此條之時序脈絡，朱《注》此章明顯有失《論語》本旨，熹亦應了然於心，惟至其易簀前改猶未了。而《新解》成書於一九六三年（民國五十二年），至錢氏晚年辭世前仍筆削不輟，對本章註解已近乎平實，其大意與朱熹晚年見解仍有落差，亦未見其前後說義有不侔之處。

　　綜合上述，朱《注》對於《論語》註解，多染宋人理學家據經推說，闡發義理之風，惟朱熹尚重注疏，依循經典脈絡，探詢本義而闡發開新。為著眼於四書體系一貫，是以時有相互援引而說理玄高、偶有臆斷、增字詁經及註解溢文之疵。大抵而言，並無偏脫孔孟核心義理，可稱廣博而不失善美。而《新解》對於《論語》註解，可謂訓詁、辭章、考據三者兼備，並無疏漏。在釋說義理上，相較於朱《注》更為平實貼近人倫之常，且朱《注》溢出《論語》本義時，則特申留意於歧處。對於前注異說每輒存異並陳而委婉處之，裨益後學擇參與啟思。

第五節　朱熹與錢穆之儒學道統關聯性

　　本文嘗試從朱熹與錢穆行狀，《集注》與《新解》所呈現之內蘊與意涵，豹窺二賢傳承儒學道統之關聯性。或謂僅《論語》一注安得管窺而得其全豹乎？子曰「吾道一以貫之。」〔註185〕明道先生曰：「道，一本也。」

〔註183〕宋・朱熹撰，黎德靖編，楊繩其、周嫻君校點：《朱子語類》，卷40（湖南：岳麓書社出版，1997年），頁1085。

〔註184〕同上註，〈吾與曾點章〉，卷40，頁1102。

〔註185〕明・賀復徵（1600～？）云：「吾道一以貫之，千百年間未有明摘其蘊者。」參見氏著：《文章辨體匯選》，卷59（臺北：台灣商務印書館出版，1983年），頁13～14。清・劉寶楠（1791～1855）對「吾道一以貫之」一詞，評述云：「自漢以來不得其解。」參見氏著：《論語正義》（北京：中華書局，1990年），上冊，頁152。上引徵引評論，對「道」釋義，眾說紛紜，誠屬確然。如曾子云：「夫子之道，忠恕而已。」參見《論語・里仁及衛靈公篇》，朱熹（1130～1200）釋為「宇宙創生並運行之原理」。林羅山（1583～1657）將孔子之「道」釋為「日用所共由當行。」參見林羅山：《聖教要錄》，收入井上哲次郎、蟹江義丸合編：《日本倫理彙編》，第4冊（東京：育成會，1903年），頁20。荻生徂徠有云：「孔子之道，即先王之道也。」參見荻生徂徠：《論語徵》乙卷，收入關儀一郎：《日本名

〔註186〕即儒家所謂「天人之道」，以人之至誠，足見天之理。伊川先生曰：「一人之心即天地之心，一物之理即萬物之理。」〔註187〕天地萬物樣態雖殊，有古今之別，然此心與天地同，一物之理，同於萬物，是為理一也。朱熹亦曰「人心惟危，道心惟微；惟精惟一，允執厥中」〔註188〕。聖聖相傳，僅是心一也。是故去聖日遠，此道何傳？考索於聖典，涵泳其間，體玩而自得，所以至今仍有道之傳焉。孔子學之所得，則既大備於《論語》。《論語》乃儒家之正統，文化結晶所在，為無上聖典。以《四書》合而求之，可見《論語》之真趣。〔註189〕同理證之，從《論語》核心義理處探尋，儒學道統之關聯性亦在其中。

　　「道統」二字始肇建於朱熹，〔註190〕源出《孟子》，承於韓愈《原道》。北宋諸儒雖有倡議而未得共識，熹年六十，揭櫫道統論述。《中庸章句・序》有曰：

> 若吾夫子，則雖不得其位，而所以繼往聖、開來學，其功反有賢
> 於堯、舜者。當是時，見而知之者，惟顏氏、曾氏之傳得其宗。
> 及曾氏之再傳，而復得夫子之孫子思，則去聖遠而異端起矣。子

家四書注釋全書》，第 7 卷（東京：鳳出版，1973 年），頁 6。黃俊傑有云：「2000 年來，東亞儒者對孔子『一以貫之』一語之疏解文字，猶如夏夜繁星，難以計數。……且多數日本儒者都將孔子之『道』界定為社會政治意義之『道』，是經世濟民之道。」參見黃俊傑：〈德川時代日本儒者對孔子「吾道一以貫之」的詮釋──東亞比較思想史的視野〉，《台灣大學文史哲學報》，第 274 期（2003），頁 61～62。是以諸儒研治《論語》之方法取徑不同，各自有得，論述各異，然皆無脫孔孟核心義理。

〔註186〕明道有曰：「道，一本也。或謂以心包誠，不若以誠包心；以至誠參天地，不若以至誠體人物，是二本也。知不二本，便是篤恭而天下平之道。」可知道本惟一，誠也。以誠包心為首，至誠體人物為次。從二者上實踐則可天下平。詳見劉錄：〈師訓〉，《河南程氏遺書》，卷 11〈明道先生語一〉，頁 119。

〔註187〕伊川曰：「一人之心即天地之心，一物之理即萬物之理，一日之運即一歲之運。」參見宋・劉安節〈元豐己未與叔東見二先生語〉，《河南程氏遺書》，收入《二程集》（北京：中華書局，2018 年），頁 13。

〔註188〕《中庸章句・序》，《四書章句集注》，頁 14～15。

〔註189〕〈四書釋義・例言〉，《錢賓四先生全集》，頁 7。

〔註190〕宋・王柏云：「『道統』之名不見於古，而起于近世，故朱子之序《中庸》，拳拳乎道統之不傳，所以憂患天下後世也深矣。」詳見宋・王柏〈跋道統錄〉，《魯齋集》，卷 11，影印文淵閣《四庫全書》，第 1186 冊（臺北：台灣商務印書館，1986 年），頁 166。

思懼夫愈久而愈失其真也，於是推本堯、舜以來相傳之意，質以
平日所聞父師之言，更互演繹，作為此書，以詔後之學者。蓋其
憂之也深，故其言之也切；其慮之也遠，故其說也詳。……熹自
蚤歲即嘗受讀而竊疑之，沉潛反覆，蓋亦有年，一旦恍然似有以
得其要領者，然後乃敢會眾說而折其中，既為訂著章句一篇，以
竣後之君子。〔註191〕

朱熹揭櫫「道統」，形構出傳承意涵，最終抉取二程演繹脈絡。此道統傳序
彰顯聖聖相傳乃順天應人之舉，有淵源、有法門，更有超然獨立之歷史價
值，將此道內涵具體明之「人心惟危，道心惟微；惟精惟一，允執厥中」，
以鋪陳「道統」論述，又於《大學章句·序》云：「三千之徒，蓋莫不聞其
說，而曾氏之傳獨得其宗，於是作為傳義，以發其意。」〔註192〕。曩昔朱
熹對此道統之說嘗疑之，然經反覆忖思，至恍然有得方敢折中定之，故自
信如是。盱衡北宋以來對於「政統」討論與諸家爭鳴之「共相」，〔註193〕
肇建「道統」似已無可迴避且為必要之因應方策，縱有葉水心、陳龍川等
反對聲浪，〔註194〕或引以光耀師門，〔註195〕熹仍千萬人吾往矣。然錢穆對

〔註191〕〈中庸章句·序〉，《四書章句集注》，頁14～16。
〔註192〕同上註，〈大學章句·序〉，頁2。
〔註193〕葛兆光：〈拆了門檻便無內外：在政治、思想與社會史之間——讀余英時
先生《朱熹的歷史世界》及相關評論〉，《當代》，第80卷第198期（臺北：
臺大政治系編輯委員會，2004年），頁43～49。
〔註194〕葉水心、陳龍川反對朱子道統說，主在不贊成把儒學傳統，遠從戰國時代
直接到宋代，而把漢、唐諸儒全擯於門外。清代戴震（1724～1777），質
疑朱子《大學》經「蓋孔子之言，而曾子述之」；傳「則曾子之意，而門
人記之」之說缺乏有效證據。詳參洪榜：〈戴先生行狀〉、王昶：〈戴東原
先生墓誌銘〉所載，張岱年主編：《戴震全書》（合肥：黃山書社，1995
年10月），第7冊「附錄」，頁4；30。錢大昕（1728～1804）於《十駕
齋養新錄》有云：「道統二字，始見於李元綱《聖門事業圖》，其第一圖曰
〈傳道正統〉，以明道、伊川承孟子，其書成於乾道壬辰，與朱文公同
時。」意指「道統」之說疑似為朱子別有用心之作，意在消解「道統」與
「朱熹」之關聯性。詳見清·錢大昕：《十駕齋養新錄》，陳文和主編：《嘉
定錢大昕全集》，冊7，卷18「道統」（南京：江蘇古籍出版社，1997年），
頁492。
〔註195〕〈中庸章句·序〉載曰：「蓋自上古聖神繼天立極，而道統之傳有自來矣。
其見於經，則「允執其中」堯之所以受舜也；「人心惟危，道心惟危；惟
精惟一，允執厥中」者，舜之所以授禹也。……自是以來，聖聖相承。……
若吾夫子，則雖不得其位，而所以繼往聖、開來學，其功反有賢於堯、舜

於朱熹「道統」之說則持不同觀點。〈中國儒學與文化傳統〉有曰：

> 關於宋、明兩代所爭持之道統，我們此刻則只可稱之為是一種主
> 觀的道統。此種主張乃單傳孤立的、易斷的道統，或說是一種一
> 線單傳的道統。此種道統又是截斷眾流，甚為孤立的。又是甚為
> 脆弱，極易中斷的。我們又可以說它是一種一段的道統。此種主
> 觀的單傳孤立的、易斷的道統觀，其實紕繆甚多。若真道統則須
> 從歷史文化大傳統言，當知此一整個文化大傳統即是道統。……
> 故就歷史文化大傳統言，宋儒此種道統論，實無是處。〔註196〕

本說成於民國五十年（1961）十月所講述，當時錢氏研治宋、明理學已得
大意，認為是主觀、單線、孤立、脆弱，截斷眾流而極易中斷之道統論，
難以認同，既失之事理又偏限一隅，錢氏此見實是基於鑑往知來，指陳儒
學發展困境之所在。錢穆云：「今天來講中國文化，也就不該只講一儒家。」
〔註197〕此又非能融通經史之學，鑑諸歷史百家經典分合樞機，而能心寬無
私之博學鴻儒，殆無法以公允客觀之心予以平實評述。

者。當然是時，見而知之者，惟顏氏、曾氏之傳得其宗。及曾氏之再傳，
而復得夫子之孫子思，則去聖遠而異端起矣。子思懼夫愈久而愈失其真
也，於是推本堯、舜以來相傳之意，質以平日所聞父師之言，更互演繹，
作為此書，以詔後之學者。……熹自蚤歲即嘗受讀而竊疑之，沉潛反覆，
蓋亦有年，一旦恍然似有以得其要領者，然後乃敢會眾說而折其中。朱子
揭櫫「道統」，朱門高第黃榦即撰刊〈聖賢道統傳授總敘說〉，表彰朱子之
功，以光耀師門。宋・黃榦：〈聖賢道統傳授總敘說〉，《勉齋先生黃文肅
公文集》，收入曾棗莊、劉琳主編：《全宋文》，冊288，卷6554（上海：
上海辭書出版社，2006年），頁350。

〔註196〕錢穆曰：「關於宋、明兩代所爭持之道統，我們此刻則只可稱之為是一種
主觀的道統，或說是一種一線單傳的道統。此種道統又是截斷眾流，甚為
孤立的。又是甚為脆弱，極易中斷的。此種主張的單傳孤立的易斷的道統
觀，其實紕繆甚多。若真道統則須從歷史文化大傳統言，當知此一整個文化
大傳統即是道統。如此說來，比較客觀，而且亦絕不能只是一線單傳，亦不
能說它有中斷之虞。……故就歷史文化大傳統言，宋儒此種道統論，實無
是處。」參見氏著：〈中國文化與文化傳統〉，《新亞遺鐸》（臺北：東大圖
書出版，2016年），頁383～385。

〔註197〕賓四云：「我們今天來講中國文化，也就不該只講一儒家。又何況在儒家
中，標舉出只此一家別無分出的一項嚴肅的、充滿主觀意見的、又是孤立
易斷的的道統來。這是我這一番講演最終微意所在，盼在座諸君體取此
意，各自努力去。」時一九六一年，錢氏年六十七，於香港新亞研究所文
化演講會發表。詳見氏著同上註，〈中國儒學與文化傳統〉，頁385。

　　宋儒忖思建構聖賢譜系，皇皇乎聖聖一脈相傳，憂憂乎「道統」不傳，所謂「獨得不傳之祕」，實則畫地圍限，開啟門戶諍誦之始。倘漢、唐無聖賢出，元、清受於外族統治，然儒家孔孟之道至今猶未中斷。況就整體歷史文化大傳統言，何止孔孟一家。匯納涓滴以成海河，廣積土石以就泰山。韓愈有云：「孔子之道大而能博，門弟子不能遍觀而盡識也，故學焉而皆得其性之所。……又各以其所能授弟子，源遠而末益分。」〔註198〕默識此言甚是開明宏觀，直明孔門之學博大精深，又依性類不同而分別授之，是以能益增燦爛，繽紛多元，符契學術研究之真精神，殊值吾人於論述道統議題時，參酌而體玩之。《朱子學提綱》有曰：

> 《大學》是否當分經傳；其所謂經，是否為孔子之言而曾子述之；
> 其所謂傳，是否為曾子之意而門人記之；《中庸》是否為子思所著
> 以授孟子；古代儒家傳統，是否乃是孔、曾、思、孟一線相承，
> 如二程之所言，朱子之所訂。此皆大有辯論餘地。〔註199〕

《四書章句集注》，對於「道統」頗多用心。惟錢氏對於朱熹道統說是抱持疑慮看待，《四書》成於何時，何人所撰，至今猶未定論，熹此說已激起諸多迴響，以求真求實之學術精神言，此說尚待證成。從文化大傳統之視域而言，似有失之宏觀，形同門戶私見。是故錢氏從經學、史學面向考究而謂之「大有辯論餘地」，此則明示仍須以客觀、公允、整體與用心所在之面向探討為宜。

　　民國四十四年（1955）十月，新亞學校創辦六年之後，錢穆始揭櫫「誠明」二字為校訓，尤言此乃「鄭重」而「謹慎」之決定。「誠明」二字連用，見於《中庸》：「誠者，天之道也。誠之者，人之道。誠者不勉而中，不思而得，從容中道，聖人也。誠之者，擇善而固執之者也。博學之，審問之，慎思之，明辨之，篤行之。」〔註200〕又云：「自誠明，謂之性。自

〔註198〕上引韓愈語源出於清‧朱彝尊（1629～1709）：《經義考》，卷231，林慶章主編：《經義考新校》，第8冊（上海：上海古籍出版社，2010年），頁4164。或參見〈孟子集注‧序說〉，《朱子大全》，頁198。

〔註199〕《朱子學案提綱》，《朱子新學案》，冊1，頁213。

〔註200〕朱熹云：「誠者，真實无妄之謂，天理之本然也。誠之者，未能真實无妄，而欲其真實无妄之謂，人事之當然也。聖人之德，渾然天理，真實无妄，不得思勉而從容中道，則亦天之道也。未至於聖，則不能無人欲之私，而其為德不能皆實。故未能不思而得，則必則善，然後可以明善；未能不勉而中，則必固執，然後可以誠身，此則所謂人之道也。不思而得，生知也。

明誠，謂之教。誠則明矣，明則誠矣。」〔註201〕朱熹於此章引孔子之言，以繼堯、舜、文、武、周公、孔子之道統，明其所傳一也。而「誠」乃此篇之核心價值所在，故朱熹釋之詳焉。「明」則明乎善，乃能為賢人之學，由明而可達於誠。錢穆歷六載忖思，舉「誠明」二字為訓，其間往復斟酌以得至當。自謂：「『誠』字屬德行修為，是一項實事、真理。『明』字屬於一番知識，一番瞭解。以此為校訓，正是要把為學做人認為同屬一事之精神。」〔註202〕錢氏於此雖無以文字述及道統薪傳，卻不無道統思索之弦外之音。《中庸章句》乃朱熹揭櫫「道統」之所在，錢穆擇取《中庸》「誠明」二字為新亞書院校訓，意在道統傳承與遵奉孔孟、程朱「窮理以致知」、「好學而述道」之治學精神。是以朱、錢兩賢，畢生寢饋理學，志於闡揚孔孟儒學，屢屢綻放道統輝光，果細察微處，其意則昭然也。惟盱衡時代背景，對「道統」各有界說，輒分漢宋與門戶壁壘，又道統時為魁炳之遮布。是故錢穆決意擯棄外在形式，揀採具內在道統聯繫語彙而表述之。檢視《中國近三百年學術史》〔註203〕與《中國學術思想史論叢》〔註204〕即有論述，

不勉而中，安行也。擇善，學知以下之事。固執，利行以天下之事也。學、問、思、辨，此誠之目也。所以擇善而為知，學而知也。篤行，所以固執而為仁，利而行也。」參見《中庸章句‧誠明章》，《四書章句集注》，頁31～32。

〔註201〕　朱熹云：「德無不實而明無不照者，聖人之德。所性而有者也，天道也。先明乎善，而後能實其善者，賢人之學。由教而入者也，人道也。誠者無不明矣，明則可以至誠矣。」此取誠明二字，與朱子「窮理致知」遙相呼應。從通達人情，明白物理，學得真實而完善為人。藉由言行合一、人我合一、物我合一之下學實踐層次，以上達天人合一之境界。參見《中庸章句‧誠明章》，《四書章句集注》，頁32。

〔註202〕　〈新亞校訓誠明二字釋義〉，《新亞遺鐸》，頁62～63。

〔註203〕　錢穆云：「竊謂近代學者每分漢、宋疆域，不知宋學，則亦不知漢學，更無以平漢、宋之是非，故先之以引論，略述兩宋學述概要。又宋學重經世明道，其極必推之於議政，故繼之以東林。……明人之學，猶足繼宋而起。滿清最狡險，入室操戈，深知中華學術深淺而自以厲害為之擇，從我者尊，逆我者賤，治學者皆不敢以天下治亂為心，而相率逃於故紙叢碎中，其為人高下深淺不一，而皆足以壞學術，毀風俗而賊人才。……今日者，清社雖屋，屬階未去，言政則一以西國為準繩，不問其與我國情政俗相洽否也。扦格而難通，則激而主「全盤西化」，以盡變故常為快。至於風俗之流失，人心之陷溺，官方士襲之日污日下，則以為自古而固然，不以屑懷。言學則仍守故紙叢碎為博實。苟有唱風教，崇師化，辨心術，覈人才，不忘我故以求通之人論政事，持論稍近宋、明，則側目卻步，指為非類，其不詆訶而揶揄之，為賢矣！……五載以來，身處故都，不當邊塞，大難目擊，別

亦見大意。

　　民國四十六年（1957），學界有「新儒家」〔註 205〕倡議，此係藉由一種特製之哲學話語，宣傳一種特殊信仰，其意重在於「教」，而不在於「學」。錢氏為當代儒學主要菁英，即不認同此種於傳統儒學外另立名目作法。蓋知識分子應知政治與學術之分際，兩者混淆不清，對國家社會只會造成傷害，發表宣言之作法可謂極不妥當。是以此種姿態，無異對世人宣稱道只在我輩，恐易引起海外學人更分裂。〔註 206〕又云：「大家應該相忍為國，

<hr>

有會心。」由上所徵引可知，錢氏鑽研中國宋代至民初學術流變，可謂權力使士者轉向，人變而操持道統為正名，而世風之變又繫於一、二人心之所向。是以「道統」將成為權力操縱之帆舵，中國傳統文化終將毀棄。詳參〈中國近三百年學術史・自序〉，《朱子新學案》，第 17 冊，頁 1～19。

〔註 204〕　是書以清代學術思想史為重新整治之作，附加〈清儒學案・序〉，以綰合全編要義。擇要而言「清代理學當分四階段論之。一曰晚明諸遺老：駸駸有由王反朱之勢。次曰順、康、雍：遺民不世襲，理學道統與朝廷之刀鋸鼎鑊，以為壓束社會之利器。三曰乾、嘉：由理學轉入考據，考據盛極而理學漸復。四曰道、咸、同、光：西風東漸，理學復振，惟遜於前儒。」上述可知，錢氏要言儒家思想歷五千年而不退，必有一股力量為之潛持。而學術之事，每轉而益進，途窮則別開，故對「道統」一事，宜應審慎思量。詳見氏著：《中國學術思想史論叢》，第 8 冊，頁 1～2、410～435。

〔註 205〕　「新儒家」之名係指二十世紀的一種思想流派。主要人物有唐君毅、張君勱、牟宗三、徐復觀四人，主要宣示是「中國文化與世界的宣言」。一九五七年二月二十八日，唐君毅赴美訪問第二天，拜訪張君勱先生，談起有關世界文化諸問題。唐君毅、張君勱、牟宗三、徐復觀商議發表〈中國文化與世界──我們對中國學術研究及中國文化與世界文化前途之共同認識〉一文，於當時引起較大回響，尤其是開宗明義「心性之學乃中國文化之身髓所在」即顯示出熊十力之觀點。而錢穆所學主宗程朱性理之學。故錢穆和新儒家在思想觀念上並不一致。新儒家企圖建立的是涵蓋一切文化活動且至高無上之「教」，而不是知識上之「學」，此方面錢賓四和新儒家之學術旨趣截然相反。錢穆於 1959 年 5 月 6 日於回覆張君勱信函說：「年前張君勱、唐君毅等四人聯名作中國文化宣言書，邀穆聯署，穆即拒之。」錢氏大意為「穆向不喜此等作法，恐在學術界引起無畏之壁壘。」余英時認為，新儒家之主要特色是用一種特製之哲學語言宣傳一種特殊心學信仰與論證。在信仰普遍衰微之時代，新儒家採取最極端之「興經注我」方式，實有許多值得商榷之處。回顧清代雍、乾以降，以權力操弄儒學，此與「新儒家」之企圖，猶出一轍，怎不令人驚悚。詳見《百年家族──錢穆・太湖舊族》，頁 256～258。

〔註 206〕　錢穆多種著述如《中國學術思想史論叢》、《宋明理學概要》與《朱子新學案》等，皆多有論述今、古文之分、漢、宋之別與門戶私見等紛說，進而轉變成為「出主入奴」。是以錢氏治學修為皆以此為戒。

萬不宜再在學術上分黨分派。……大陸之失，知識分子該負最大責任。」
〔註207〕此際故國河山赤化，批孔揚秦運動日熾，儒學衰微至極，倡議新儒
家學者採取以「興經注我」之策，企圖謀以立道統之名而另尋別出，此與
「漢宋之爭」、「門戶之見」何異？從思想史觀點審視，漢宋、門戶與宗
派之爭，多源於「主觀而單傳」之道統論述，二千餘年之喧囂競逐，迄今
餘緒猶存。而今之時空情境似已超出朱熹肇建「道統」之想像。宋、明
儒亦曾號稱「新儒家」，分程朱、陸王兩派，諍誦不已。當今又突起「現
代新儒家」，遂行政治意圖，如是日後紛爭恐是更無休止。中華文化大傳統
安可囿限於一家而已，儒家多輒傳唱正統曲調、高築門牆以隔離內外，
此等思維與行徑豈非自陷於危橋絕壁？當思儒學如何開枝散葉而能傳之
久遠。

　　道統之說，認同與否應然不影響儒家學脈延續傳承，茲提出兩種觀點
藉以審視。一是外顯言行，二為內隱修為。前者以孔孟要義為闡發義理之
核心，以不走失孔孟義理即是；後者則以躬行正心、修身於日用人倫之間
即可。先聖之言載之簡冊，天人之理寓於其間，惟無標明探求路徑，蓋人
之性類不同，環境各殊，取其適當，雖各有新意，倘無失核心義理，皆屬
孔孟義理之闡發者。又途徑有殊，卻同歸理想，若此繽紛多元而別開生面，
乃開展之源頭活水。從客觀上言，朱熹尊崇孔孟，闡發孔孟義理，注《四
書》，肇建道統，確確乃然剛果決裂之鴻儒。錢穆畢生研治孔孟學說，屢發
《論語》精微，揭揚朱熹光昌儒學之縝密擘劃與再現儒家思想輝光之用心
所在。孤臣孽子所言所行盡在於斯，逾一甲子而勤奮精進，其功不下朱熹，
此豈非儒家道統之所繫乎？是以本文認為，錢穆同朱熹斷斷然為儒家「道
統」之繼承者，惟不必然是「一脈單承」。此宜須從整體中華傳統文化視域
而宏觀之，著眼於孔孟核心思想之闡揚與開新，志乎此且持恆力行，始不
失「道統」之真精神。而「道統」二字，實具有「獨尊性」與「排他性」
之意味，因之黨同伐異，誦諍不息。故而與其高揭「道統」，毋寧轉稱「學

〔註207〕錢胡美琦云：在「新儒家宣言」起草前，唐君毅、徐復觀兩先生皆曾與賓
四先生有過商談，賓四先生表示不贊同與反對立場。賓四先生認為：大家
應該相忍為國，不宜在學術上分黨派。尤其『大陸之失，我輩知識分子應
負最大責任。』一語，言之沉痛而十分傷感。參見氏著：〈也談現代新儒
家‧代序〉，收入韓復智編著：《錢穆先生學術年譜》，第 1 冊（臺北：國
立編譯館出版，2005 年），頁 44～45。

脈」，似較融綜妥適，既可獲得廣泛認同與支持，亦可泯除門戶私見，更能別開彌新而光昌儒學。

　　茲依據本文各章論述，將《集注》與《新解》舉列犖犖大者，區分撰作動機與要旨、體例、注釋取向與特色、考據、辭章、義理及對儒學道統觀意向、內在修為共通處等項目分類列表對照，以明其異同，如表三。

表三　《論語新解》與《論語集注》異同比較表

項目	《論語》撰者／注別	
	錢穆《論語新解》	朱子《論語集注》
撰作動機	一、宋代以降，對朱《注》多有討論與糾彈。清代訓詁、考據學盛，可取其長補其短，資以勘正。 二、以時代語言、觀念申述之，使一般人易讀而親切浹洽。	一、藉由《集注》對《論語》闡發義理，辨正儒學與佛禪、老道之一分殊。 二、建構四書義理一貫，闡發儒家道統思惟，揭櫫道統一貫，聖聖相傳之意。而註解《論語》則可彰顯孔門大義之所在與躬行實踐法門。
撰作要旨	一、旨取通俗，俾使《新解》成為一部人皆可讀之注，體求簡要，辭取明淨，擺脫舊套，以直明《論語》本義為主。 二、《新解》意在備采眾說，折中求是。僅求通俗易覽，啟發新知，非以自創新義，成一家言，掩蓋前儒為能事。	一、闡發孔孟義理思想，綰合漢代以下經學與北宋儒學與程朱學派之理學思想，融綜諸說，調合折中，歸於一是。 二、透過《集注》以回應兩宋時代，在新歷史條件下對先秦儒學之繼承與開展。
體例	一、於《新解》序中明書。直白注釋《論語》本義為主。 二、凡所采摭，當記其姓名，詳其出處，語見本原而不掠其美。遇折衷諸說必條列於前，續加融貫譯文於後。 三、訓詁、考據，多本漢儒，惟不全標明；引宋儒之說，必記其姓氏，以見其解。 四、先列章句原文，次逐字逐句解釋，又次綜述一章大旨，繼而研析與本章有關文義，最後為《論語》本章之白話試譯。	一、《集注》例言中並無敘明。後由朱在及黃榦於《文集》及《語類》中補述。 二、章句正文下，只解字訓文義與《論語》正義。諸家之說切當明白者，即引不沒其名。如〈學而〉首章，先尹氏而後程子，僅順正文解，非有高下之意。 三、章末用圈而列諸家之說，圈下之語與上注不同；或非《論語》本義，屬引申或發明義，而於正文有所發明；或通論一章之意。而二程語，十之七八置於圈下。

	五、遇有迥殊者，亦有諸說併陳，不論孰是，以啟讀者之思。	四、引用數家說法，有相似而少異者，得以相資。有迥殊者，各說併陳而不斷孰是，以供讀者審抉。
注釋取向	一、弘揚孔孟思想文本。 二、《新解》於章句後，即有「白話試譯」有「注已成文」之狀。 三、兼具儒學、理學思想內涵，稍偏重傳統儒學注經之法，理學色彩轉趨淡薄。 四、辭章、考據、義理三者兼顧，尤重探求《論語》本義。	一、將理學和儒學思想融釋於《集注》，弘揚儒學於理學之中。 二、主張「注經一體」、「注不成文」與「博綜諸家」與「存疑傳信」之精神。 三、注經措辭有別於漢儒，力求注文之語脈曲折與誦習涵泳、文義之注解說明、聖人氣象之揣摩，以及儒學精義之掌握。
注釋特色	一、擺脫舊注格套，自創《新解》體例。 二、摒棄古文艱澀辭語，求通俗簡易。 三、《新解》僅為《論語》解經工具。 四、摒棄門戶私見，泯除漢宋之爭。 五、雖自謂只講《論語》本義，然遇有難解之處，仍有自家臆斷之語。	一、博采綜說，多尊二程學說。具有理學家論道之濃厚色彩。 二、視《集注》為通曉聖人經典義理之工具。 三、講求從整體上探求與把握經典義理。不錙銖於文字、名物、制度等繁瑣考證。 四、屢言《集注》在求《論語》本義，惟多處有增字詁經、據經推說與申說己意之實。
考據	一、受清儒影響注重考據之學。尤喜治乾、嘉考據、訓詁，資以探尋經典義理。考據之目的旨在索求《論語》本義。 二、博通史經，主張治經兼通史學，以史論經，經史互證。代表作：如《劉向歆父子年譜》等，優作甚夥。	一、精通校勘、訓詁，既精且博。奉行讀經不棄前人注疏。凡經、史、子、集皆有考作。自謂某向來好之，已成一病。 二、兼通史學與經學，以史論經，經史互證。代表作：如《韓文考異》等，屢有不刊之作，垂範後世。
辭章	一、精通辭章之學，貫通文、史、哲學領域。最喜魏晉文章，唐宋詩文，上自韓歐，下迄姚曾。 二、錢穆年二十四即成《論語文解》，至九十六歲辭世仍撰作不輟，計五十九種，五十四冊，一千七百餘萬言。	一、精通辭章之學，喜好詩文，著述豐碩。措辭直明，字字思索，句句推敲，力求文從字順各識其職，親切而浹洽。 二、朱熹年三十四即成《論語要義》與《訓蒙口義》，至七十一歲易簀，期間撰作不已，計四十八種，五百餘卷。

義理	一、主張注《論語》應重義理，必窮盡訓考以求之。 二、特重先講求原旨「本義」，即就《論語》講《論語》。引申義及發揮義，皆屬後人闡發之新義，非屬孔子本義，故置而不論，不攬入《新解》，並設有限斷。 三、例，子曰：「性相近，習相遠」章，引孟、荀之說，超出《論語》本義，惟於此只述而無斷，以啟人尋思。	一、兼重古疏與闡釋義理。精擅闡理論道，周全深邃。必先罄盡訓考而推說義理，尚重聖典義理。惟遇有無可直解處，或有自得臆斷而闡發之。 二、注經自說「理在經內」，惟時有引申義及發揮義。故有重要處脫離《論語》原義及有「增字詁經」、「自說經義」之疵。 三、例，子曰：「性相近，習相遠」章，已說「此所謂性，兼氣質而言者也。」蓋孔子未言及「氣質之性」與「義理之性」。
對儒學道統觀之向意	一、尊崇孔孟，畢生以治理學之儒者自持。對朱熹「道統」說，評述：單傳、孤立、脆弱，截斷眾流「紕繆甚多」、「實無是處」。主張「整體文化大傳統即是道統之所在」。 二、研治《論語》凡七十三年。赤禍橫行，於香港兩手空空創建新亞書院，孜孜矻矻弘揚儒學。 三、奉行「述而不作」，闡揚孔孟精神。 四、掛孔聖像於新亞校園，效學孔聖行誼。孔子誕辰，輒舉辦祭孔儀典，講述孔門大義。	一、尊崇孔孟思想，具強烈主觀「道統」思惟，主張道統一貫，進而擘畫創建「道統」論述。 二、研治《論語》四十餘年。輯合《四書》光昌儒學。 三、效學孔子「述而不作」精神。 四、於同安、南康、漳州任、竹林精舍屢撰文以告先聖。竹林精舍奉安孔聖與諸儒聖賢，一生功業大事皆上告先聖。
共通之處	崇仰孔孟，師法聖賢，大事必告於聖，由內心恭敬誠意，而篤實遵行。尚重讀書，主張窮理致知，由博返約。	

資料來源：本文整理

第六章 結 論

第一節 本文研究成果

　　本文從分析與歸納《論語》編撰目的、中心思想及其時代內涵，透過歷代《論語》有關著作分析，並就朱熹與錢穆兩賢行狀探究，聚焦於《集注》、《新解》兩注撰作要旨與體例、注釋取向和特色之比較考察，期能演繹和歸納研究結論，即其一、評析《集注》、《新解》之異同；其二、考察與比較《集注》與《新解》撰作要旨、注釋取向與特色；其三、論述朱熹與錢穆儒學道統之關聯性。本文研究之主體，一則為人物，二則為《論語》注。朱、錢兩賢皆屬理學儒者，自宋代儒學由百家競鳴而綜匯，再由綜匯而新開義理之學。理學家輕古籍注疏，唯重論道，當是時惟朱熹二者兼及，承伊川先生窮理致知之學，[註1] 以通天人之際。朱熹集孔子以降儒學、北宋百家諸說與濂溪、康節、二程以來理學之大成。微朱子，孔孟儒學今猶溪溝涓流或白晝星辰。是以朱熹之於儒學，有振興綰合之功。錢穆生於清季，時風重訓詁與考據，而經學義理漸趨衰微。西風東漸之時，知識分子庶幾質疑儒學經世之功，多以西洋之科學、民主實務，始是救國良方，是以視經學如敝屣。繼之赤焰為禍，將儒學比如寇讎，致力於破舊立新。賓

〔註1〕伊川云：「格，猶窮也；物，猶理也。猶曰窮其理而已矣。窮其理，然後足以致知，不窮則不能致也。物格者，適道之始與。欲思格物，則固已近道矣。」朱子承接伊川先生「窮理致知」之旨趣以讀書治學。參見宋·朱熹：〈與籍溪胡原仲先生〉，《河南程氏粹言》，卷1，收入《欽定四庫全書》（上海：上海古籍出版社，2002年），頁1197。

四先生秉儒士之志，為中華文化中流砥柱，對扭捏之說口誅筆伐，揚儒興學堅苦不退。於時局危怠之際，猶高舉孔孟儒學大纛，汲汲於復振儒學。〔註2〕是以綜彙全文各章論述，歸納結論如下。

一、分析與歸納《論語》編理目的、中心思想與其時代意涵方面

《論語》為儒家經典中，最能體現孔子微言大義並強調躬行實踐之根本所在。自天子以至於庶民莫不以誠意、正心、修身、齊家、治國、平天下之本。是以歷來為之注者眾，然檢視善本注家，皆有所偏重。如魏‧何晏《集解》不免雜有玄談；梁‧皇侃《義疏》攙入佛道思想；宋‧邢昺《注疏》多說名物訓詁；清‧劉寶楠《正義》有繁瑣之疵；清‧程樹德《集釋》亦添進禪語；而宋‧朱熹《集注》雖集四十年之功，更易不輟，仍有脫出本義之說；錢穆《新解》積七十年經營，講究直白易讀，強調折中求是，然不免有臆斷之處。上述例舉說明顯示，《論語》有開放性與時代性之特性所在。以開放性而言，《論語》之基本思想內涵與微言大義寓理，提供寬廣之闡發平台。再則因應時代問題、註解者引領面向與討論議題等因素，使《論語》透過作注解經呈現其開放性，如孔子即能對傳統典籍，本之美善而有所去取與鎔鑄開新。就時代性而言，僅從上列幾種代表性《論語》注疏，可知《論語》發展與時代議題有密切關聯，《論語》本於一，卻能因應不同時代議題與註解取向而呈現不同樣態。蓋上古之聖，外觀於物，內審於情，融通英華，載之經籍。後之賢者，鑑往知來，研治注疏，因用於世。其後之人各有自得，乃筆削不已。

然而，經典與注疏其實是相互對話，往往反應一種眾聲喧嘩樣態。〔註3〕上述論點背後推展動能，除去儒學積極之入世思想，即儒者慨然肩負與施展淑世抱負，亦不外乎是政權統治下，「合法遞嬗」、「本固邦寧」與

〔註2〕余英時分析宋代士者認為：接受「權源在君」之事實，卻又毫不遲疑而義無反顧地將「治天下興亡」之重責大任，直接由自己肩承。參見氏著：《朱熹的歷史世界──宋代士大夫政治文化的研究》（臺北：允晨文化出版，2003年），頁312。

〔註3〕美‧葛德納（Daniel K Gardner）：〈儒家傳注與中國思想史〉（「Confucian Commentary and Chinese Intellectual History」），《亞洲研究》（The Journal of Asian Studies）57：2（May, 1998），p.399～400。參見李淑珍：〈當代美國學界關於中國註疏傳統的研究〉，黃俊傑編：《中國經典詮釋傳統（通論篇）》（臺北：喜瑪拉雅基金會，2002年），頁300～302。

「安身立命」之文化治理思惟，〔註4〕昔周公制禮作樂，漢武興經重儒，注經推義政舉，科考收攬人心等皆屬之，揆諸史實所在多有。經典之話語將依據某些規訓，將其特定意義傳播洗鍊，為其他團體所認識、交會與詰辨，社會成為開放馳騁之空間所在。〔註5〕《論語》之能夠成為深烙整個社會網絡，人心所同然之規訓，即是此種訓釋透過由淺而深、由點而面、往復洗鍊、傳播與積累之結果，於是漸次逐層凝聚而形塑成一套完整之「國家理性」、「社會價值規範」體系。是故經典與詮釋者皆屬特定時空所生之物，各有其歷史性，同時儒家經典詮釋亦為一種體驗之學，詮釋者與經典之間構成「互為主體性」（inter-subjectivity）之關係。」〔註6〕在注經過程中其實隱藏一種承前啟後之脈絡，每一句話語即承於前人，又啟發後人思考。〔註7〕由是儒家經典詮釋者，必須儘其可能地嵌入當時之話語和「敬」、

〔註4〕傅柯的統理性（governmentality）與文化政治（cultural politics）等範疇，提出「文化治理」的概念：文化治理一方面須注重其不拘限於政府機構的性質，以及治理組織網絡化的複雜狀態；另一方面，必須關注文化治理乃是權力規制、統治機構和知識形式（及其再現模式）的複雜叢結。參見法·米歇爾·傅柯著，錢翰、陳曉徑譯：《安全、領土與人口》（上海：上海人民出版社，2010年），頁24～253。「文化治理概念的根本意涵，在於視其為文化政治的場域，亦即透過再現、象徵、表意作用而運作和爭論的權力操作、資源分配，以及認識世界與自我認識的制度性機制。參見王志弘：《文化治理與空間政治》（臺北：群學出版有限公司，2011年），頁12。

〔註5〕「話語權」乃指一種特定信息傳播主體之潛在現實影響力。此概念援取自〔法〕傅柯（Michel Foucault，1926～1984）以「宗譜學」概念。意即：「人類一切知識都是通過『話語』而獲得，任何脫離『話語』之事物皆不存在，人與世界之關係乃一種話語關係。『話語』意味著一個社會團體依據某些成規將其意義傳播於社會之中，以此確立其社會地位，並為其他團體所認識之過程。」、「『聲明』之間具有『累積性』（accumlation）而沒有始源性。『聲明』是不斷地處於相互消長、重疊、競存的過程裡。我們所接觸的每一『聲明』都是由這一過程暫時淘洗過濾出來的結果，亦將注定再回歸這一過程中。」傅柯之「話語」觀點論述，對於《論語》屢有新義且具時代性之過程，叢酌歷代儒者之「話語」，甚有啟迪與相符之處。詳參王德威：〈「考堀學」與「宗譜學」──再論傅柯的歷史文化觀〉，《知識的考掘》（臺北：麥田出版公司，1993年），頁45～48。

〔註6〕黃俊傑：〈東亞儒家經典詮釋傳統研究的現況及其展望〉，收入氏著：《東亞儒學：經典與詮釋的辯證》（東亞文明研究叢書68，臺北：臺大出版中心，2007年），頁55～129。

〔註7〕錢翰：〈從「對話性」到「互文性」〉，有云：「巴赫金的對話性來自對話（dialogue），是口頭語言，其核心是人與人間之精神交流，蘊涵著強烈人本主義色彩。互文性詞根是文本（text），是書面語言。」收入周超主編：《跨

「誠」之內涵與態度，結合時代議題，鍊結前人注疏，使詮釋之話語自然而然地充分體現經典義理。宋代儒者所謂「道統」之文化意識即具權威性、人文性與排他性等特質。〔註8〕其後朱熹綰合於一，《四書》成為科考功令之所依，而其間多有道統之忖思與權力競逐之實踐，亦有建構社會與政治之關懷。〔註9〕檢視歷朝經典著作，包括《集注》與《新解》亦無外於此種論述，蓋《論語》之特性與權力作用加持其間，行之既久已然凝結成一種特定文化形式。此為人類歷史生活之演進法則，世代相襲而成為社群規範，為順適發展個體自然經由內化而完成人格模塑。審視《集注》與《新解》旨在闡發孔孟學說之善美價值，匡正人心與修身淑世，以促進人文發展，可謂甚具安定時政與引導價值。

二、《集注》與《新解》考察比較結果

（一）學術成就

朱熹集大成之學術成就在於為宋代理學樹立典範與尋思，並構建儒學道統。定調以孔子與《論語》為軸心，推尋孔孟義理撰作《集注》闡發《論語》精微。會合《四書章句集注》，以彰顯《論語》真趣，〔註10〕故自朱熹儒學與經學區隔而詳焉。再則朱熹屢對《集注》核心德目及重要節點予

文化的文學理論研究》（哈爾濱：黑龍江人民出版社出版，2008年），頁82。書面語言與對話之別，猶如文章與語錄，審視北宋諸儒稱引聖賢系譜現象，可說明理學其實是宋代儒學自覺運動之總結。

〔註8〕張永儁云：「歸納宋儒『道統』具有權威性、民族性、倫理性、人文性、排他性、尊生、個性、人本、自我實現與完整等特質。參見氏著：〈宋儒之道統觀及其文化意識〉，《台灣大學文史哲學報》，第38期（1990年），頁308。

〔註9〕余英時：《朱熹的歷史世界──宋代士大夫政治文化的研究》（臺北：允晨文化實業公司，2003年），頁42～44。

〔註10〕錢穆云：「唯漢儒治經，側重於孔子之所由學、所為學，而未能真窺見於孔子之學之所得。若論孔子之學之所得，則既大備於《論語》。而《論語》之在兩漢，僅為治經籍者幼學之階梯。是漢儒治學，實乃由孔以窺經，非能循經以見孔。漢儒雖尊孔，而未能以孔尊孔，實以尊經者為尊孔也。故漢儒之學，實『經學』，非『儒學』。朱子盡精竭瘁為《論語》作注，殆是探驪得珠妙手。然《論語》精妙非可驟見，故朱子教學由《論語》而下求之；於是有曾參氏之《大學》、子思氏之《中庸》、孟軻氏之《孟子》，合《論語》而定為四書；以為由是而尋之，庶乎可以窺見《論語》之真趣。」參見氏著，〈孔學與經史之學〉，《錢賓四先生全集》，第4冊（臺北：聯經事業出版社，1988年），頁249。

以定義和闡發，推之雖高而能融綜益廣藉由博覽、思辨、窮理、致知，期使《四書》學術化，裨益教與學。而錢穆之學術成就在於當宋以降諸儒交雜於漢宋之爭、門戶壁壘時局中，能不染私意理解朱熹推尊與闡發孔子之學者。繼而思辨朱子學之重要性與時代價值，撰作《論語新解》與《朱子新學案》，闡明朱熹乃孔子以降集之儒學大成者，並舉孔、朱，千載互映。從「博文約禮」、「述而不作」、「好古敏學」與「下學上達」觀點，論述孔、朱義理相通，聖道相傳。是以尊孔必先通曉朱熹之學，裨益孔、朱之學術價值得以廓清而發皇之。

（二）撰作要旨

朱熹《集注》，撰作要旨有二。其一在於闡發孔孟義理思想，綰合漢以下經學、北宋儒學與程朱學派之理學思想，從而融綜諸說，調合折中，歸於一是；其二透過《集注》以回應兩宋時代，在新歷史條件下對先秦儒學之繼承與開展；而錢穆《新解》，撰作要旨有二。其一旨取通俗易明，俾使《新解》成為一部人皆可讀之注，體求簡要，辭取明淨，擺脫舊俗格套，以直明《論語》本義為貴。其二在於備采眾說，折中求是。僅求通俗易覽，啟發新知。非欲自創新義，成一家之言，以掩前儒為能事。在理一分殊上，則兩者共通處在於：闡發《論語》微言大義，重視實踐於日用之間，皆有開人思路之功。而兩者分歧處則在於：朱熹注重《四書》一貫，義理融通，相互發明，對於《集注》用語字字琢磨，冀求「文義浹洽，深邃熨貼」之理想。其間關注多層次之涵泳體味，把捉語脈之曲折流行，展現儒者通達天人合一之境與由內而外之聖賢氣象。惟似不免說之高遠，游移於孔孟義理邊界；而《新解》則就《論語》說《論語》，並無多涉他經、思想體系與道統之忖思。用語平實流暢而直解簡要，以達通俗易覽。一般士子皆可通曉義理，甚有推廣《論語》之效。然採白話譯文，偶有難以罄盡經典深邃意涵、辭章之美與雋永玩味之功。如「賢哉，回也！一簞食，一瓢飲，在陋巷。」〔註11〕章。朱熹釋義「顏子之貧如此，而處之泰然，不以害其樂。故夫子再言『賢哉回也』，以深歎美之。」〔註12〕錢穆《新解》則白譯「先生說：『怎樣的賢哪！回呀！一竹器的飯，一瓢的水，在窮陋小室中，別人不堪其憂，回呀！仍能不改其樂。怎樣的賢哪！回

〔註11〕宋・朱熹撰：《論語集注・雍也篇第六》（北京：中華書局，2014年），頁87。
〔註12〕同上註。

呀！』。」〔註13〕然此乃囿限於撰者初衷與體例使然，兩難也。

（三）注釋取向

　　兩《注》相同之處在於：朱、錢兩賢皆屬理學家解經取徑，旨在宣揚儒家孔孟思想為核心。強調透過訓詁、辭章與考據以探尋義理，尤重於義理闡發。惟辨之精微，對義理闡發則有一分殊，其殊在於注者對經典義理之揀擇與限斷，可謂各有目的與用心。相異之處則在於：朱《注》基於《四書》體系建構之思惟，對於義理闡發不作「本義」、「引申義」與「發揮義」區辨，意在融通貫串。由是時有「增字詁經」，如「性，兼氣質而言者。」自發「氣質」與「義理」之性、「仁，心之理，愛之德」、「禮，天理之節文，人事之儀則」、「得罪於天，無所禱也」與「天即理」等處。又於「夫子喟然歎曰吾與點」，語出己見抒發申論。其長於旁徵博引、多予辨詰與屢有定說或更易。再則多引二程之語，跳出經義藩籬，不乏曲折迴護，以致密中有疏，脫失《論語》本義，引發後儒糾彈。然理學家重在論道，旨在闡發義理，而此乃宋代士風使然。朱熹冀求理學與儒學兼而闡發義理，不喜理學淡失儒學。然雖屢言切重本文正義，忌下己意，實則《集注》多處沾染私意，此誠屬闡發義理之把抓與評者視域使然，如孟子闡發孔學大義，是以此處亦可謂是朱熹過人之處。錢穆《新解》則直解《論語》本義，並無「道統」迷思。故能就經論經，取去之間皆以本義論斷而無所罣礙。基於尊崇前賢，對於朱《注》申說非《論語》原義處僅置而不論。於《論語》注釋處，特援引諸賢前說提點相關論點而不妄下斷語，以啟讀者思路。然此舉又雷同朱《注》，而辨之精又有分殊，其殊在於《新解》僅說本義，不講引申義、發揮義或相通義。

（四）注釋特色

　　《集注》特色歸納有四。其一博采綜說，尤尊二程，具理學家論道濃厚色彩。其二為《集注》作注僅為使人通曉聖典義理所在。其三講求從整體上探求與把握經典義理，不錙銖計較於文字、名物、制度等繁瑣考證。善守伊川先生：「善學者要不為文字所拘，故文義解錯而道理可通者不害。」〔註14〕之解經心法，故朱熹尚重注疏和強調讀書以探究義理，然窮

〔註13〕錢穆：《論語新解・雍也篇第六》（臺北：東大圖書出版，2015年），頁158。
〔註14〕宋・程顥、程頤著，王孝魚點校：《二程集・河南程氏外書》，卷6（北京：中華書局，2018年），頁389。

盡訓考而必斟酌去取之際，必以此法定之為勝。其四增字詁經、據經推說、申說己意，且以他經說本經，雖屢申《集注》冀求《論語》原義，故字字秤重，句句斟酌，然仍有違例，蓋理學家論道之風矣。《新解》特色歸納有四。其一擺脫舊注格套，自創《新解》體例，摒棄古文艱澀辭彙，代之通俗簡易之時語；其二《新解》僅註解《論語》之蹄筌；其三摒棄門戶意氣，泯除漢宋之爭；其四遇有難解處仍有臆斷之語。此屬《論語》文本使然，蓋孔孟多語微言，而去聖日遠，本義漸失，後世之人攀摘附義而眾說生焉。錢氏雖言僅述《論語》本義，然《新解》遇其難解處亦不免自陷「臆斷」。惟此臆斷之說，細覈之，仍不脫孔孟要義。此誠註解《論語》文本之實然與必然，恐非僅朱、錢兩賢之遭遇耳。

三、朱熹與錢穆之儒學道統關聯性

孔子學之所得，既大備於《論語》。此經乃儒家學說之正統，中華文化結晶之所在。漢儒趙岐曰：「《論語》者：《五經》之錧鎋、《六藝》之喉衿也。」〔註 15〕是以從《論語》核心義理處探尋，儒學道統內在關聯性自能顯現，孔子思想盡在其中。昔子思憂夫子之道失其真，遂推堯、舜以來相傳之意，相互演繹以示聖人之道。朱熹嘗疑道統之說，然往復沉潛而忖思有得，乃會眾說而折中之，於《大學章句序》揭櫫道統旨趣。藉由道統傳序彰顯聖聖相傳乃順天應人之舉，亦有超然獨立之歷史價值。將道統具體揭櫫「人心惟危，道心惟微；惟精惟一，允執厥中」四句，以鋪陳「道統」論述，同時回應儒學於時勢中之因應方策，縱有反對聲浪或光耀師門諸論，仍有自反而縮，雖千萬人吾往矣之志。錢穆對於朱熹「道統」論，評之主觀、單線、孤立、脆弱，既截斷眾流，極易中斷，且侷限一隅，又失之宏觀，甚而有被別具用心者盜隙之虞，形成門戶私見與儒學發展之困境所在。

宋儒忖思建構聖賢譜系，振臂疾呼聖聖相傳，惶惶乎道之不傳，實則畫地圍限，開啟門戶諍誦。所謂「開其為此，禁其為彼」〔註 16〕，殆非善之善策。就整個歷史文化大傳統言，豈止孔孟一家，而孔門之學博大精深，

〔註15〕漢·趙岐注，宋·孫奭疏：〈孟子註疏·題辭解〉，《十三經註疏》〔清代阮元主持校刻本〕，下冊（北京：中華書局出版，1980 年），頁 2662。

〔註16〕唐·韓愈：〈答劉正夫書〉，《韓愈集》，卷 18（江蘇：鳳凰出版社，2006 年），頁 358。

依性類不同而分別授之，故能益增燦爛多元，契符學術研治之真精神。是故太山不讓土壤，故能成其大；河海不擇細流，故能就其深；王者不卻眾庶，故能明其德。〔註17〕前賢之語殊值吾人於論述「道統」時酌參而玩味之。由是以錢氏從經學、史學面向考究而言「大有辯論餘地」，明顯意指此舉仍須以較為客觀、公允與整體、歷史之視域慎重推究為要。

新亞學校創辦六年之後，錢穆始揭「誠明」校訓，特言此乃「鄭重」而「謹慎」之舉。朱熹《中庸章句》引孔子之言，以繼堯、舜、文、武、周公之道統，明其所傳一也。「誠」乃道統之核心價值所在，「明」則明乎善，方能為賢人之學，藉由明而達於誠。錢穆擇取《中庸》之「誠明」二字，意在道統傳承與遵奉孔孟、程朱「窮理以致知」、「好學而述道」之治學精神。是故朱、錢兩賢畢生寢饋理學，志於闡發孔孟儒學。惟旰衡時代背景殊異，賓四先生抉擇擯棄外在形式，揀採具有內在道統聯繫之語彙而表述之，此乃鑒諸於經學歷史演變之啟示所然。

從思想史觀點審視，漢宋、門戶之爭，歷二千年之喧囂爭鳴，迄今餘緒猶存，此似已超出朱熹肇建「道統」後之想像。宋、明儒嘗號稱「新儒家」，藉之區分程朱、陸王歧異。當今又興起「現代新儒家」，以遂政治意圖，日後紛爭恐更無休止。中華文化大傳統實不限於儒家，而儒家多輒高舉正統大纛，高築壁壘以分內外，此類思行與自陷於危橋絕壁何異哉？況言紮根深耕，開枝散葉？道統之說認同與否，實不影響儒家學脈延續傳承，本文於此提出兩種觀點藉以審視，一是外在言行，二為內在修為。前者以孔孟要義為闡發義理核心，以不走失孔孟義理即是；後者則以躬行正心、修身於人倫日常之間即可。先聖之言載之簡冊，天人之理寓於其間，惟不標明探求谿徑。蓋人之性類不同，環境各異，取其適當，而各有新意，倘不失核心義理，皆屬孔孟學說之創發。取徑雖殊以同歸理想，若此繽紛多彩，相互激盪而別開生面，此誠乃儒學永續之源頭活水。

從客觀事實言，朱熹尊崇孔孟，闡發孔孟義理，注貫《四書》，肇建道統。錢穆畢生研治孔孟學說，再發《論語》精微，並舉孔朱，重現儒家思想輝光。孤臣孽子所言所行，盡在此焉。是以撰者認為：錢穆同朱熹斷斷

〔註17〕漢・司馬遷撰，南朝宋・裴駰集解、唐・司馬貞索隱，唐・張守節正義：〈李斯列傳〉，《百衲本史記》，卷87（北京：國家圖書館出版，2014年），頁894。

然為儒學之繼承者，然不必謂之「一脈傳承」。宜從中華傳統文化整體視域而宏觀之，著眼於孔孟核心思想之發揚與開新，此乃「道統」真精神。而「道統」二字多含負面意涵，毋寧轉稱「學脈」，更為周延妥適，兼具廣泛認同、泯除門戶迷思，亦可根深葉茂而開枝散葉，如此多元繽紛互映輝光，以光昌儒學，豈不美哉。

　　回顧儒學史，盛衰分轉，規律昭著。昔孔夫子匯綜百家，折中六藝，博學反約而儒學粲然。蓋其廣納融釋，會通百家，奠定儒學歪基。昔宋儒邵雍（1012～1077）嘗語程頤曰：「面前路徑需令寬，路窄則自無著身處，況能使人行也。」〔註 18〕康節先生言道須為之寬廣，始能利己達人。賓四先生亦言：「儒家思想最偉大之處，即其帶有極大之『包容性』能接納異己。正因為中國學術思想能融會貫通，才有歷史與傳統可言。此乃中國傳統文化之特點與偉大處。」〔註 19〕善哉，聖賢之語，言猶在耳，讀而思之，便覺意味深長，發人省思。

第二節　未來研究方向

　　本文於研究過程中，檢視諸多文獻，普遍發現注經乃呈現個人主觀或意向之工具。注之符合經典本義則益於後世無窮，然若有主觀偏失則貽患匪淺，猶如纖介之微，可成山丘之大亦可水滴穿石，故不可不慎。有鑒於此，是以僅提列未來研究方向，以供參採。

一、探究賓四畢生行狀，撰作《錢穆學案》，光昌新亞誠明精神

　　錢穆先生畢生研治《論語》凡七十三年，崇敬孔門諸聖賢，闡發孔孟要義，先揭櫫朱子闡揚孔學之縝密忖思。又因應時代之需，嘗試回歸《論語》本義而撰作《論語新解》，是以徼勵後之學者，學術固講究創新與發皇，然尤貴於求其真實。《論語》本義，乃大根大本之所在，盱衡歷史，藉諸經典接引他說者如過江之鯽。因而聖言多失而本義蕩然，此特見於錢穆先生用心倡議回歸《論語》本義之價值，比之當代諸儒可謂皓月皎而星辰稀。

〔註 18〕明・黃宗羲撰，清・全祖望補，馮雲濠、何紹基校：〈百源學案（上）〉，《宋元學案》，卷 9（臺北：世界書局出版，2009 年），頁 208。
〔註 19〕韓復智編著：《錢穆先生學術年譜・也談現代新儒家》，第 1 冊（臺北：國立編譯館出版，2005 年），頁 47～48。

由是倘能將錢穆生平與畢生著作予以分類，並予系統性地闡發與評述，以纂輯《錢穆學案》，既可發揚賓四先生志道於儒學之功業，彰顯其治學精神，為後學樹立楷模，以垂教後世。幸為錢穆先生之學脈門生，宜有捨我其誰之氣魄與決心，以竟此志業。此為未來之研究方向之一也。

二、嘗試探究朱子全書，撰作《論語集注疏》，裨益學者研閱

朱熹《集注》大抵為美善之注，孔子之後若無朱熹用心於《集注》，闡揚孔孟要義，《論語》能否昌盛於今？然本研究進行中，或研閱前賢大作，或筆者體會，《集注》仍不免瑜中有瑕，如其註解有溢於《論語》本義、囿限於道統之說、時有玄空之語，或自為臆斷及援引未明等情狀。再則時空推移，朱熹距今已逾八百年，《集注》文義與現代通行語彙、價值觀等似有隔閡，以致今之讀者難窺其堂奧，且查考不易，不無消退有心於此者之學習動機。經覈南宋趙順孫（1215～1277）曾撰作《四書纂疏》，元代金履祥（1232～1303）有《論語集注考證》之作，對朱《注》疑難加以疏解，考訂相關典故事蹟，渠等皆有功於朱《注》。惟時空推移，辭章晦澀，今人未易通曉。故而建議研究《集注》，採現代語彙與古文對照方式，撰作《論語集注疏》。期能透過《注疏》以暢明《集注》旨趣，進而上溯《論語》本旨。此於後之學者鑽研深究或初學入門者，皆可節縮查閱與探索過程，對推廣《論語》淑世之教亦有事半功倍之效，此其二也。

參考書目

一、古籍（以時代先後排序）

1. 周・莊周：《莊子・秋水篇》（臺北：華聯出版社，1968 年）。

2. 漢・司馬遷撰，南朝宋・裴駰集解、唐・司馬貞索隱，唐・張守節正義：《百衲本史記》（北京：國家圖書館出版社，2014 年）。

3. 漢・班固：《漢書・藝文志》（北京：中華書局，1962 年）。

4. 漢・班固撰・顏師古注・王先謙補注：《漢書・董仲舒傳》（臺北：藝文印書館，1996 年）。

5. 漢・高誘注，清・畢沅校刻：《呂氏春秋》（臺北：藝文印書館，2009 年）。

6. 漢・董仲舒著，清・蘇輿義證，鍾哲點校：《春秋繁露義證》（北京：中華書局，1992 年）。

7. 漢・趙岐注，宋・孫奭疏：《十三經註疏》（北京：中華書局出版，1980 年）。

8. 漢・戴聖：《禮記》（安徽：黃山書社，2014 年）。

9. 晉・左思：《增補六臣註文選》（臺北：華正書局，1979 年）。

10. 梁・皇侃：《論語集解義疏》（臺北：廣文書局，1991 年）。

11. 魏・何晏撰，邢昺疏：《論語注疏》（臺北：藝文印書館，1985 年）。

12. 魏・曹丕：《典論・論文》，南朝・蕭統輯入《昭明文選》（臺北：華正

書局，1979 年影印群碧樓藏宋末刊本）。

13. 唐‧韓愈：《韓昌黎全集》（臺北：新興書局，1967 年）。

14. 唐‧柳宗元：《柳宗元集》（北京：中華書局，1987 年）。

15. 宋‧周敦頤：《周子全集》（臺北：中華書局出版，1978 年）。

16. 宋‧王柏：《魯齋集》（臺北：臺灣商務印書館，1986 年）。

17. 宋‧朱熹：《朱子大全》（臺北：台灣中華書局，1983 年）。

18. 宋‧朱熹：《四庫全書》（臺北：台灣商務印書館，1986 年）。

19. 宋‧朱熹：《周易本義》（天津：天津市古籍書店：1988 年）。

20. 宋‧朱熹：《朱子文集》（北京：中華書局，1994 年）。

21. 宋‧朱熹：《朱熹集》（成都：四川教育出版社，1996 年）。

22. 宋‧朱熹：《晦庵先生朱文公文集》（上海：上海古籍出版社，2002 年）。

23. 宋‧朱熹：《四書章句集注》（北京：中華書局，2014 年）。

24. 宋‧朱熹：《論語章句集注》（北京：中華書局，2014 年）。

25. 宋：朱熹撰，黎德靖編：《朱子全書》（北京：中華書局，1994 年）。

26. 宋‧朱熹撰，黎靖德編，楊繩其、周嫻君校點：《朱子語類》（湖南：岳麓書社，1997 年）。

27. 宋‧朱熹撰，陳俊民校：《朱子文集》（臺北：德富文教基金會，2000 年）。

28. 宋‧朱熹：《朱文公文集》（臺北：台灣商務印書館，1966 年）。

29. 宋‧黃榦：《黃勉齋先生文集》（臺北：青山書屋，1957 年）。

30. 宋‧黃榦：《勉齋集》（臺北：台灣商務印書館，1986 年）。

31. 宋‧黃士毅編，徐時儀、楊豔彙校：《朱子語類》（上海：上海古籍出版社，2014 年）。

32. 宋‧陳善：《捫蝨新話》（鄭州：大象出版社，2012 年）。

33. 宋‧陸九淵：《象山先生全集》（臺北：臺灣商務印書館，1979 年）。

34. 宋‧陸象山，鍾哲點校：《陸九淵集》（北京：中華書局出版，2008 年）。

35. 宋：程顥、程頤，王孝魚點校：《二程集》（北京：中華書局，1981 年）。

36. 宋・趙順孫：《四書纂疏》（臺北：新興書局，1947 年）。

37. 宋・歐陽修：《歐陽修全集》（北京：中華書局，2001 年）。

38. 元・脫脫、阿魯圖：《宋史》（北京：中華書局，1985 年）。

39. 明・王陽明：《王陽明全集》（上海：上海古籍出版社，2006 年）。

40. 明・賀複徵：《文章辨體匯選》（臺北：台灣商務印書館出版，1983 年）。

41. 清・王先謙著，王星賢點校：《荀子集解》（北京：中華書局，1988 年）。

42. 清・王懋竑撰：《朱熹年譜》（北京：中華書局，1998 年）。

43. 清・毛奇齡撰，張文彬等輯：《四書改錯》（嘉慶十六年學圃重刊本）。

44. 清・皮錫瑞，周予同注：《經學歷史》（臺北：漢京文化出版社，1983 年）。

45. 清・朱一彬纂修：《婺源茶院朱氏家譜》（清・道光六年，1826 年）。

46. 清・朱彝尊撰，林慶章編：《經義考》（上海：上海古籍出版社，2010 年）。

47. 清・紀昀編修：《四庫全書總目》（臺北：臺灣商務印書館，1985 年）。

48. 清・黃宗羲撰，清・全祖望補，清・王梓材、馮雲濠、何紹基校：《宋學元案》（臺北：世界書局，2009 年）。

49. 清・黃宗羲：《明儒學案》（臺北：里仁書局，1987 年）。

50. 清・黃宗羲撰，沈善洪主編：《黃宗羲全集》（杭州：浙江古籍出版社，1985 年）。

51. 清・姚鼐：《惜抱軒文集》（中華書局，1935 年）。

52. 清・崔述：《崔東壁遺書》（臺北：河洛出版社，1975 年）。

53. 清・康有為撰，張錫琛點校：《新學偽經考》（上海：上海古籍出版社，1956 年）。

54. 清・康有為撰，姜義華，吳根樑編校：《康有為全集》（上海：上海古籍出版社，1987 年）。

55. 清・張之洞：《書目類編》（臺北：成文出版社，1978 年）。

56. 清・郭慶藩輯，王孝魚點校：《莊子集釋》（臺北：華正書局影印，北京：中華書局，1982 年）。

57. 清·章學誠著，葉瑛校注：《文史通義校注》（北京：中華書局，1994年）。

58. 清·廖平：《今古學考》（臺北：學海出版社，1985年）。

59. 清·錢大昕，陳文和主編：《嘉定錢大昕全集》（南京：江蘇古籍出版社，1997年）。

60. 清·劉寶楠、劉恭冕：《論語正義》（臺北：世界書局，2016年）。

61. 清·戴震：《戴震文集》（臺北：大化書局，1978年）。

62. 清·戴震撰，張岱年主編：《戴震全書》（合肥：黃山書社，1995年）。

63. 清·龔自珍撰，王佩諍校：《龔自珍全集》（上海：上海古籍出版，1999年）。

二、專書（以作者姓氏筆畫為序）

1. 王德威：《知識的考掘》（臺北：麥田出版公司，1993年）。

2. 王熙元：《關懷國文》（基隆：法嚴出版社，2001年）。

3. 王志弘：《文化治理與空間政治》（臺北：群學出版有限公司，2011年）。

4. 毛鵬基：《論語會通》（臺北：雅言出版社，1969年）。

5. 北京大學歷史系《論衡》注釋小組：《論衡注》（北京：中華書局，1979年）。

6. 印永清：《百年家族－錢穆》（臺北：東大圖書公司，2002年）。

7. 李木妙：《國史大師：錢穆教授傳略》（臺北：揚智文化，1995年）。

8. 李慶：《中國典籍與文化論叢》（北京：北京大學出版社，2005年）。

9. 余英時：《朱熹的歷史世界》（臺北：允晨文化，2003年）。

10. 吳雁南、秦學顗、李禹階：《中國經學史》（臺北：五南圖書，2005年）。

11. 何廣棪：《何廣棪論學雜著》（臺北：花木蘭文化出版社，2010年）。

12. 何佑森：《儒學與思想——何佑森先生學術論文集》（臺北：臺大出版中心，2009年）。

13. 吳洪澤、尹波：《宋人年譜叢刊》（成都：四川大學出版社，2003年）。

14. 吳學昭：《吳宓與陳寅恪》（北京：三聯書店，2014年）。

15. 林義正：《孔子學說探惟》（臺北：東大圖書公司，1987 年）。

16. 周宗盛主編，李辰冬校：《大林國語辭典》（臺北：大林出版社，1980 年）。

17. 周超：《跨文化的文學理論研究》（哈爾濱：黑龍江人民出版社，2008 年）。

18. 胡志奎：《論語辯正》（臺北：聯經事業出版社，1978 年）。

19. 徐復觀：《中國思想史論集續編》（臺北：時報文化，1982 年）。

20. 高振鐸：《古籍知識手冊》（臺北：萬卷樓出版社，1997 年）。

21. 倪芳芳：《錢穆論語學析論》（臺北：東華書局出版社，1998 年）。

22. 梁啟超：《中國近三百年學術史》（臺北：里仁書局，1995 年）。

23. 梁啟超：《飲冰室文集》（北京：中華書局，2001 年）。

24. 梁淑芳：《錢穆《論語新解》研究——以比較為主要進路的考察》（臺北：文津出版社，2013 年）。

25. 孫劍秋、張曉生：《經學研究四十年——林慶章教授學術評論集》（臺北：萬卷樓出版社，2015 年）。

26. 陳逢源：《「融鑄」與「進程」：朱熹《四書章句集注》之歷史思維》（臺北：政大出版社，2013 年）。

27. 陳逢源：《朱熹與四書章句集注》（臺北：里仁書局出版，2006 年）。

28. 陳道望：《修辭學發凡》（上海：復旦大學，2011 年）。

29. 陳榮捷：《朱學論集》（臺北：台灣學生書局，1982 年）。

30. 陳榮捷：《朱子新探索》（臺北：台灣學生書局，1988 年）。

31. 陳榮捷：《朱熹》（臺北：東大圖書公司，1990 年）。

32. 陳榮捷：《王陽明傳習錄詳註集評》（臺北：臺灣學生書局，1998 年）。

33. 許世瑛：《論語二十篇句法研究》（臺北：台灣開明書店，1978 年）。

34. 許漢威：《古漢語語法精講》（上海：上海大學出版社，2002 年）。

35. 黃光雄、簡茂發：《教育研究法》（臺北：師大書苑，1991 年）。

36. 黃俊傑：《歷史的探索》（臺北：水牛圖書，1990 年）。

37. 黃俊傑：《中國經典詮釋傳統》（臺北：喜瑪拉雅基金會，2002 年）。

38. 黃俊傑：《東亞儒學：經典與詮釋的辯證》（臺北：臺大出版中心，2007年）。

39. 黃仁宇：《中國大歷史》（臺北：聯經出版事業公司，1994年）。

40. 黃啟江：《北宋佛教史論稿》（臺北：台灣商務印書館，1997年4月）。

41. 郭齊勇：《當代新儒學的關懷與超越》（臺北：文津出版社，1997年）。

42. 葉重新：《教育研究法》（臺北：心理出版社，2001年）。

43. 葉國良、夏長樸、李隆獻：《經學通論》（臺北：大安出版社，2005年）。

44. 曾棗莊、劉琳：《全宋文》（上海：上海辭書出版社，2006年）。

45. 勞思光：《中國哲學史》（臺北：三民名書局，2012年）。

46. 傅佩榮：《論語解讀》（新北：立緒文化，2015年）。

47. 楊朝明：《儒家文獻與早期儒學研究》（山東：齊魯書社，2002年）。

48. 楊菁：《經學研究四十年——林慶章教授學術評論集》（臺北：萬卷樓圖書，2015年）。

49. 臺靜農：《中國文學史》（臺北：臺大出版中心出版，2016年）。

50. 蔣伯潛：《中學國文教學法》（臺北：太順書局，1972年）。

51. 漢語大詞典編纂處編：《漢語大詞典》（上海：上海辭書出版社，2012年）。

52. 廖幼平：《廖季平年譜》（成都：巴蜀書社，1985年）。

53. 劉兆祐：《治學方法》（臺北：三民書局，2012年）。

54. 錢穆等撰：《論孟論文集》（臺北：黎明文化公司，1982年）。

55. 錢穆：《中國學術思想史論叢》（臺北：東大圖書公司，1991年）。

56. 錢穆：《朱子新學案》（臺北：聯經出版事業公司，1992年）。

57. 錢穆：《國史大綱》（臺北：臺灣商務出版，1994年）。

58. 錢穆：《錢賓四先生全集》（臺北：聯經出版事業公司，1998年）。

59. 錢穆：《靈魂與心》（臺北：蘭台出版社，2001年）。

60. 錢穆：《孔子傳》（臺北：東大圖書公司，2003年）。

61. 錢穆：《八十憶雙親‧師友雜憶合刊》（臺北：東大圖書公司，2013年）。

62. 錢穆：《先秦諸子繫年》（臺北：東大圖書公司，2014 年）。

63. 錢穆：《論語新解》（臺北：東大圖書公司，2015 年）。

64. 錢穆：《新亞遺鐸》（臺北：東大圖書公司，2016 年）。

65. 韓復智：《錢穆先生學術年譜》（臺北：國立編譯館出版，2005 年）。

66. 嚴耕望：《怎樣學歷史：嚴耕望的治史三書》（遼寧：遼寧教育出版社，2006 年）。

67. 日‧大槻信良：《朱子四書集註典據考》（臺北：台灣學生書局，1776 年）。

68. 日‧井上哲次郎、蟹江義丸編：《日本倫理彙編》（東京：育成會，1903 年）。

69. 日‧安井小太郎等著，連清吉、林慶彰合譯：《經學史》（臺北：萬卷樓圖書出版，1996 年）。

70. 日‧佐野公治：《四書學史の研究》（東京：創文社出版，1988 年）。

71. 日‧松平瀨寬，張培華編：《論語微集覽》（上海：上海古籍出版社，2017 年）。

72. 日‧武內義雄：《支那學》（東京：巖波書店，1972 年）。

73. 日‧關儀一郎編：《日本名家四書註釋全書》（東京：鳳出版社，1973 年）。

74. 韓‧李滉：《韓國文集叢刊》（首爾：景仁文化社，1990 年）。

75. 韓‧韓元震：《朱子言論同異考》（首爾：奎章閣藏朝鮮木刻本，朝鮮英宗十七年）。

76. 法‧米歇爾‧傅柯著，錢翰、陳曉徑譯：《安全、領土與人口》（上海：上海人民出版社，2010 年）。

三、期刊論文（以作者姓氏筆畫為序）

1. 清‧陳澧：《陳蘭甫先生澧遺稿》，《嶺南學報》第 2 卷第 3 期，頁 182。

2. 陳逢源：〈四書章句集注書目輯考〉，《政大學報》第三期（2005 年），頁 147～180。

3. 陳逢源：〈朱熹《孟子集注》對宋代孟子議題的吸納與反省〉，《紀念孔

子誕辰 2560 周年國際學術研討會論文集》（之四）》（北京：國際儒學聯合會，2009 年 9 月），頁 1431～1460。

4. 陳逢源：〈由分而合——朱熹四書章句集注徵引二程語錄分析〉，《儒學研究論叢》第三輯（2010 年 12 月），頁 13～40。

5. 黃俊傑：〈德川時代日本儒者對孔子「吾道一以貫之」的詮釋——東亞比較思想史的視野〉，《台灣大學文史哲學報》第 274 期（2003 年），頁 61～62。

6. 張永儁：〈宋儒之道統觀及其文化意識〉，《台灣大學文史哲學報》第 38 期（1990 年 12 月），頁 308。

7. 葛兆光：〈拆了門檻便無內外：在政治、思想與社會史之間——讀余英時先生《朱熹的歷史世界》及相關評論〉，《當代》第 80 卷第 198 期（2004 年 1 月）（臺北：臺大政治系編輯委員會），頁 43～49。

8. 楊儒賓：〈變化氣質、養氣與觀聖賢氣象〉，《漢學研究》第 19 卷第 1 期（2001 年 6 月），頁 103～136。

9. 楊晉龍：〈治學方法第五講——標點與閱讀的分析討論（五）〉，《國文天地》第 26 卷第 11 期（2011 年 4 月），頁 72。

10. 趙燦鵬：〈朱熹校書考〉，《安徽史學》（J）第 1 期（2000 年），頁 29。

11. 錢穆：〈論語讀法〉，《新亞生活》第 4 卷第 5 期（1974 年），頁 2。

12. 戴建璋：〈中國語法中語句分析的商榷〉，《國文天地》第 1 卷第 1 期（1985 年 6 月），頁 63。

13. 韓復智：〈編著《錢穆先生年譜》的動機與過程〉，《興大人文學報》第 32 期（2002 年 6 月），頁 948。

14. 日・大槻信良撰，黃俊傑譯：〈從四書集注章句論朱子為學之態度〉，《大陸雜誌》卷六十期（1980 年 6 月），頁 273～287。

四、學位論文（以作者姓氏筆畫為序）

1. 陳逢源：《毛西河四書學之研究》（臺北：政治大學中文學系博士論文，1996 年 5 月）。

2. 許炎初：《錢穆「孔學」之思想研究——以《論語新解》為核心展開》

（臺北：中國文化大學哲學研究所博士論文，2007 年 7 月）。

3. 許家莉：《錢穆《論語新解》的詮釋進路》（南投：暨南國際大學中國文學系碩士論文，2009 年 7 月）。

五、電子文獻（以作者姓氏筆畫為序）

1. 方崧卿：南宋藏書家與校勘家。2018 年 3 月 13 日，華人百科〈方崧卿〉，取自網址：https://www.itsfun.com.tw。

2. 教育部：《重編國語辭典修訂本》。2018 年 4 月 10 日，「教育百科」，取自網址：https://pedia.cloud.edu.tw。

3. 程端禮：「儒家文獻資料匯編」。2017 年 9 月 24 日，「程端禮」取自網址：http://xy.eywedu.com。